なぜデフレを放置してはいけないか

人手不足経済で甦るアベノミクス

岩田規久男

Iwata Kikuo

PHP新書

なぜデフレを放置してはいけないか

目次

第一章　デフレ脱却なくして日本経済の再生なし

第二章　デフレはなぜ脅威なのか

第三章　「失われた二十年」の原因とアベノミクス

第四章　金融政策の条件と日銀財務に関する誤解

第五章　財政政策のリフレ・レジームへの転換が必要だ

おわりに　323

第一章　デフレ脱却なくして日本経済の再生なし

一―一　「日本の失われた二十年」は「デフレの二十年」

一九九〇年代以降の長期経済停滞の様相

初めに、一九八〇年代以降、本書執筆時点で得られる二〇一七年度までのGDP（国内総生産）統計から、実質GDPと実質GDPの前年度比（以下、実質成長率）の推移を見ておきましょう。

図表1―1から、日本経済は、八〇年代の高成長が九〇年度をピークに急降下し、一四年度まで実質成長率が低下傾向を示しています。いまや、実質成長率を指標とするかぎり「失われた三十年」になるのではないか、と懸念される状況です。

二〇〇〇年代初めには、エコノミストのあいだで「失われた十年」の原因をめぐる論争が起きました（たとえば岩田規久男・宮川努編著〈二〇〇三〉）。

「失われた十年」といっても、いつからいつまでの期間であるという定義も合意もありませんが、本書では、一九九一年度から二〇〇〇年度までの十年間の一年当たりの平均実質成長率（以下では一年当たりを省略して、平均実質成長率とか平均名目成長率といいます）が、一九八〇年

図表1-1　80年代以降17年度までの実質GDPと実質成長率の推移

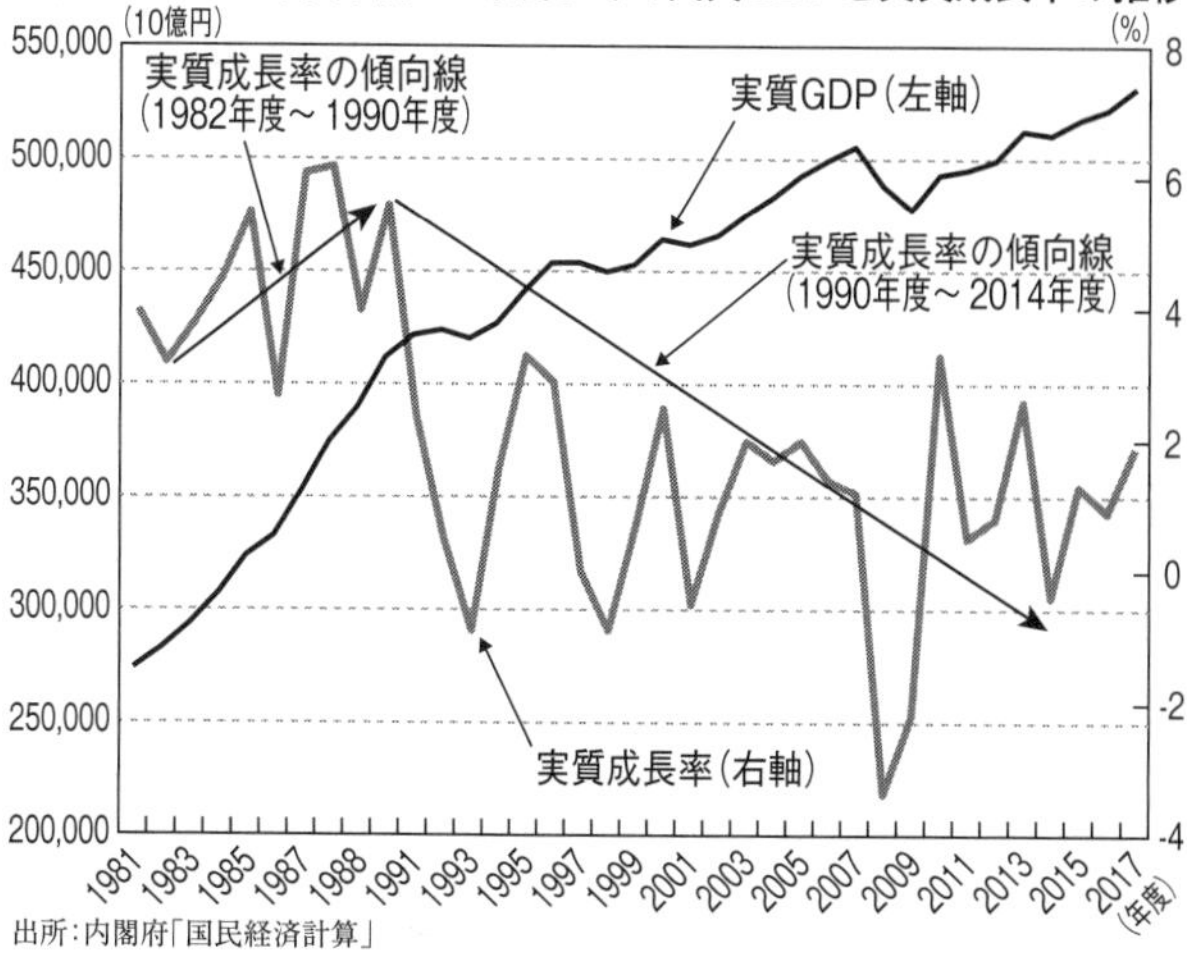

出所：内閣府「国民経済計算」

代（一九八〇年度から一九九〇年度まで）の四・七％から一％へと四分の一以下にまで低下したことから見て、失われた十年とは、バブル崩壊後の十年間に相当する一九九一年度から二〇〇〇年度までの十年間としましょう。

私の知るかぎり、日本の失われた十年について最初に問題提起したのは、原田泰《ゆたか》（一九九九）です。

ところが二〇一〇年二月末に、片岡剛士《ごうし》『日本の「失われた20年」：デフレを超える経済政策に向けて』（藤原書店）が出版されました。つまり「日本の失われた十年」はさらに延びて「失われた二十年」になってしまったのです。〇一年度から一〇年度の十年間の平均実質成長率は〇・七％へと、九一年度から〇〇年度までの一％よりもさらに下がってしまったのです。

このように、平均実質成長率が低下した主たる要因は、九八年七月頃から、GDPデフレーターだけでなく、消費者物価で見ても、デフレが始まったことにあります。

二〇一一年度から本書執筆時点で得られる二〇一七年度までの平均実質成長率は一・二％です。アベノミクスの五年間（二〇一二年度末を起点とする一三年度から一七年度の五年間）の平均実質成長率は一・三％で、最初の「失われた十年」である九一年度から二〇〇〇年度までよりも〇・三ポイント％高いだけです。アベノミクスの五年間の平均実質成長率が低い主要な原因は、二〇一四年度に消費税の税率が五％から八％へ引き上げられたため、一四年度の実質成長率がマイナス〇・四％とマイナスになり、消費増税後の消費が、三年たった一七年度になっても増税前の一三年度よりも減少したまま回復していないことが挙げられます。

一九年度十月からの消費税率の一〇％への引き上げや、その頃に二〇年度の東京五輪のためのインフラ投資が終わりに近づくことを考慮すると、一一年度からの十年間の平均実質成長率も安倍政権が目標とする二％に届かず、実質成長率に関するかぎり「失われた三十年」を避けることは難しそうです。

低すぎる名目成長率とデフレーション

低迷する実質成長率以上に深刻なのは、名目成長率の低迷です。名目成長率が低い経済で

図表1-2　90年代以降、低迷し続ける名目GDPと名目成長率

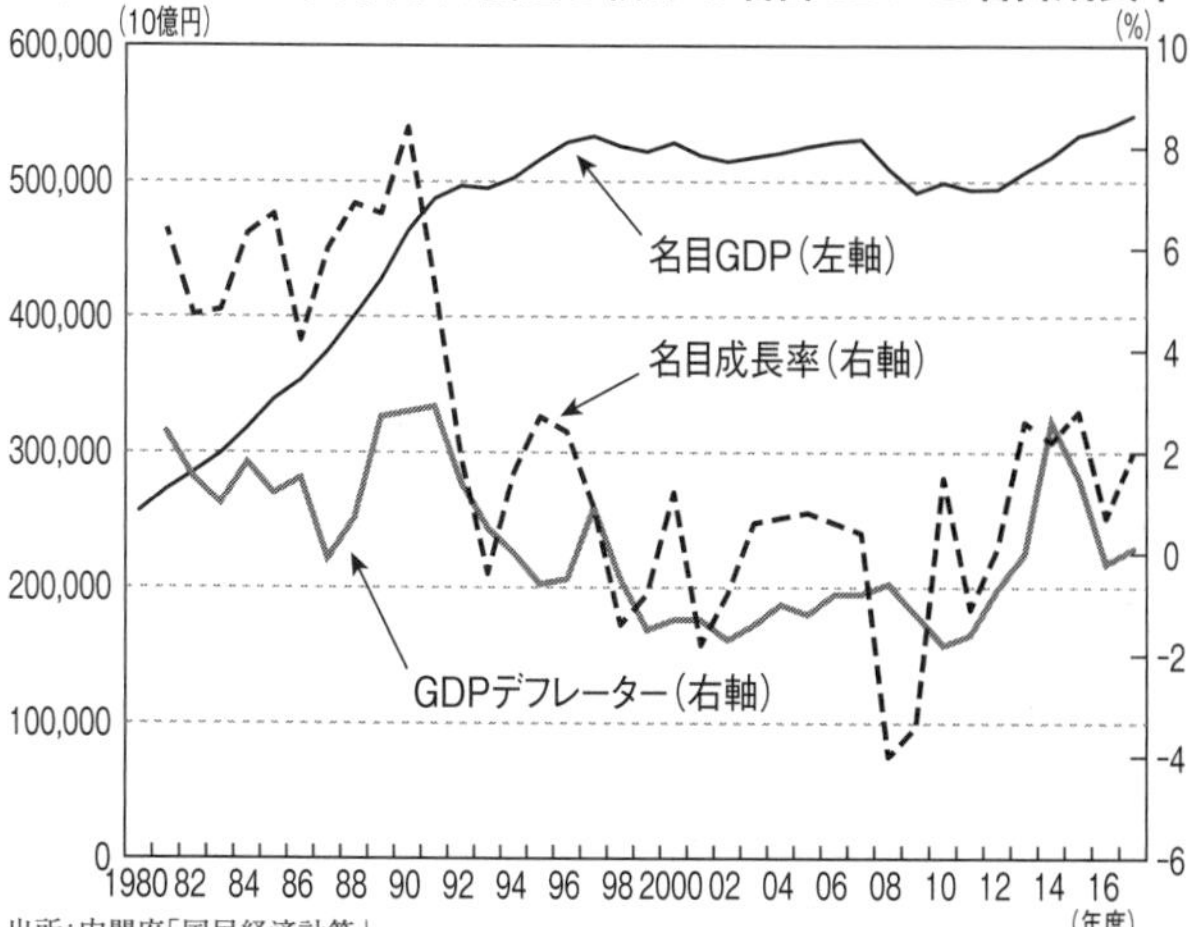

出所：内閣府「国民経済計算」

は、皆さんの名目所得（給与所得者であれば、物価の変化を考慮しない、給与明細に書かれている給与です）も低くなります。少なくない方が、住宅ローンを負っていると思われます。住宅ローンを抱えている家計は、伸びず、時として前年よりも少ない名目所得で、名目で固定された住宅ローンを返済しなければなりませんから、できるだけ消費を切り詰めなければ、住宅ローンを返済できなくなります。

借金をしている企業も同じです。名目成長率が低い経済では、企業の名目の売上高も増えません。企業は増えない名目売上高から、過去に負った借金を返済しなければなりませんから、名目利益は減少します（第二章参照）。

図表1-2から、次の特徴が観察されます。

①名目成長率はバブル期の終わりである九〇

年度の八・四％をピークに、九一年度から急降下し、九三年度にはマイナス〇・四％まで低下しました。

②平均名目成長率とGDPデフレーター前年度比を、期間を区切ってみると、次のようになります。

名目成長率は、八〇年代の十年間（八〇年度から九〇年度まで）の平均が六・一％で、GDPの物価であるGDPデフレーターの前年度比の十年間の年度平均は一・五％でした。九一年度からの最初の「失われた十年」の平均名目成長率は一・三％で、その前の十年間よりも八〇％もの低下です。GDPデフレーターも、マイナス一・七％へとマイナスになっています。

次の「失われた十年」（〇一年度から一〇年度）の平均名目成長率はとうとうマイナス〇・六％とマイナスに落ち込み、GDPデフレーター前年度比の年度平均もマイナス一・一％で、GDPデフレーターから見て、日本経済はデフレが続いていたことを示しています。

GDPデフレーターの前年同期比を見ると、九四年十―十二月期にマイナスになって以来、一三年七―九月期まで、一九年九カ月ものあいだデフレが続きました（ただし、〇八年十―十二月期は〇％）。なおこの期間中、九七年四―六月期から九八年一―三月期までは、GDPデフレーターの前年同期比はプラスになりますが、それは九七年四月に消費税率が三％から五％に引き上げられたためで、消費税率引き上げのGDPデフレーター押し上げ効果を除去すれば、マイナスです。

③民主党政権時代の一〇年度～一二年度にかけての三年間のＧＤＰデフレーター前年度比はマイナス〇・七％からマイナス一・八％で推移しており、それ以前よりも、デフレは深まっています。

④「量的・質的金融緩和」（以下、ＱＱＥと呼ぶ場合があります）が始まる前年度の一二年度の名目ＧＤＰは、一八年前の九四年度よりも八・二兆円も減少しています。日本は、ＧＤＰデフレーターで見て、一九年九カ月にも及ぶデフレにより、名目ＧＤＰは増えるどころか減ってしまったのです。

⑤ＧＤＰデフレーターで見て、デフレが止まり、インフレになるのは、一三年度のＱＱＥ開始後です。ただし、一六年度のＧＤＰデフレーターの前年度比はマイナス〇・二％とマイナスになっています。しかし、ＧＤＰデフレーターの前年度比が単年度でマイナスになってもデフレとはいいません。どのくらいの期間、物価の前年比（あるいは前年度比）がマイナスになったらデフレというかについては、誰しもが合意する明確な定義はありませんが、ＩＭＦ（国際通貨基金）は物価が二年間、低下し続けた場合をデフレと定義しています。本書でも、このＩＭＦのデフレの定義を用います。

物価の指標には、消費者物価、ＧＤＰデフレーター、企業物価などいくつかあります。ここでは、物価としてGDPデフレーターを取り上げましたが、第三章では、日本銀行が安定目標にしている物価である消費者物価について、デフレの状況を説明します。

デフレの脅威に鈍感な日本人――なぜ物価が下がると困るのか

本書では九〇年代以降、日本が「失われた二十年」に陥った原因は、九〇年代以降の財政政策と金融政策（とくに金融政策）が不適切だったため、日本経済がデフレに陥ってしまったことにあることを明らかにしていきます。一三年度から始まった金融超緩和政策であるQQE以後の日本経済については、第三章でお話しします。

しかし、日本経済が「失われた二十年」に陥った原因は日本経済がデフレに陥ってしまったためである、と考える人は、日本では少数派です。

普通の人に「物価が下がり続けるデフレは、困ったことだと思いますか」と聞けば、「物価が下がるのはありがたい。いま、日銀は物価を上げようとしているらしいが、そのほうが困ったことだ」と答えるでしょう。

しかし、第二章で説明しますが、デフレ経済では、消費者としての家計（とくに働いていない専業主婦）の立場から見ると、物価が下がって、家計費が安くなって助かると思える一方で、所得を得るために働いている家計（とくに、家族を経済的に支えている世帯主）の立場から見ると、給料が上がらず、雇用も安定しない状況に置かれることになります。

すなわち、デフレ下ではリストラ、失業の怖れや、賃金が低く、かつ雇用の安定しない非正規社員にしかなれない、新規学卒の就職難といった、働く立場から見れば悪いことばかりです。したがって、消費者の立場から見て「物価が下がって、家計が助かる」とのんきなことをいっている場合ではないのです。

日本経済が普通の先進国並みの元気を取り戻すためには、「物価が下がるデフレは生活費が安くなるから良いことだ」といった、消費者の立場からしか経済を見ず、働く立場から経済を見ようとしないという意味で、「デフレの脅威」に鈍感な多くの日本人の目を覚ます必要があります。

日本経済が長期経済停滞から抜け出す方法を考えるうえで、最大の壁になっているのは、多くの日本人が「デフレの脅威を知らず、デフレに鈍感だ」ということです。あるいは、デフレとともに生活することに慣れてしまった、といったほうが適切かもしれません。

困ったことですが、日本では、欧米の経済学者と違って、多数の経済学者もまたデフレの脅威に鈍感です。

日本では、デフレが、名目と実質の成長率の低下、不良債権の増加、失業者と非正規社員の増加、就職氷河期と呼ばれるような新卒の就職難、出生率の低下、生活難を原因とする自殺者の増加など、私たちの生活に対してさまざまな負の影響をもたらす元凶である、と認識している人はきわめて少数です。

日本では九〇年代以降、経済が長期にわたって停滞したのは、九〇年代に入って突然、技術進歩が停滞したためだ（第六章で触れますが、TFP低下説といいます）とか、銀行が収益性のない企業に貸し続けたためだ（追い貸し説といいます。第六章参照）とか、九〇年代後半に自殺者がそれまでの年間二万人台から三万人台に急増したこととデフレとは無関係だ、とかいった、デフレと九〇年代以降に起きた経済の不調とは関係ない、という論調が主流でした。

年金世代にデフレが有利だった理由

デフレは、年金世代にとってはインフレよりも歓迎すべき現象でした。年金制度は、デフレで物価が下がるときには、名目の年金支給額を減らすように設計されています。デフレでさまざまな物やサービスが安く買えるようになるのは、お金で買えるものやサービスの量が増える、つまりお金の購買力が大きくなるからです。そうであれば、年金支給額を物価が下がった分だけ減らしても、支給された年金の購買力は変わりませんから、年金受給者の生活に変化はありません。もちろん、悪化もしません。年金支給額を物価下落分だけ減らすことを、年金のデフレスライドといいます。

しかし、日本では老人パワーが強く（たとえば選挙になると高齢者のほうが若い人よりも投票に行くため、政治家は高齢者の意向に敏感に反応します）、長く続いたデフレ下でも、年金支給額のデフレスライドは採用されませんでした。むしろ速水《はやみ》優《まさる》日銀総裁などは、高齢者に対して「金利が安いというので、特に年金生活者の方々には非常にご迷惑をお掛けしている」と述べたほどです（総裁記者会見要旨、二〇〇〇年三月十三日）。

年金世代は、デフレでも減らない年金支給額を享受する一方で、定期預金などの名目金利が低いことに不満を述べていました。

しかし、定期預金してどれだけの名目金利を受け取れるかは、お金を借りる側の金利支払い能力に依存します。おいおい説明していきますが、デフレが続く状況では、企業が売る製品やサービスの価格が下がり続けますから、借金する企業はそんなに高い名目金利を払うことはできません。デフレ下では、名目金利が下がるのは避けられない経済現象なのです。それを「年金生活者の方々には非常にご迷惑をお掛けしている」と述べる日銀総裁はどうかしています。定期預金金利を高くするためには、金融政策によって一日も早くデフレから脱却することが不可欠ですので、「早期デフレ脱却のための金融政策を運営します」というのがまともな日銀総裁というものです。

国会議員なども「金融緩和政策によって失われた利息収入はいくらか」と白川日銀総裁を糾

し、同総裁もまるで失われた利息収入を国民負担であるかのような発言をしています（第一六九回国会財務金融委員会、二〇〇八年三月二十五日）。新聞等のメディアも同様で、「金融緩和政策により、国民は巨額の利息収入の減少という負担を強いられた」などと、多少とも経済の原理がわかっていれば恥ずかしくていえないようなことを声高に述べて、日銀のＱＱＥを批判することに明け暮れています。

一―二　米国の三〇年代大不況もデフレが原因

金本位制に縛られた金融政策

アメリカでは、一九二〇年代半ばから一九三〇年代前半にかけて長期的にデフレを経験しました（**図表1―3**参照）。

とくに一九三〇年代に入って消費者物価の下落率は高まり、三二年は奈落の底に落ちるかのごとくで、下落率は一〇％以上にも達しました。三二年の実質成長率（実質国民総所得の前年比）は一五％もの減少で、三〇年から三三年の四年間のデフレで、三三年の国民総所得は、その前のピークである二九年から三〇％もの減少です。

図表1-3　1930年代大不況期の米国の経済指標

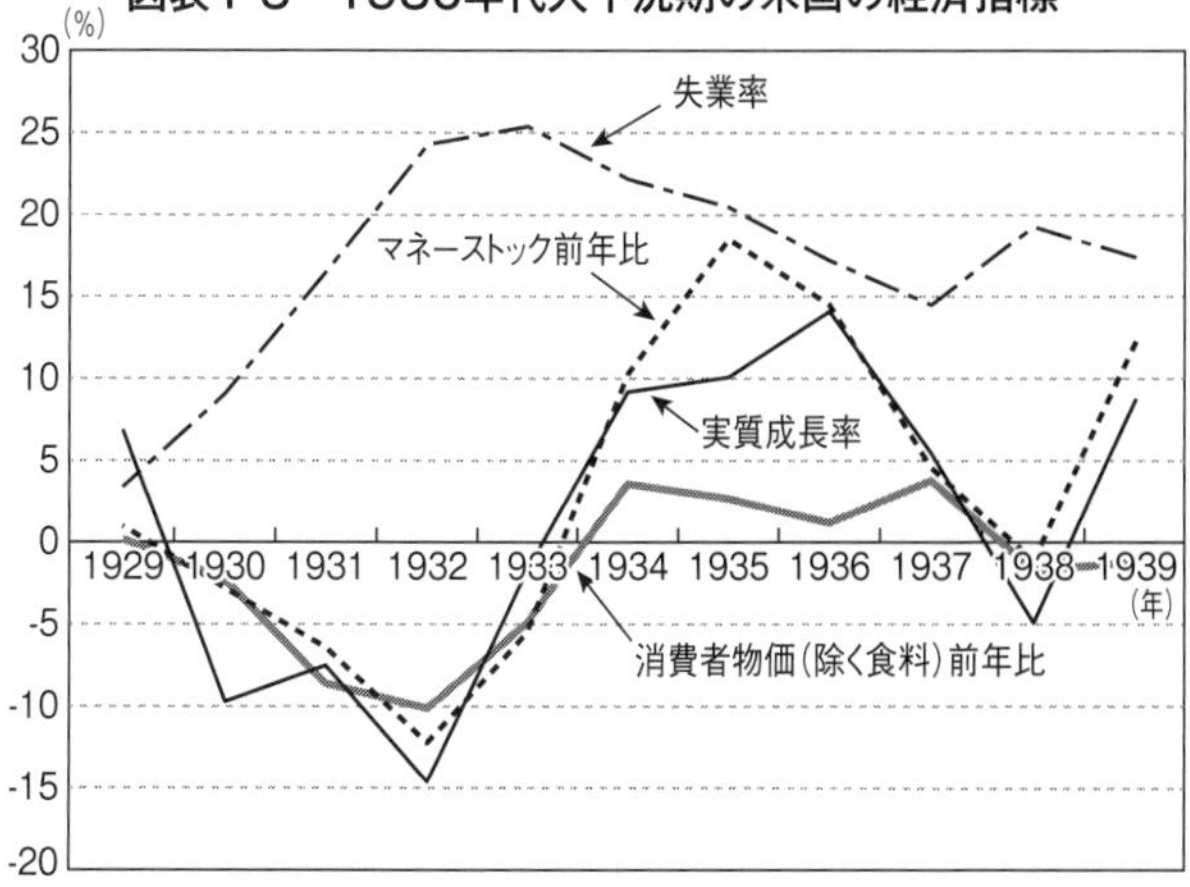

(注) マネーストックはM1。実質成長率は実質国民総所得の成長率
出所：Historical Statistics of the United States,Colonial Times to1970.

雇用も悲惨で、三三年の失業率は二五％、つまり四人に一人は失業者という状況でした。

この悲惨な状況を救ったのは、三三年三月に大統領に就任したフランクリン・ルーズベルトが採用した経済政策です。

ルーズベルトといえば、「ニューディール政策」をはじめとする財政出動により経済を急速に回復させた、といわれます。ニューディール政策とは、たとえばテネシー川流域の灌漑《かんがい》のためにダムを建設し、雇用など新たな需要を生み出した政策です。

しかし、一九七〇年代の終わりから九〇年代初めにかけての「国際学派」と呼ばれる研究者たち（三〇年代のデフレ不況は世界的に広がりましたが、国際的に比較研究することにより、デフレの原因とデフレ脱却の要因とを特定しようとする研究者）の精力的な研究の結果、今日では「金本位制を中止ないし廃止して、マネーストック（貨幣量）を急拡大させた金融超緩和政策こそが、大不況とデフレを収束させた主要な要因である」という考え方が主流です。

さて、ルーズベルトは一九三三年三月に大統領に就任すると、ただちに金本位制を離脱して変動相場制を採用しました。金本位制の下では、あらかじめ決められた貨幣と金の交換価格を維持するように金融政策を運営しなければなりません。したがって、国内経済がデフレ不況で、失業率が二五％にも達する状況でも、金融緩和政策を採用できません。しかし金本位制を止《や》めれば、金融政策を国内景気に応じて運営できるようになります。

すでに述べたように、米国は三三年三月に金本位制を離脱しましたから、連邦準備制度理事会（米国の中央銀行）もマネーストックを増加させる量的緩和政策に転じました。

当時、ルーズベルト大統領にドルの減価を促して、リフレーション政策（略してリフレ政策）を取るように提案したのはアービング・フィッシャー（イェール大学経済学部教授）でした。このときフィッシャーが説いたリフレ政策とは、物価をデフレが発生する前の水準まで引き上げる政策でした。

図表1－4は、①一九三三年三月の金本位制離脱後、マネーストックの減少に歯止めが掛かり始め、三三年十月には七・五％へと急上昇していること、②マネーストックの減少に歯止め

図表1-4　米国1930年代大不況期のマネーストックとデフレ不況及びデフレ脱出

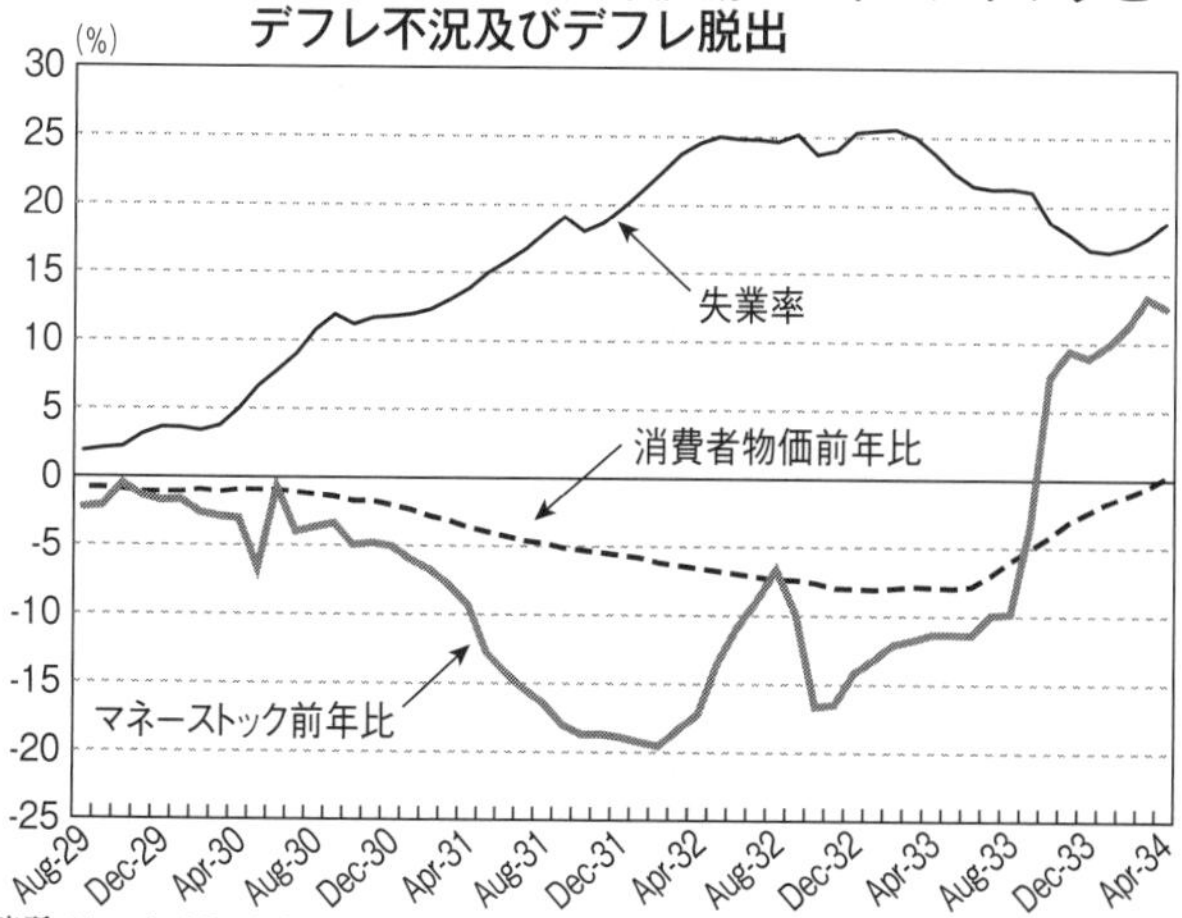

出所：Historical Statistics of the United States,Colonial Times to1970.

が掛かり、それが増加に転ずるにつれて消費者物価も上昇に転じ、失業率も低下し始めたこと、③三四年四月には、消費者物価前年比は〇・二%とわずかですがプラスに転じ、デフレは金本位制離脱後約一年で止まったことを示しています。なお、三四年以降の消費者物価の動きは、**図表1−3**に示されています。

ここで注目すべきは、三三年にはまだマネーストックは六%も減少していたにもかかわらず、消費者物価下落率が縮小し始める一方で、実質経済成長率も前年の一五%減から二%減（**図表1−3**参照）へと、低下率が大幅に縮小したことです。

なぜデフレは止まったか

なぜ、このようにデフレは急速に収束に向かったのでしょうか。その謎を解く鍵は、「経済政策のレジーム転換」にあります。政策レジームとは「政策のルール」のことで、政策のレジーム転換とは、転換したレジームに強くコミット（約束が実現されるまで責任をもって政策を続けること）することです。

ルーズベルトは大統領選挙の終盤の三三年二月に、物価を引き上げる手段の一つとしてドルの切り下げを真剣に考慮すべきである、と主張するようになりました。同年三月の大統領選の勝利宣言で、大不況からの脱出を自らの政治生命を懸けた最重要課題と位置付け、当時、前年比マイナス一〇％以上にも達していた消費者物価を、一年以内に正常時の平均であるプラス二・五％まで引き上げると約束しました。これにより、新しい「リフレ政策レジームへの転換」が明確になったのです。実際に、消費者物価は三四年には三・四％、三五年には二・五％、それぞれ上昇しました（**図表1−3**参照）。

ルーズベルトの「リフレ政策レジームへの転換」に対する反応は、ただちに金融資本市場と外国為替市場で始まりました。株価は三二年には二九年のピークから七三％も低下した水準にありましたが、三三年には三〇％も上昇しました。三三年六月には、ドルはポンドに対して三〇から四五％も低下しました。

投資も消費も、新しい政策レジームへの転換に大きく反応して増加に転じ、実質成長率は三四年には九・二％へ、三五年にはなんと一五％へと大きく上昇したのです。

図表1-5　米国1930年代大不況の財政

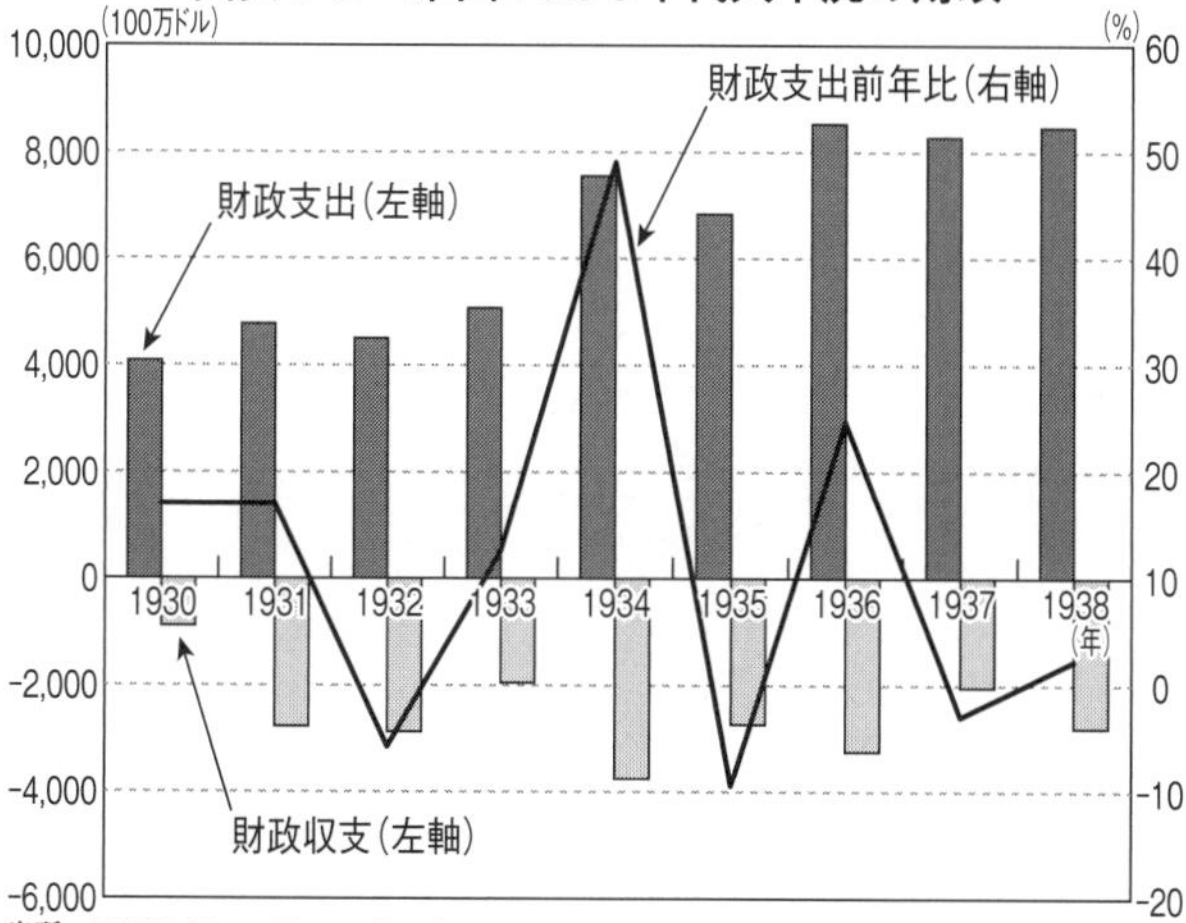

出所：NBER, Macrohistory Database

以上のように、三〇年代に一時は四人に一人は失業者、という悲惨なデフレ大不況を経験したアメリカでは、とくに大不況を研究したマクロ経済学者を中心に、デフレの脅威に対してたいへん敏感です。

財政政策の役割と早すぎた出口政策の失敗

それでは「ニューディール」に代表される財政政策は、三〇年代のデフレ大不況からの脱出において、どのような役割を果たしたのでしょうか。**図表1―5**に示されているように、一九三三年と三四年こそ、財政支出はそれぞれ一三%と四九%も増加しましたが、三五年は減少、三六年は増加、三七年は再び減少といった具合で、財政政策には「デフレ脱却という目的に向かって進める」という一貫性が見られません。

こうしたこともあって、すでに述べたように、三〇年代大不況研究の「国際学派」は、デフレ大不況からの脱出の主要な要因は金本位制離脱以後の金融緩和政策である、としています。

しかし**図表1―5**から、財政支出は一九三三年以降、大きく見れば増加傾向にありますから、デフレ脱却に貢献したと思われます。ただし財政収支の赤字の大きさで見ると、三七年はデフレ脱却の観点から見ると、赤字幅縮小の程度が大きすぎることがわかります。

マネーストックも、三七年から三八年にかけて前年比が急低下し、それに伴って消費者物価の前年比も低下し始め、三八年には大きく下落して実質成長率もマイナス五％と大きな落ち込みで、米国は再びデフレに陥る瀬戸際に立たされました（**図表1―3**参照）。

三七年から三八年の財政金融政策は、リフレ政策からの出口を急ぎすぎることのリスクを物語っており、日本の今後の財政金融政策も、この米国の早すぎた出口政策から教訓を学び取る必要があります。

一―三　FRBによる日本のデフレ研究とデフレ脱却の提言

―ITバブル崩壊後の「日本に学ぶデフレ阻止」の研究

アメリカでは一九九九年から二〇〇〇年にかけて、インターネット関連企業の設備投資（ソフトウェア投資を含む）とそれらの企業の株式への投資が異様なほど盛り上がり、それらの企業の株価を中心に株価が急騰しました。その後、ITバブルと呼ばれるようになったこの株価の急騰は、アメリカの中央銀行・FRBによる利上げを契機に崩壊し、アメリカの景気は悪化しました。

FRBは、〇一年から景気減速が明確になったため、同年八月までに累計三%ポイントの利下げを実施しました。しかし、同年九月十一日に同時多発テロが起き、不確実性が高まったため、さらなる利下げをせざるをえなくなりました。

しかし、こうした連続の利下げにもかかわらず、〇三年にはコア・インフレ率が二%割れになったため、FOMC（米国連邦公開市場委員会。金融政策を決定する委員会）メンバーのあいだに「デフレ懸念」が高まり、同委員会はさらなる利下げを決定しました。

デフレ懸念の高まりを受けて、FRBのエコノミストは、九〇年代の終わりにデフレに陥った日本経済を研究し始め、日本はなぜデフレに陥ったのか、デフレを阻止するにはどのような政策を取るべきかについて、Alan Ahearneほか（二〇〇二、「デフレを避ける：九〇年代の日本の経験から学ぶ」）という論文を発表します。

このFRBのエコノミストの論文の関心は「〇一年の初め以降、米国の政策金利は四七五べーシス（四・七五％ポイント）引き下げられて、一・七五パーセントと四十年間で最も低くなった。このとき、総需要に対してさらなる負のショックが加わると、ゼロ金利制約によって金融政策が制限を受けるとすれば、ＦＲＢは経済を回復させるために何ができるだろうか」というものでした。

この問題を考えるうえで、参考にしたのが九〇年代半ばの日本の経験です。九〇年代半ばの日本は、日本銀行（以下、日銀）が政策金利である無担保コールレート（オーバーナイト物）を〇・四％台まで引き下げましたが、デフレに陥るのを防げませんでした。日銀がデフレに陥ることを防げなかったことについて、Ahearneほか（二〇〇二）は「事後的に見ると、日銀の金利引き下げの大きさも引き下げの速度も、デフレを防ぐには不十分だった。しかし九五年当時、日本の政策当局者だけでなく、日本の民間エコノミストも外国のエコノミスト（ＦＲＢのエコノミストを含めて）も誰一人として、デフレの到来を予測した人はいなかったのだから、日銀の金利引き下げがデフレに陥ることを防止するには不十分だったとしても、それは後知恵であり、事前的には致し方のないことだった」という主旨のことを述べています。

九五年以前から景気後退・デフレへの転落を警告していた

しかし、右のAhearneほか（二〇〇二）の「九五年当時まで誰もデフレを予測していなかったのだから、日銀の金融緩和が不十分だったというのは後知恵にすぎない」という結論が出たのは、日本がデフレに陥ったのはなぜかを分析しようとしているにもかかわらず、日本語文献に当たらなかったためです。

たとえば嶋中雄二（一九九〇）は、景気の「再拡大」過程にあった九〇年十月に「九〇年はじめからのマネーサプライの前年比の急低下」（同、二九ページ）は、「それまでの日銀の金利引き上げによる金融引き締め効果だけでなく、いよいよ量的な面にも金融引き締め効果が現れてきたことを示している」ことを問題にし、「ここから先の金融引き締めは、再拡大中の景気の勢いをスローダウンさせるにとどまらず、九一年度を『いざなぎ景気』どころか、一転して厳しい不況の年に突き落とす危険性を帯びてきた」（同、二九ページ）と警告を発しています。

さらに嶋中（一九九二）は、マネーサプライの伸び率の急低下は、ミルトン・フリードマンの「マネタリズムの中心的命題」によれば、「名目所得の成長率」低下をもたらし、その低下は「典型的には、はじめ産出量に体現されて、物価にはほとんど現れない」と指摘しています。

実際に、九一年度から名目成長率の低下が始まり、産出量変化である実質成長率も低下し始めましたが、GDPの物価であるGDPデフレーターの前年度比は九〇年度の二・八％よりもわずかに上昇して、二・九％になっています。九三年度には、名目成長率も実質成長率もマイナスになりますが、GDPデフレーターの前年度比がマイナスになるのは九四年度です。まさに、嶋中（一九九二）が予想した「マネタリズムの中心的命題」どおりの展開になりました。

嶋中（一九九二）に続いて、岩田規久男（一九九二）も「九〇年七月には、マネタリーベースとマネーサプライ（M2、現在はマネーストックという）の前年比は、それぞれ一三・三%と一三・二%に達したが、その後、つるべ落としのように低下し続け、九二年九月には、それぞれ、マイナス二・一%とマイナス〇・五%まで落ち込んだ。こうしたマネーサプライ前年同月比の急激な減少が起きたのは、日銀がコントロールできるマネタリーベース前年同月比を急激に低下させたからである。このようなマネーサプライの増加率の急激な低下をもたらす金融政策は、資産価格の暴落と政策不況といった経済的混乱を引き起こす可能性が大きい」という主旨のことを述べ、「日銀理論」という特殊な考え方に基づく金融政策を批判しています。

新保生二（一九九二）は「マネーサプライの増加率の低下はいち早く景気後退を示唆していた」と論じ、成田淳司（一九九二）は「マネーサプライの（増加率）の低下は日銀の失敗」と日銀の「マネーサプライと物価とは関係ない」という主張を批判しています。

原田泰・白石賢（一九九三）は岩田（一九九二）を支持し、原田泰・牧寛文（一九九三）は、マネーサプライと名目GDPの相関が高まっていることを指摘し、マネーサプライの増加率の低下が名目GDPの減少をもたらす危険性を指摘しています。

以上のように、九〇年から九二年にかけて、少なからぬ日本の経済学者・エコノミストがマネーサプライ増加率の急低下が経済に及ぼす悪影響を指摘し、日銀の金融政策を批判しているのです。

マネーの動きを見ていればデフレは予測できた

九二年当時、日銀は、政策金利を歴史的な最低水準まで引き下げたから金融は十分緩和的である、と主張していましたが、岩田（一九九二）が予想したとおり、九二年十—十二月期の実質GDPは前年同期比マイナス〇・一％へとマイナスに落ち込み、九二年度と九三年度の実質成長率は、それぞれ〇・五％とマイナス〇・九％へと大きく低下しました。

地価（六大都市商業地）は低下し続け、九四年二月（調査は毎年二月と六月に実施されます）は九二年二月比三八％もの低下でした。一方、九二年以降、株価は下落傾向をたどり、九二年と九三年の日経平均株価終値は、日銀が金融緩和政策を開始した九一年に比べて、それぞれ二六％と二五％の下落でした。日経平均株価終値は、一九八九年の三万八九一六円の終値をピークに暴落し続けていましたが、それでも九一年までは二万円台を維持していました。しかし、九二年の終値が一万六九二五円と二万円台を割ったことは、人びとの景気に対するマインドを冷やすには十分すぎるほどの低下でした。

米国の大不況期と平成不況期のマネーの動きの違い

右で挙げた論文の日本の執筆者たちが当時、注目していたのは、マネーサプライです。米国の大不況期は、一九三〇年から三三年までマネーサプライが減少し続けます。一方、日本の平成不況期は、一九九一年からマネーサプライ前年比は低下しますが、マネーサプライ自体は低率ながら増加します。そこで、金融引き締めの程度をマネーサプライ前年比の変化で見ることにします。

図表1―6は、一九三〇年代の米国の大不況期と日本の平成不況期における各年のマネーサプライ前年比がどのような速度で変化したか（この速度は、当年のマネーサプライ前年比マイナス昨年のマネーサプライ前年比によって測られています）を示したものです。速度がマイナスであれば金融引き締めの速度を、プラスであれば金融緩和の速度を、それぞれ示します。

米国では、一九三〇年のマネーサプライ前年比は前年二九年の〇・八％からマイナス三・〇％へと、三・八％ポイント低下しています。

一方、日本では、一九九一年のマネーサプライ前年比は前年の九〇年の一一・七％から三・七％へと八％ポイントも低下しています。このことは、不況を引き起こした最初のマネーサプライ・ショックは、日本の平成不況期のほうが米国の大不況よりもかなり（金融引き締めの速

図表1-6　米大不況期と平成不況期のマネーの動き

年	マネーサプライ前年比		マネーサプライ変化率速度	
	アメリカ大不況期	日本平成不況期	アメリカ大不況期	日本平成不況期
米1929(日1990)	0.8	11.7		
米1930(日1991)	-3.0	3.7	-3.8	-8.0
米1931(日1992)	-6.6	0.6	-3.6	-3.1
米1932(日1993)	-12.4	1.1	-5.9	0.5
米1933(日1994)	-5.7	2.1	6.8	1.0
米1934(日1995)	10.1	3.3	15.7	1.3

出所:アメリカは、Historical Statistics of the United States,Colonial Times to1970. 日本は、日本銀行

度でいえば、四・二%ポイント）大きかったことを意味します。

米国は、三三年三月末から金融緩和政策に転換します。三三年と三四年の金融緩和速度は、それぞれ六・八%ポイントと一五・七%ポイントです。一方、日本は九三年が〇・五%ポイント、九四年が一%ポイント、九五年一・三%ポイントと、米国大不況期に比べて金融緩和の速度は牛歩のごとくのろのろしています。

九一年七月から、歴史的に見て大幅な公定歩合の引き下げという金融緩和政策を採用しているという日銀の主張とは裏腹に、マネーサプライで見れば、ほとんど緩和していない状況でしたから、九二年の段階で、やがて来るデフレを予想できたはずです。

当時、消費者物価は上昇していましたが、国

内卸売物価が九一年十一月から下落し続けている、という意味で、すでに日本経済はデフレに陥っている、と私は考えていました。そこで、九五年に出版した拙著の題名を『円・土地・デフレの経済学 日本型平等社会は滅ぶのか』（岩田、一九九五）とし、九〇年代前半のデフレのメカニズムを説明しました。

FRBペーパーは財政支出・減税と日銀によるマネタイゼイションを提言

右では、Ahearneほか（二〇〇二）の九〇年代前半の日銀の金融政策に対する評価が甘すぎることを示しましたが、デフレ脱却のための適切な政策も提言しており、その点は高く評価できます。

まず財政政策については、次のように述べています。日本では、①財政赤字の増大は家計に将来の増税を予想させるので、家計は消費を切り詰める（岩田注：家計がこのような行動を取るとき、その家計はリカーディアンと呼ばれます。このように呼ばれるのは、この考えを最初に主張したのが、自由貿易の利益を明らかにしたデービッド・リカード〈一七七二年―一八二三年〉だったからです）という主張はこの期間、家計の貯蓄率が低下していることを考慮すると当てはまらない。②長期名目金利が低く、かつ経済にスラック（資本などの稼働率の低下）が存在することを考慮すると、財政支出が民間投資を閉め出す可能性はない。③同様の理由で、円高になって、輸出を閉め出す可能性もない。④日本は輸入比率が小さいため、財政の乗数効果（岩田注：財政支出額の増加や減税は、それらの金額の数倍の需要と生産を生み出すという効果）が大きい。

以上の理由で、日本では財政政策の経済刺激効果は大きく、デフレ脱却に有効であると主張しています。

一方、金融政策については九〇年代に、日銀はマネタイゼイション（monetization）により財政政策を支援すべきだった（岩田注：日銀が政府の減税や財政拡大に伴って発行する国債と同額の国債を市場から買い取ること。政府債務をマネタイズするという）と指摘しています。

日本はなぜ九〇年代初めに、財政政策と金融政策を同時に緩和的にしなかったのか。その理由としては次の二つが考えられる。①経済は回復していると考えた。②日銀は日銀の信用を毀損し、高いインフレに導くことになる可能性を恐れて、政府債務を受け身的にマネタイズすることを嫌った。このように述べたうえで、次のようにマネタイゼイションはデフレ脱却に有効だ、と主張しています。

「日銀による制限された量のマネタイゼイションはインフレ予想を引き上げ、それによって、賃金を引き上げ、実質金利を引き下げ、消費支出を増やすという点で、効果的である。

政府が赤字支出を行き過ぎた水準までは増やさないと約束する一方で、日銀が財政支出拡大または減税を金融的に支援する、という金融政策と財政政策の組み合わせは、より一層緩和的な金融政策だけ、あるいは、より一層緩和的な財政政策だけを実施する場合よりも、経済に対してより大きな効果を持つと思われる」

頑固なデフレ・マインドの完全払拭には金融と財政の協調が必要

第二次世界大戦後、世界でデフレに陥った国は日本だけです。

私は、日本がデフレに陥った基本的な原因は不適切な金融政策にあると思います。しかし、一三年四月から五年間、日本銀行副総裁として金融政策の運営に携わった経験から、日本のようにデフレが長期にわたって続いてしまうと、人びと（家計、労働者、経営者、投資家など）の「今後もデフレが続く」という予想が頑固に定着してしまうため、一四年度の消費増税のような強い逆風が吹くと、金融政策だけではデフレから脱却することは困難であることを痛感しました。

人びとのデフレ予想が頑固に定着すると、その行動様式もデフレに即したもの、つまりデフレに対して合理的なものに変化します。このような状況を、人びとの「デフレマインド」（デフレに即した行動様式）が強いといいます。この頑固なデフレマインドを払拭できないかぎりデフレから脱却できませんが、日本の現状は、きわめてデフレマインドが強い状況です。

このように、デフレマインドが強い場合には、ＱＱＥのような超金融緩和だけでなく、財政政策も増税を避け、緩和的でなくては、デフレから脱却できません。

ということは、デフレに陥らないためには、家計や企業や投資家などのマインド（心理や行動様式）がデフレマインドにならないようにする経済政策を実施し、いったんデフレマインドに陥ってしまったら、「デフレマインド」を完全に払拭し、「緩やかなインフレマインド」への転換を促進する財政政策と金融政策の協調が不可欠だということです。

こうした財政政策と金融政策の協調とは、右で紹介したAhearneほか（二〇〇二）が提言しているように、政府が国債を発行して、財政支出（ただし、後に述べるように、役に立つ財政支出に限ります）を拡大したり、恒久的な減税を実施したりする一方で、日銀が市場を通して国債を購入することにより、財政支出や減税の資金を供給する、すなわち、マネタイゼイションすることです。

日本では、政府債務を日銀がマネタイズすることを、財政ファイナンスと呼び、経済学界、政治家、日銀、マスメディアなどで、禁句になっており、口にすることはタブーだと考えられています。

以下の章では、次の第二章でデフレがなぜ脅威なのかを、第三章で日本がデフレに陥った原因と一三年四月から開始したＱＱＥなどの大規模金融緩和をもってしてもデフレを脱却できない理由を説明し、第四章でデフレ脱却のための金融政策のキーポイントを説明した後に、日銀の財務に関する誤解を糾し、第五章で、現在の日銀の金融政策と整合的な財政政策とは何かを探ります。

以上のように、本書では、デフレ脱却政策としてマクロ経済安定政策である金融政策と財政政策を中心に、その望ましいあり方を検討しますが、最後の第六章では、成長戦略こそがデフレ脱却の本来の政策である、という議論の妥当性を検討します。

第二章　デフレはなぜ脅威なのか

第一章で、戦後では唯一デフレを経験した国である日本の人びとは、一般的に見てデフレの脅威に鈍感で、とくに、マクロ的現象であるデフレを研究対象とすべき日本のマクロ経済学者のほとんどがデフレを脅威とは思わず、「一九九〇年代以降の長期経済停滞はデフレとは関係がなく、九〇年代に技術進歩が急低下したためだ」とか「銀行が不良企業に貸し続けたため、資金が効率的な企業に回らなかったからだ」などという主張が主流であることを指摘しました。

これらの九〇年代以降の日本の「長期経済停滞はデフレとは無関係な現象である」という主張の妥当性は第三章以下（とくに第六章）で検討することとし、この章では、デフレはなぜ脅威なのか、二〇〇八年九月半ばに起きた世界金融危機において、なぜ欧米の中央銀行は大胆な金融緩和政策を採用したのかを説明します。

二―一　デフレがもたらす雇用の悪化

デフレは失業の増加をもたらす

デフレの脅威の最たるものは、失業者の増加をもたらすことです。

図表2-1　92年からのディス・インフレと99年からのデフレとともに、上昇する失業率、低迷する有効求人倍率

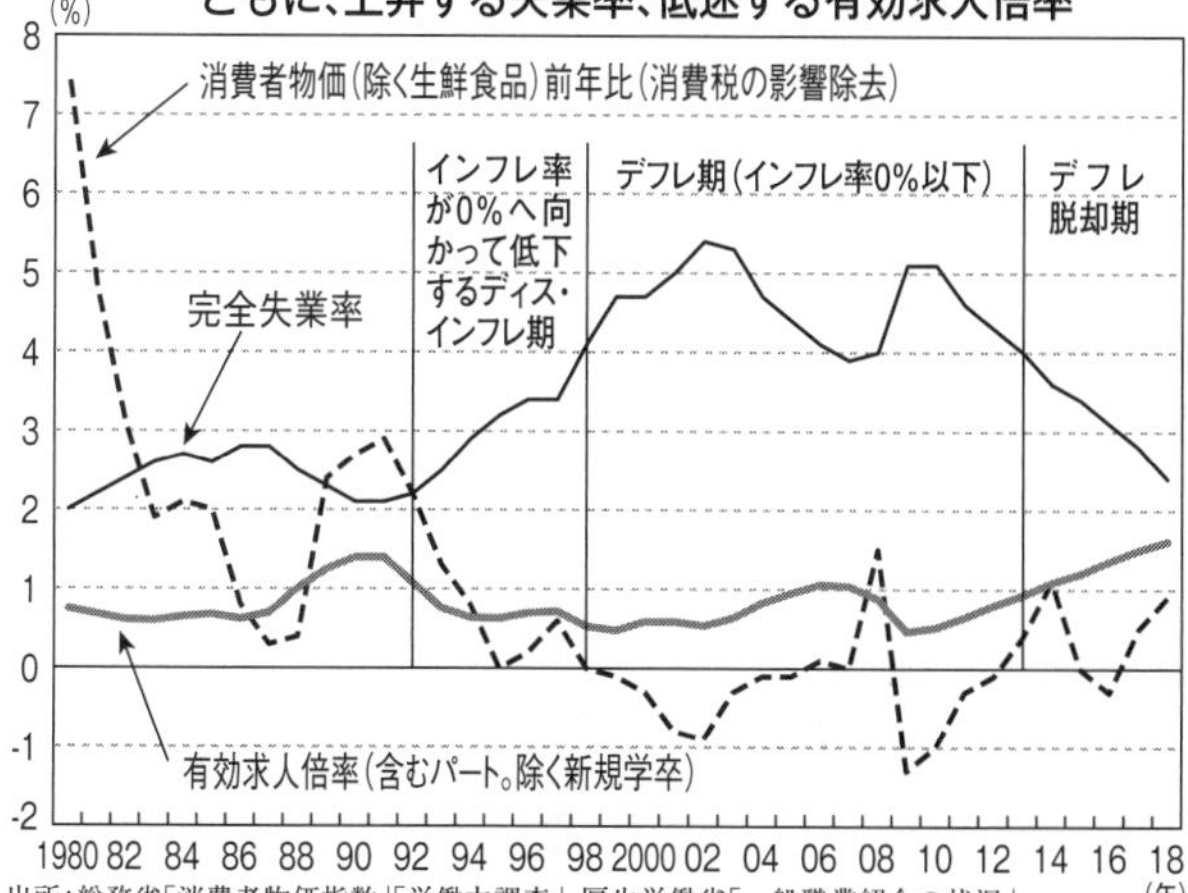

出所：総務省「消費者物価指数」「労働力調査」。厚生労働省「一般職業紹介の状況」

図表2-1は、一九八〇年から二〇一八年までの消費者物価（除く生鮮食品）の前年比、完全失業率および有効求人倍率の推移を示したものです。この図表での一九九二年から一九九九年のディス・インフレ期とは、低水準の消費者物価の前年比が〇％に向かって低下し続けた期間を示しています。一九九二年からのディス・インフレ（低い水準でのインフレ率の低下）を見れば、やがて来るデフレを予想すべきでした。

図表2-1から、消費者物価が低いプラスの水準からさらに低い〇％に向かって低下するというディス・インフレが起きると、失業率が上昇する一方で、有効求人倍率が低下することがわかります。消費者物価が〇％以下になり、物価が下がり続けるデフレに陥ると、失業率はさらに上昇し、有効求人倍率は低迷します。

図表2-2　インフレ率が低下すると、失業率は上昇する

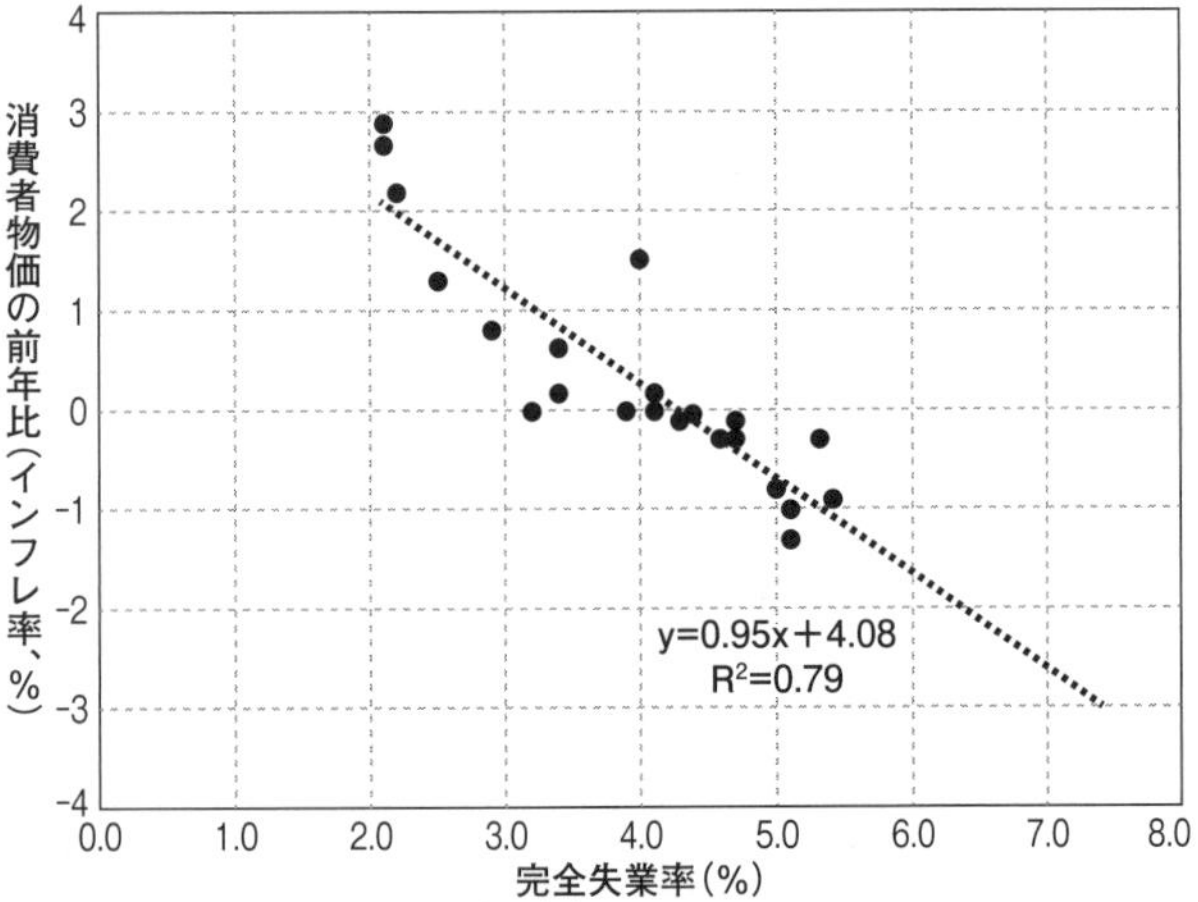

出所：総務省「消費者物価指数」「労働力調査」

二〇一三年四月から日銀が量的・質的金融緩和政策を開始すると、消費者物価は上昇に転じ、それにつれて失業率は低下し続け、有効求人倍率は上昇し続けています。ただし、二〇一六年は平均すると消費者物価はマイナス〇・三%と、〇%以下になっています。これは二〇一四年度の消費税増税後の消費の弱さと原油価格の急落が影響していますが、一時的にインフレ率がマイナスになっただけで、デフレに戻ったわけではなく、デフレ脱却への動きは続いていると見るべきです。

図表2-2は、一九九〇年から二〇一二年までの暦年ベースの消費者物価の前年比と完全失業率の関係を示したグラフです。この図表から、消費者物価の前年比が低下するにつれて、失業率が上昇することがわかります。

図表2−1を見ると、一九九二年には、消費者物価の前年比は二・二%で、失業率も二・二%でした。その後、消費者物価の前年比が低下するにつれて失業率は上昇し、一九九五年には、消費者物価の前年比〇%の下で、失業率は三・二%まで上昇しています。二〇〇〇年には、消費者物価前年比はマイナス〇・四三%まで低下し、失業率は四・七%へと、九二年よりも倍以上に上昇しました。二〇〇二年はマイナス〇・九%まで物価下落が進み、失業率は五・四%と五%台前半まで上昇しています。一九九三年度卒から二〇〇五年度卒の新卒就職市場は最悪で、就職氷河期と呼ばれます。とくに二〇〇〇年度卒は大卒の求人倍率が〇・九九倍と一を下回り、超就職氷河期と呼ばれます。

なぜ物価上昇率と失業率は負の相関があるのか

図表2−2のように、消費者物価の前年比が下がると、失業率が上昇する負の相関関係を示す曲線を「フィリップス曲線」といいます。フィリップス曲線が右下がりになるのは、物価上昇率が低下しても名目賃金がまったく下がらないか、物価上昇率の低下ほどには下がらないため、労働生産性が上がっていないにもかかわらず実質賃金が上昇するためです。この名目賃金が下がりにくい状況を「名目賃金の下方硬直性」といいます。

労働生産性が上がっていない状況の下で、実質賃金が上がることは、企業にとって人件費負担が重くなり、収益が減少することを意味します。企業収益が減少する状況では、企業の雇用需要は減少しますから、失業者が増え、新卒の就職事情も厳しくなります。

デフレは雇用が不安定な低賃金の非正規社員を増やす

デフレ下では、失業者が増えますが、運良く就職できたとしても、正規社員にはなれず、非正規社員として働かなければならないケースが増大します。非正規社員はいつ解雇されるかわからず、賃金も正規社員の五五％程度でしかありません（厚生労働省『賃金構造基本統計調査』二〇一八による）。デフレはこのように大きな所得格差を生み出し、その格差は貯蓄の差による資産格差をもたらします。デフレは格差の元凶なのです。

図表2−3は、一九九〇年代に入って正規社員が減少する一方で、非正規社員が増加し、両者を合計した雇用者数の増加が急速に鈍化し、二〇〇〇年代は二〇一二年まで、ほとんど横ばいないし減少傾向にあったことを示しています。とくに、非正規社員数の増加割合は一九九〇年代以降、二〇〇二年までが急速だったことがわかります。

それでは九〇年代以降、正規社員が減少する一方で、非正規社員が増え、両者を合計した雇用者数がほとんど増えなかったのはなぜでしょうか。

すでに述べたように、九二年以降、日本経済はディス・インフレ期に入りました。もとも

図表2-3　1990年代以降、雇用が増えない下で、減少し続ける正規社員、増加し続ける非正規社員

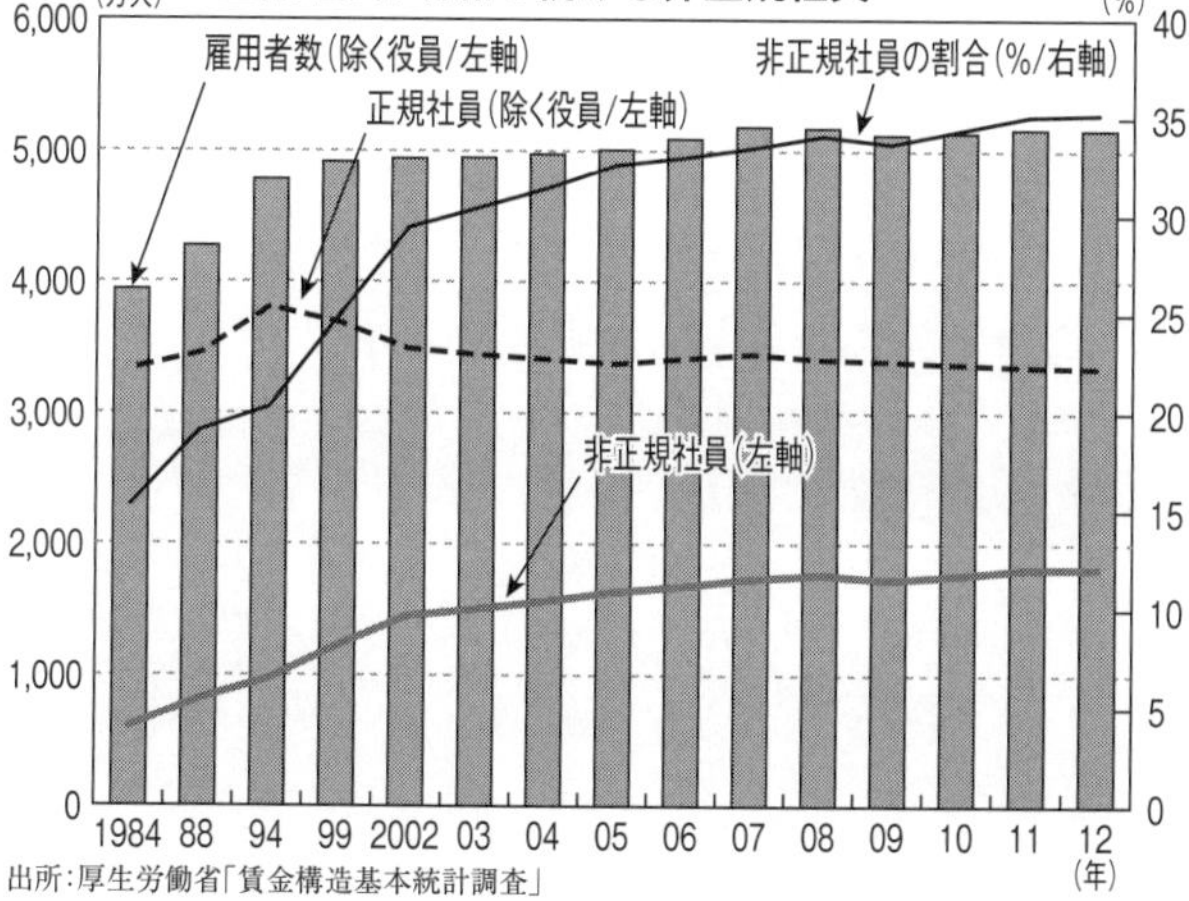

出所：厚生労働省「賃金構造基本統計調査」

と、プラスではあるが低水準のインフレ率がさらに○%に向かって低下していく、というディス・インフレの状況下では、企業にとって実質賃金が高く、かつ、よほどのことがないかぎり定年前に解雇できない正規社員を雇用しようとする意欲は低下します。デフレになれば、なおさらです。

　企業は、経営不振や事業の再編成の際には何人かの正規社員を解雇して、従業員を減らしたいと思うでしょう。あるいは、生産性の低い正規社員はできれば辞めてもらいたいと思うでしょう。このように、使用者側の事情による雇用者削減のための解雇を「整理解雇」といいます。

　ところが日本では、過去の労働判例から確立した四つの要件を満たさないかぎり、正規社員の「整理解雇」はできません。この「整理解雇の四要件」とは、①人員整理の必要性、②解雇回避努力義務の履行、③被解雇者選定の合理性、④解雇手続の妥当性です。

これらは、使用者側にとってたいへん厳しい解雇要件です。会社が倒産寸前といった状況にでもならないかぎり、まず正規社員を解雇することはできないでしょう。なかでも私が最も理解できないのは、②の解雇回避努力義務の履行です。これは「新規学卒を正規社員として雇う一方で、生産性の低い在職中の正規社員を解雇することは、解雇回避努力義務の履行を怠ったことになるから、まかり成らぬ」という要件で、新規学卒の就職難の原因の一つになっています。既得権益を保護し、新規学卒を差別する以外の何物でもありません。

九〇年代以降の企業収益率の急低下と人件費削減

ディス・インフレからさらにデフレが進行する下では、企業収益は減少しますから、企業はできるだけ人件費を減らそうとします。

内閣府の景気基準日付では、バブル景気は一九八六年十一月から始まり、一九九一年二月に終わり、このときから景気後退期に入ります。**図表2-4**は、九一年から企業の売上高が前年より大きく減少し、その後も二〇〇三年度まで小さな増加と大きな減少を繰り返す、という意味で停滞していることを示しています。こうした売上高の減少傾向を受けて、企業の総資本経

図表2-4　1990年代以降の売上高と1人当たり給与の減少

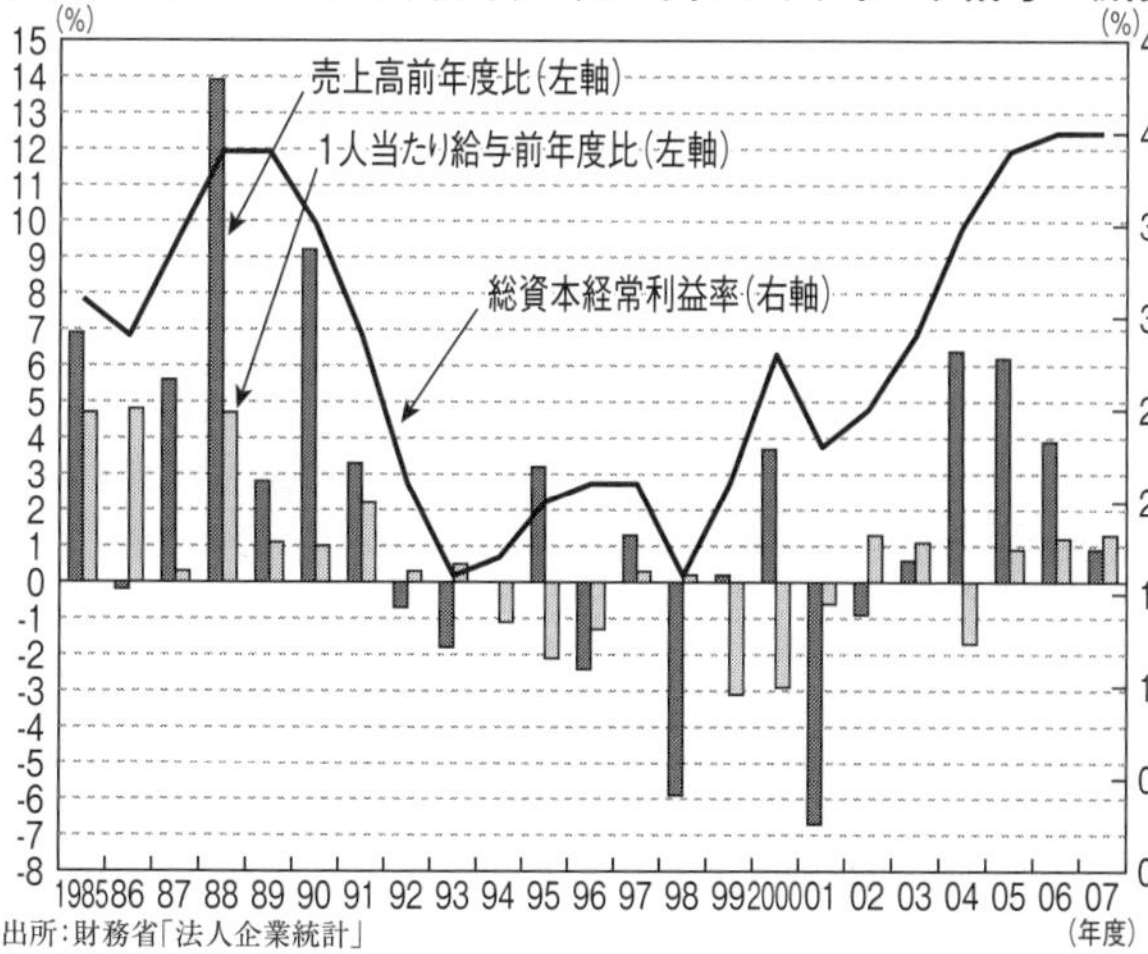

出所：財務省「法人企業統計」

常利益率も急降下し、九三年度から回復しますが、二〇〇三年度まで低水準に留まっています。

企業の売上高の減少が続く下で、人件費（**図表2-4**では一人当たり給与で示されています）は九一年度をピークに減少傾向をたどります。八〇年度から一二年度までの売上高と人件費の相関関係（売上高が減少すれば、人件費も減少するという関係）は〇・九五という高さです。これは、ディス・インフレ期からデフレ期にかけて売上高が急激に減少したため、企業が何とか収益を確保しようと、生き残りを懸けて人件費を抑制しようとしたからです。

人件費抑制の手段は、①賃金の高い正規社員を減らし（たとえば正規社員が定年退職しても補充しない）、②残業時間を減らして残業代を減らす、③残業しても賃金を支払わない（いわゆるサービス残業）、④賃金の低い非正規社員に置き換える、⑤年功序列賃金制により賃金が年々上がる新規学卒の正規雇用を減らすことなどです。

在職中の賃金の高い正規社員を減らす方法は、すでに述べたように日本では「整理解雇」はきわめて難しい状況ですから、通常よりも高い退職金を支払うことを約束して希望退職者を募ることです。このような手段で正規社員を離職させることを、日本では「リストラ」と呼んでいます。

九〇年代の終わりから二〇〇〇年代前半にかけて、リストラを実施する企業が増えました。総務省『労働力調査』の「求職理由別完全失業者」中の「非自発的離職」がリストラに相当すると考えて、八〇年代半ば以降の推移を見てみましょう。

図表2-5から、リストラ（非自発的離職者）は九八年から急増し、〇五年まで一〇〇万人台をキープしています。この急増は、九七年四月に消費税の税率が三%から五%に引き上げられて経済が弱くなっているところに、同年七月からタイを中心にアジア通貨危機が起き、さらに同年十一月に三洋証券、北海道拓殖銀行、山一證券と相次いで大型金融機関の破綻が起き、その結果、景気が急速に悪化したためです。九八年度の実質成長率はマイナス〇・九%で、戦後では、石油ショック後の七四年度のマイナス一・二%以来のマイナス成長でした。

図表2-5　1990年代後半から急増した非自発的離職者
2018年の非自発的離職者はバブル期並みに減少

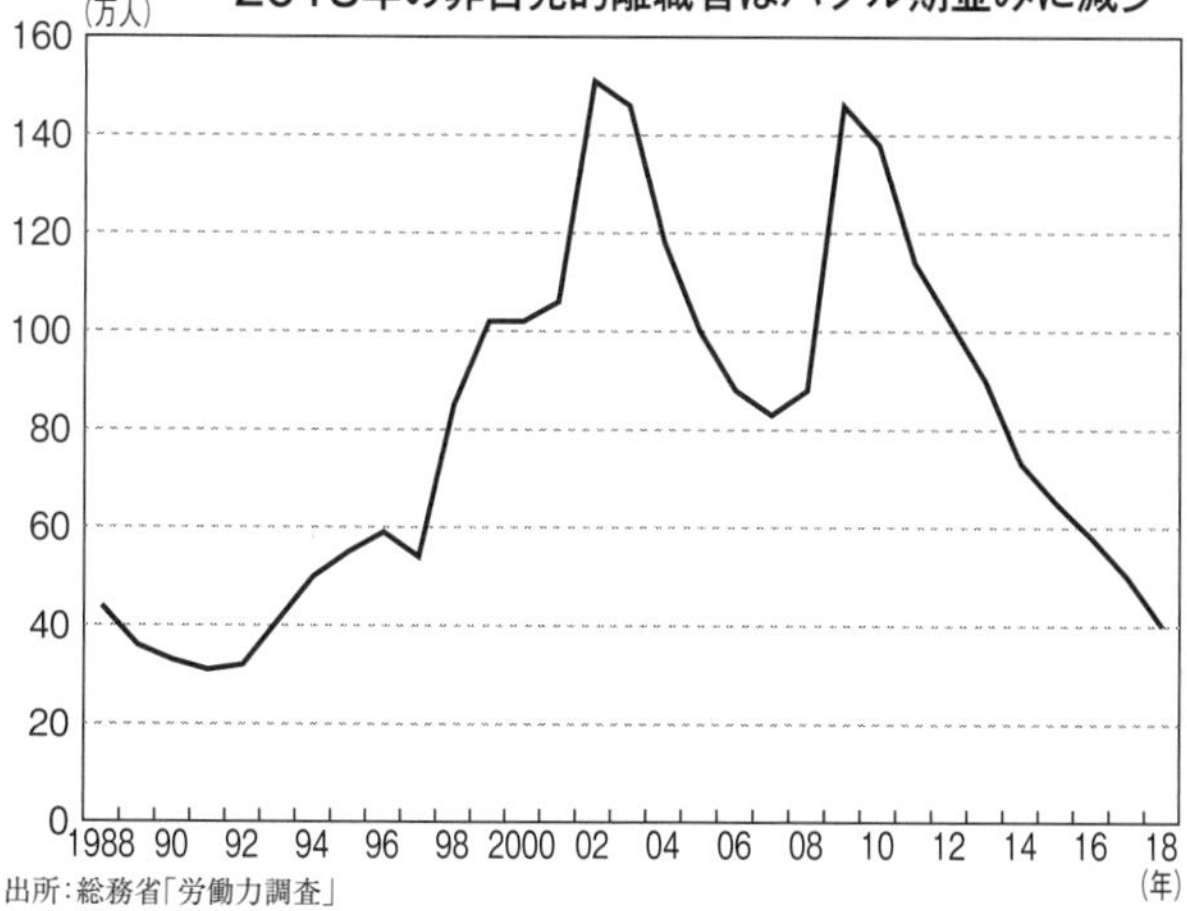

出所：総務省「労働力調査」

デフレが長期化すれば、正規社員の名目賃金も引き下げられる

大企業ほど、正規社員の士気の低下を避けるために、デフレ下で利益が上がらなくても、名目賃金の引き下げはできるだけ避けようとします。これがデフレ下でも正規社員の実質賃金が上昇する理由ですが、デフレが長引くと、さすがの大企業も名目賃金を引き下げざるをえなくなり、「名目賃金の下方硬直性」という性質が失われます。

従業員一〇〇〇人以上の大企業の名目賃金（賞与込みの年間給与額）は、デフレ後も〇一年までは低率でしたが、上昇しました。しかし〇一年にＩＴバブルが崩壊し、同年第２四半期から連続３四半期マイナス成長が続くと、大企業も耐えきれず、〇二年と〇三年には正規社員の名目賃金引き下げに踏み切り、労働組合も企業存続による雇用の安定を優先して、賃下げに応じたのです。〇二年と〇三年の正規社員（産業全体）の名目賃金引き下げ率は、それぞれマイナス一・九％とマイナス〇・六％です。〇二年と〇三年の消費者物価（除く帰属家賃。実質賃金はこの物価で実質化されます）前年比は、それぞれマイナス一・一％とマイナス〇・三％です。当時はデフレでしたから、正規社員の〇二年と〇三年の実質賃金の低下は、それぞれマイナス〇・九％とマイナス〇・三％に留まりました。つまり、デフレが名目賃金のマイナス効果をかなり相殺したのです。

ITバブル崩壊後の正規社員の賃金形成の特徴は、賃金水準全体を底上げするベースアップ（略してベア）が消失してしまったことです。ベースアップ率は、一九八〇年から九一年にかけては、八六年不況を除いて二％台半ばから五％台半ばで推移し、ベースアップ妥結率も五〇％を超えていました。九二年以降、ベースアップ率とベースアップ妥結率は年ごとに低下し、右で述べたように〇二年以降、消滅してしまうのです。ベアが復活するのは、一三年四月に日銀がQQEという金融超緩和を開始してから一年後の、春の賃金の労使交渉以降です。

デフレの脅威に鈍感な経済学者は失業者や非正規社員の苦しみをわかっているのか

私は、日本の多くの経済学者がデフレの脅威に鈍感である状況を見るにつけ、彼らは失業者や正規社員を希望しながら非正規社員としてしか職に就けない人たちの苦しみをわかっているのか、と腹立たしい思いに駆られます。

とくに、実物的景気循環論（ＲＢＣと略称されます）を信ずる経済学者は、世の中に非自発的失業者（働きたいのに雇用してくれる会社がないため失業している人）は存在せず、失業している人は、金利が低いために、働いて所得を得て貯蓄しても、得られる金利収入が少ないから自発的に失業を選んでいる、といいます。この本の読者は、そんなことをいう経済学者が日本だけでなく、世界中に少なからず存在し、そのなかの一人はノーベル経済学賞を受賞した、と知ったら仰天するのではないでしょうか。私は大学教授時代、恥ずかしくて学生の前でＲＢＣ理論を紹介することはできませんでした。

そもそもＲＢＣを信じており、配偶者や子供がいる大学の経済学部教授が、パワハラなど何らかの理由で大学を解雇され、いくら探しても、どの大学も研究所もシンクタンクも雇ってくれない事態に直面したら「私は自発的に失業しているんだ」などとのんきなことをいっていられるでしょうか。最近は大学教授も雇用保険に入るケースがあるようですが、私が大学教授だった頃は、教員は雇用保険に加入していませんでしたから、大学を解雇されても失業保険を受けることができませんでした。そういう状況ですから、大学教員にとって大学を解雇されることは大問題でした。いまでも、基本的な事情は変わらないと思います。

失業とは、家賃、利息、配当、資産売却益などの財産所得が得られる資産を十分もっていない一般の人にとっては、所得を得る機会を完全に失うことを意味します。企業で働いているあなたが企業から解雇されて、今日から給与所得を得られなくなったら、どんな気分になるでしょうか。気分が暗くなるのは間違いないでしょう。

しかし、沈んでばかりいるわけにはいきません。まずは失業保険をもらうために、ハローワークに行くでしょう。しかしハローワークに行ったからといって、すぐに失業保険をもらえるわけではありません。ハローワークでまずしなければならないのは、失業保険の請求ではなく、求職活動の登録です。自己都合ではなく、会社の都合で失職したのであれば、この登録から約一カ月後に初めて失業保険の支給が受けられます。その間も、求職活動をしなければなりません。

四週間に一度の割合で「求職活動をしているが、失業中である」ことを証明する必要があるため、ハローワークに行き、書類申請をし、ハローワークの職員による面談を受けなければなりません。この面談で失業中であると認定されれば、約四~七日後に指定した口座に失業保険が振り込まれます。

再就職が決まるまで四週間に一度、右に述べた失業認定を受ける手続きを繰り返さなければなりません。しかし、いつまでもこの手続きを繰り返しているわけにはいきません。失業保険を受給できる期間は、失職の理由、年齢、失職するまでの失業保険加入期間により異なります。たとえば会社都合で失職した人が、三十五歳以上四十五歳未満で、失業保険加入期間が十年以上二十年未満であれば、失業保険を受け取れる期間は二百四十日です。

どれだけの失業保険を受け取れるかも心配の種です。失業保険の給付額は退職前六カ月間の賃金（除くボーナス）をベースに算出されますが、給付率が年齢と賃金日額で一六通りにも分類されており、自分では計算できないほど複雑です。

なかなか自分に合った職が見つからず、見つかったとしても、相手の求人企業から断られる可能性も小さくありません。景気が悪く、有効求人倍率が低ければなおさらで、失業者（結婚し、子供もいれば、配偶者と子供も）の不安は並大抵のものではありません。そうしたなかで求職活動を続け、失業保険の給付を受け続けることは屈辱的で、鬱になる人もいるでしょう。

デフレは自殺者を増やす

デフレは失業者を増やし、企業倒産を増やし、企業倒産の増加は失業者の増加をもたらします。中小企業の多くは自宅を担保にしたり、社長個人で借金したりしており、雇用保険にも加入していませんから、倒産すると住むところもなくなり、失業保険金もありませんから路頭に迷います。こうした事情ですから、失業者や倒産した中小企業のオーナーが、生活困難から自

図表2-6　1998年からのデフレと男性失業率の4%台への上昇で、急増した「経済・生活問題」を動機とする自殺者

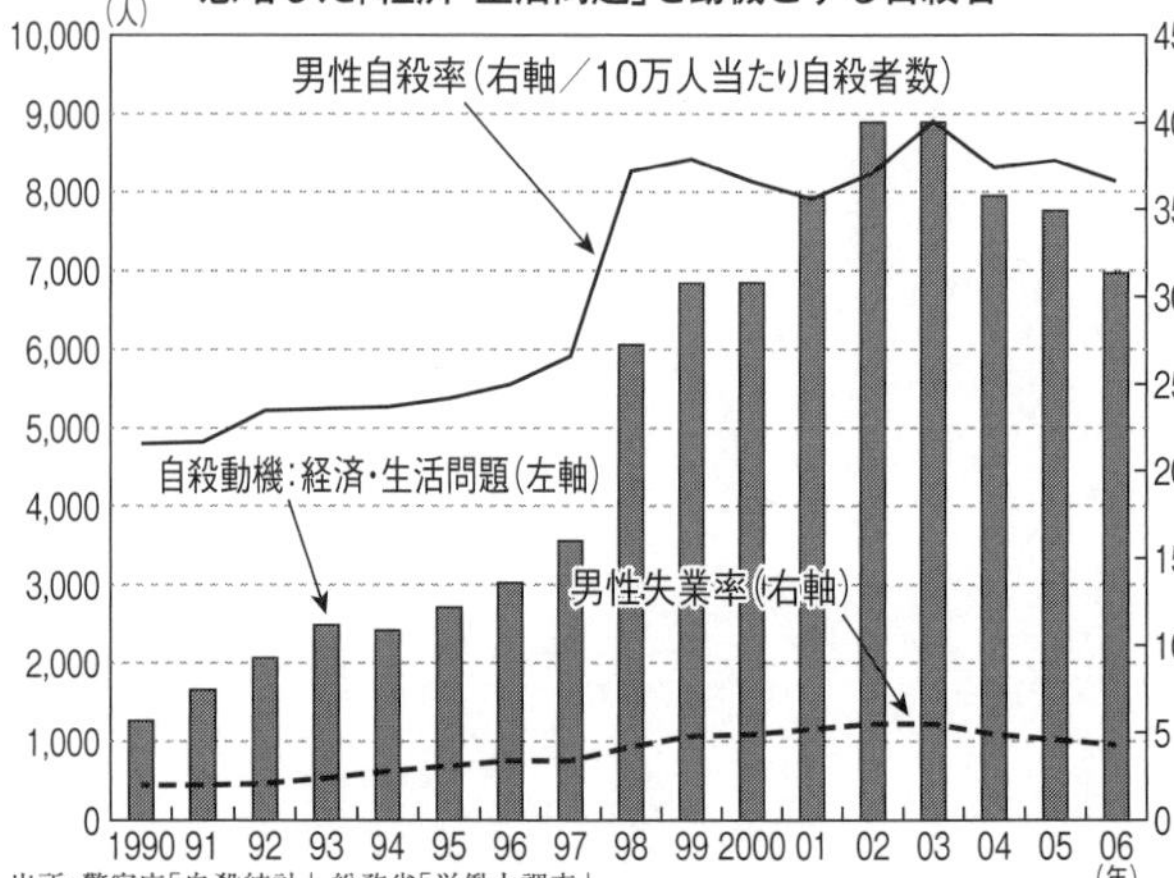

出所：警察庁「自殺統計」、総務省「労働力調査」

殺に追い込まれるケースが増大します。

九七年四月の消費税増税により、九八年にマイナス成長（マイナス一・一％）になると、失業率が前年の三・四％から四・二％に跳ね上がり、自殺者数がそれまでの二万人台から三万人台へと急増し、それ以降、二〇一一年まで三万人台が続きました。

図表2-6は、自殺者数の急増のうち、失業や企業倒産と関わりが深いと思われる「経済・生活問題」を動機・原因とする自殺者等を示しています（〇七年以降は第三章参照）。九七年は三五五六人でしたが、九八年不況期には六〇五八人と、一・七倍もの急増です。

自殺率（一〇万人当たり自殺者数）の高い男性の自殺率と男性の失業率の相関係数（八四年～〇六年）は〇・九四にも達し、男性自殺率と男性の非正規社員比率の相関係数も〇・八という高さです。

「デフレ↓失業者と中小企業を中心とする倒産の増加↓自殺者の増加」という因果関係に多少とも恐ろしさを感ずれば、「不況は避けられない景気循環の一過程だ」などとのんきなことをいっていられません。

失業者の生活を守るとともに、彼らが一日も早く就職できるように社会的セーフティーネット（職業訓練の公的援助を含む）を整備すると同時に、一刻も早くデフレを脱却するための経済対策を取るべきだ、と考えるのが、良識ある人ではないでしょうか。

二―二　デフレは借金の実質負担を重くし、実物資産投資を抑制する

借金の実質負担の増大と大量の不良債権の発生

八〇年代のバブル期に、企業は高騰する土地を担保に大きな借金をして、設備投資だけでなく、土地や株式に投資しました。家計も、地価高騰を前にして「早く買わなければマイホームは夢となる」と考えて、多額の住宅ローンを借りて住宅を購入しました。

ところが九〇年代に入ってバブルが崩壊すると、地価と株価が暴落し、いつまでたっても下

げ止まらないという事態が発生しました。地価と株価の暴落は、土地と株式を大量にもつ一方で、多額の借金を負った企業と金融機関と家計がもつ資産の価値を暴落させ、借金で首が回らないという事態に追い込みました。

多額の借金を負った企業と家計が保有する資産価値が暴落することは、それらの資産が不良化し、企業と家計が債務超過に陥ることを意味します。

これを貸した側の金融機関（銀行、信用金庫、信用組合などで、以下では、銀行と呼びます）から見れば、返済される当てのない不良債権の大量発生です。証券会社にとってみれば、株式や投資信託を売る人ばかりで買い手がつきませんから、売買手数料は激減し、赤字決算が続き、破綻のリスクが増大します。

デフレは金融危機をもたらす

こうした状況で、政府・日銀の不適切な対応が続いたため、九七年一一月の三洋証券、北海道拓殖銀行、山一證券が相次いで破綻するといった金融危機が発生しました。

大蔵省は連続して起きた金融破綻の対応に追われ、公的資金を注入しなければ金融恐慌は避けられない、と決断し、政府は九九年三月に、大手一五行に優先株などの取得を通じて、七兆四五九二億円の公的資金を注入しました。

借金返済に追われて実物資産投資どころではなくなった企業と家計

一方、不良資産を抱えながら、借金を返済しなければならない企業や家計はどういう行動を取ったのでしょうか。それは、土地や株式を売って借金の返済に充て、貯蓄に励むことです。借金の返済自体が貯蓄に励んでいることを意味しますが、こういう目に遭った企業や家計は今後また借金の返済に苦しむのはこりごりだと思うでしょうから、もう二度と借金などせず、土地にも株式にも手を出すまいと決心するでしょう。

こうしたバブル崩壊後の家計と企業の合理的行動は、さらなる地価と株価の低下をもたらしました。

バブル時代に多額の借金をして購入した設備や事務所は、いまや富を生まない不良資産となり、借り手はそれらを売っても、借金をすべて返済することもできない状況です。となれば、企業はリスクを取って設備投資（事務所の購入を含む）をすることなく、古くなった設備をできるだけ長く使おうとします。

図表2-7は九〇年代以降、企業の純設備投資（総設備投資から減価償却費を差し引いた金額）が急激に減少したことを示しています。消費者物価前年比で見て、デフレが始まった九八年度から一二年度は、純設備投資がマイナスになります。つまり、企業は減価償却費にも満たない

図表2-7　1990年代以降、企業の純設備投資は大きく減少

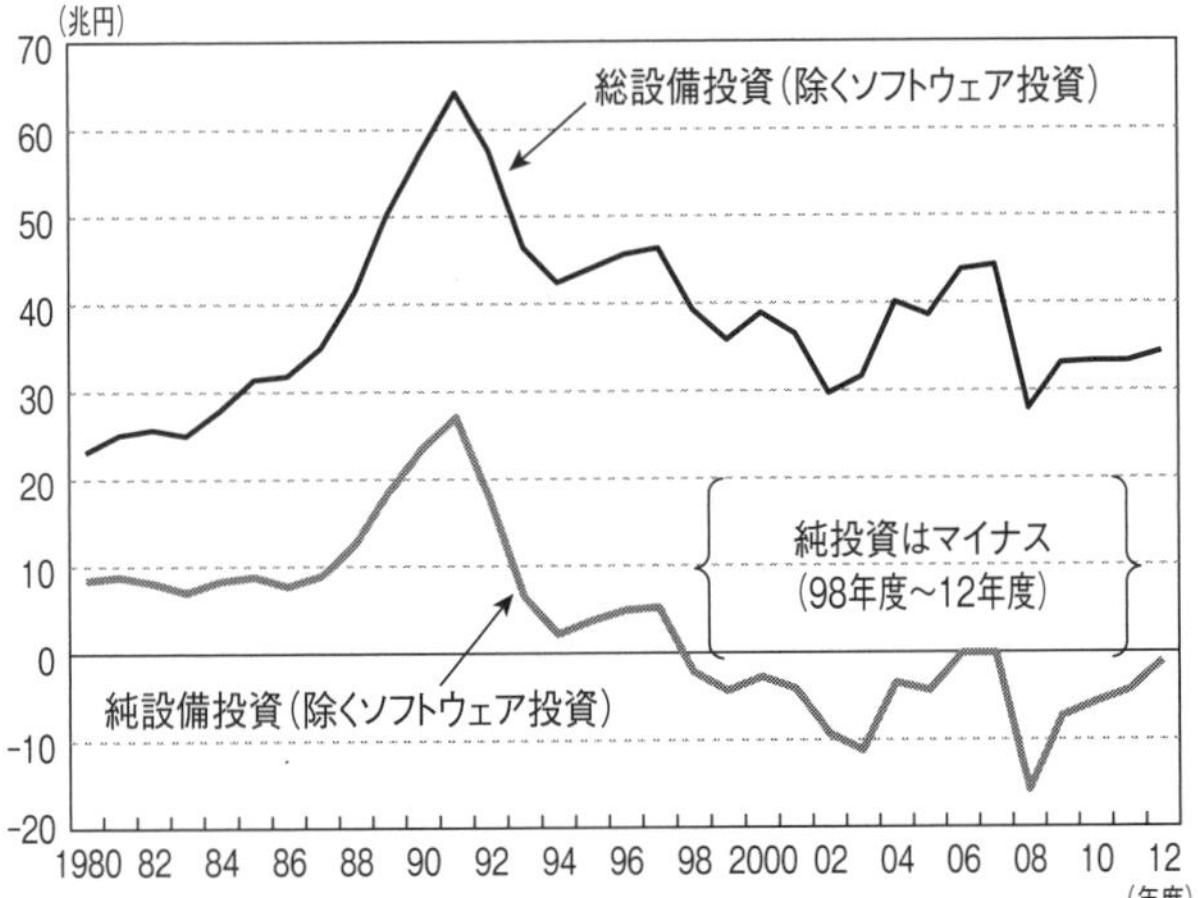

出所:財務省「法人企業統計」

図表2-8　1998年度以降、急速に減少した住宅投資

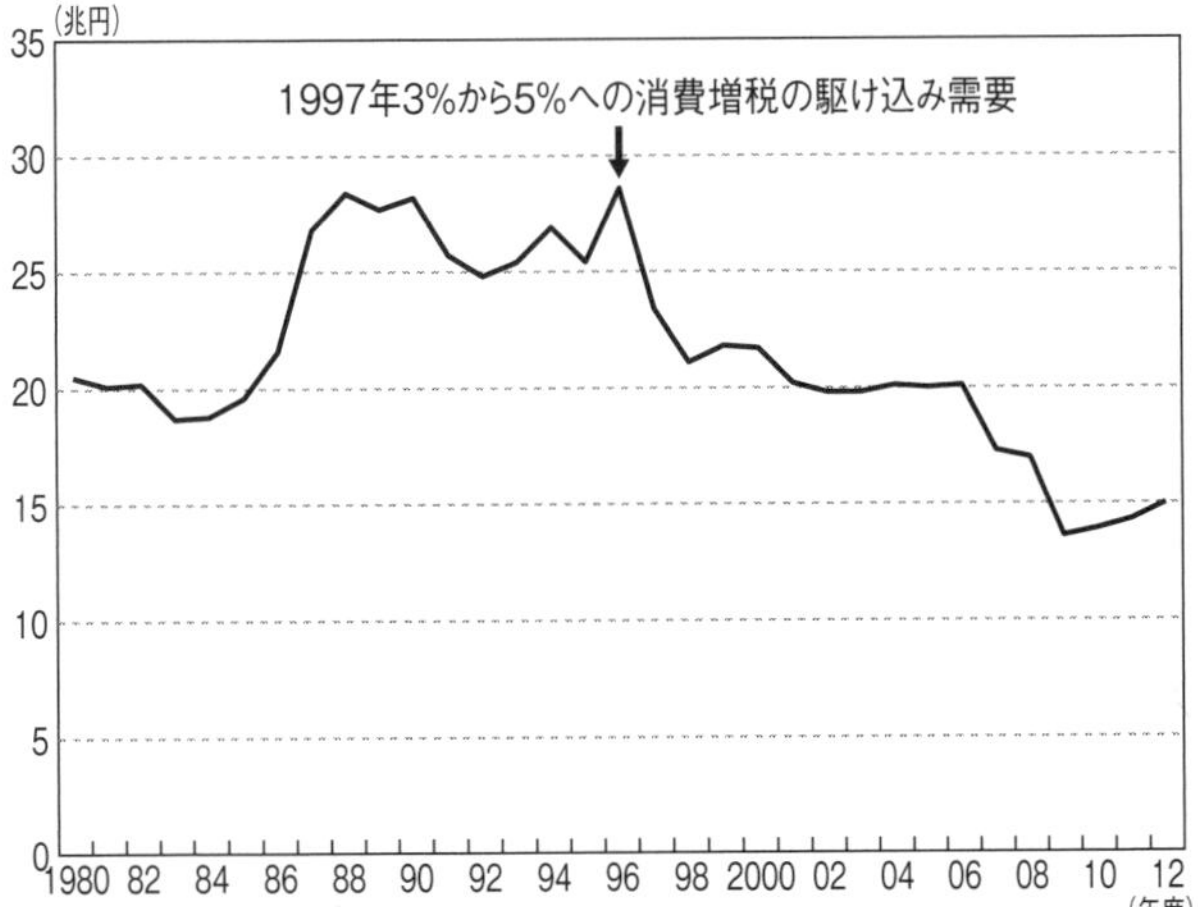

出所:内閣府「国民経済計算」

設備投資しか実施しなくなったのです。これでは設備は古くなるばかりで、生産性が低下するのも当然です。

バブル崩壊で資産を失った家計は、富を取り戻そうとして貯蓄に励みますから、消費は抑制されます。地価の低下が続くかぎり、デフレで実質的負担が増加した住宅ローンを負って住宅を買おうとする家計も減ります（図表2－8参照）。

デフレは社会的に有用な企業を廃業・倒産させてイノベーションを停滞させる

すでに述べたように、デフレになると売上高が減少し、それにつれて企業収益も減少します。その結果、赤字が続けば、廃業または倒産することになります。

このデフレ不況の下での企業の廃業・倒産の増加は、生産性の低い企業を淘汰《とうた》し、生産性の高い企業に労働者や資金を配分する絶好の機会であるから、経済を効率化するうえで望ましいことだ、という主張があります。その主張の代表格が、アメリカの経済学者J・A・シュンペーター（一八八三～一九五〇年）です。

シュンペーターは、イノベーションとそれによる独占的利潤をめぐって、景気は循環すると考えました。たとえばあるとき、独創的な企業家が現れてイノベーションを起こしたとします。この企業家はイノベーションの対価として独占的な利潤を享受します。すると今度は、そのイノベーションを模倣する企業家が次々に現れ、景気はしばらくよくなります。

しかし模倣者が多くなるにつれて、競争の激化により独占的な利潤は消失し、企業倒産や失業者が増加する不況が訪れます。シュンペーターは、この不況は必然的な現象で、経済が均衡する過程だ、と主張しています。彼は、不況という均衡を経て次のイノベーションが起き、同じような景気循環が起きると考えました。この考え方からは、不況を終わらせるためのマクロ経済政策は不要で、むしろ非効率な企業を温存するという意味で有害だという結論が導かれます。

不況は、非効率な企業を清算する避けられない均衡過程である、という見方を取るシュンペーターやその支持者たちを「清算主義者」であると呼び、嫌う人も少なくありません。しかし、その一方でシュンペーター理論は、不況における破壊があってこそ次に創造が生まれる、という「創造的破壊」の重要性を説く考え方であるとして、成功したビジネスマンには案外、人気があります。また、景気循環は需要の変動ではなく、供給の変動により起きると考えるRBC論者のあいだでも人気があるようです。

それでは実際に、経験的に見て、不況期にイノベーションは増えたのでしょうか。

図表2-9は、バブル景気（一九八七～一九八九年）の頃、開業率が高い一方で、廃業率が低いことを示しています。この図表から、九〇年にバブルが崩壊すると、景気は悪化し、ディ

図表2-9　1989年度以降、開業率は低下、廃業率は上昇

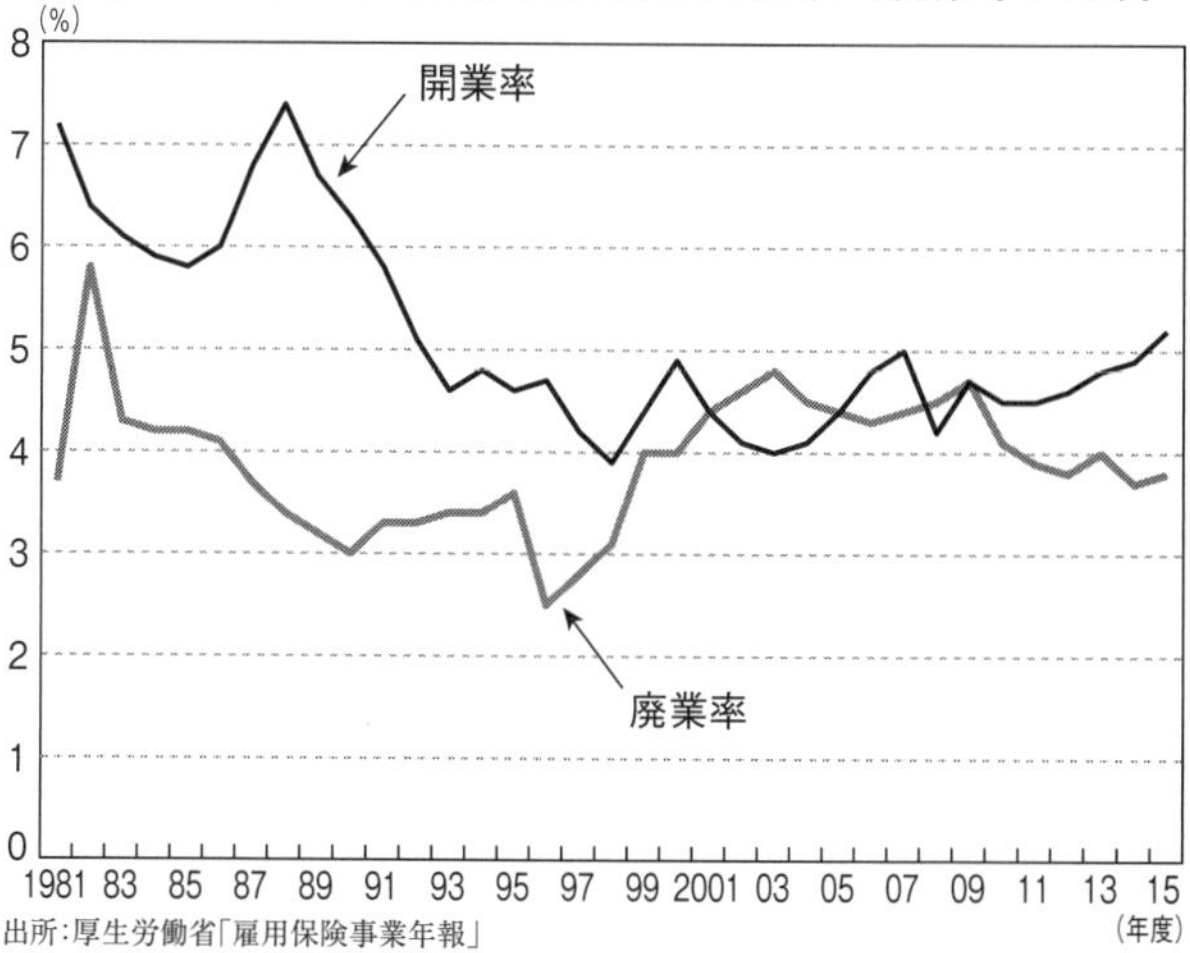

出所:厚生労働省「雇用保険事業年報」

ス・インフレからデフレになり、その過程で開業率はもっぱら低下し、低水準を脱することなく、廃業率は上昇傾向にあることもわかります。

シュンペーターの景気循環論や経済発展論を信ずる人たちによると、不況になっても、しばらくするとイノベーションが起きるため、需要を拡大させる経済政策の助けなしに景気は自動的に回復するはずです。そうだとすると、開業率が八八年度をピークに二十六年間も（二〇一五年度まで）低下し続けていることをどう説明するのでしょうか。不況になっても、しばらくすればイノベーションを起こす企業家とそれを模倣する企業が群生し始めるはずですから、少なくとも、開業率が八〇年代の最低水準（八五年度の五・八％）くらいまで上昇する年が一年くらいあってもよさそうなものです。

シュンペーターの「不況は普通の均衡状態だ」という考え方に対して、シュンペーターと同じ年に生まれたJ・M・ケインズ（一八八三〜一九四六年）は、シュンペーターとは逆に、不況は企業倒産の増加などにより非自発的失業の増加をもたらすという意味で、労働市場が不均衡な状況にある状態であり、有効需要を拡大させる経済政策によって回避できる、と考えました。私は、このケインズの考え方に同調します。

不況を経て次のイノベーションが起きるという考え方は、不況による不良企業の清算がなければイノベーションは起きないとか、不況こそが資本主義発展の原動力であるイノベーションを引き起こす、という考え方につながります。

実際、アメリカの三〇年代の大不況期もルーズベルトが大統領になるまでは、清算主義の考え方が支配的で、当時、財務長官だったアンドリュー・メロンの政策は「労働、ストック、農民、不動産を清算せよ」（Temin〈一九八九〉二七ページ）というスローガンの下に実施されました。つまり、好況期に膨張しすぎたすべてのものを整理縮小することこそが、経済を健全な状態に戻すために不可欠だと考えたのです。こうした清算主義的な考え方に基づく、金本位制への固執による金融引き締めと均衡財政主義が、不況の最中に一層のデフレ圧力をかけ、普通の不況を大不況にしてしまう、という過ちを犯すことになったのです。

日本が一九三〇年に、のちに昭和恐慌と呼ばれる大不況に陥ったのも、清算主義の考え方に基づいて、浜口雄幸首相の下で大蔵大臣だった井上準之助が為替相場制度を金本位制に復帰させて円高をもたらすとともに、財政緊縮政策を実施したからです。

不況は、普通のマクロ経済状況であれば倒産せずに済んだはずの企業を倒産や廃業に追い込みます。

竹森俊平（二〇〇二）が紹介したため、日本でもよく引用されるようになったCaballero and Hammour（一九九六、一九九九）は「不況によって、社会的にまだ有用な企業が退出する、という『無益な破壊』は増大するが、社会的に有用でなくなった企業が退出するという意味で、望ましい『シュンペーター的破壊』はむしろ減少する。さらに、不況は新規参入を困難にし、老朽化した企業の存続を助ける。こうした結論が実証的に導かれるのは、不況期に生き残るためには、大きな純資産をもっていることが必要であるが、新規企業は十分な純資産をもっていないため、参入が難しいことによる」という主旨のことを述べています。

安達誠司（二〇〇四）も、昭和恐慌前後の実証的分析により、一九三一年十二月から始まった高橋財政の下で株価が急騰したため、エクイティファイナンス（株式発行や企業の自己資金による資金調達）が、とくに三二年十一月の高橋蔵相による国債の日銀引き受け後、盛んになったことが「昭和恐慌後の新産業育成に多大な貢献した」（二四五ページ）可能性を指摘し、次のように述べています。
「新たに創業する事業は通常、ハイリスク・ハイリターンであり、そのための資金調達手段としてはエクイティファイナンスが適切である点は言うまでもない。つまり、増資による資金調達が可能となる環境こそが創業が増加する条件であることは自明である。また、その意味では、株価が低迷し、増資による資金調達も困難であるデフレ下で、創業が増加することを想定するのは無理がある。（中略）『デフレによって採算性の低い企業を清算することによって、創造的破壊が実現され、新産業が台頭する余地が出てくる』という『シュンペーター仮説』は誤りである」（二四五ページ）
なお、いま述べた議論に関連して「日本が失われた十年、さらに二十年に陥ったのは、銀行が追い貸しして、淘汰されるべき企業であるゾンビ企業を延命させたからである」という説があります。これは、言い換えれば「日本では九〇年代以降、望ましい『シュンペーター的破壊』が起きなかったから、日本は失われた二十年に陥った」という説です。この説の妥当性については、第六章で検討します。

第三章　「失われた二十年」の原因とアベノミクス

第一章で、九〇年代から二〇〇〇年代にかけて、日本経済が長期経済停滞に陥ったことを示しました。この長期経済停滞は「失われた二十年」と呼ばれますが、何が原因でこのような長期経済停滞が起きたのでしょうか。本書は、その原因を物価が下がり続ける「デフレーション（略して、デフレ）」である、と考えています。

第二章で示したように、日本経済のデフレは、GDPデフレーターで見て、九五年から一三年まで、十九年間（ただし九八年は消費増税が物価を引き上げたため、税込みのGDPデフレーター前年比は〇％です）も続きました。デフレが「失われた二十年」の原因とすれば、なぜデフレになったかを知ることが重要になります。

そこでこの章では、デフレはなぜ起きたのか、戦後デフレになった国が日本だけなのはなぜか、なぜデフレは経済停滞を招くのかといった問題を考えます。

三―一　八〇年代終わりから起きたマネーの大変動

日銀の金融政策の基準は何だったのか

九〇年代半ばから日本がデフレに陥った原因を探るうえで、当時の日銀の金融政策の基準が

図表3-1　80年代半ば過ぎまでは、円高を懸念して、利下げを続けた日銀

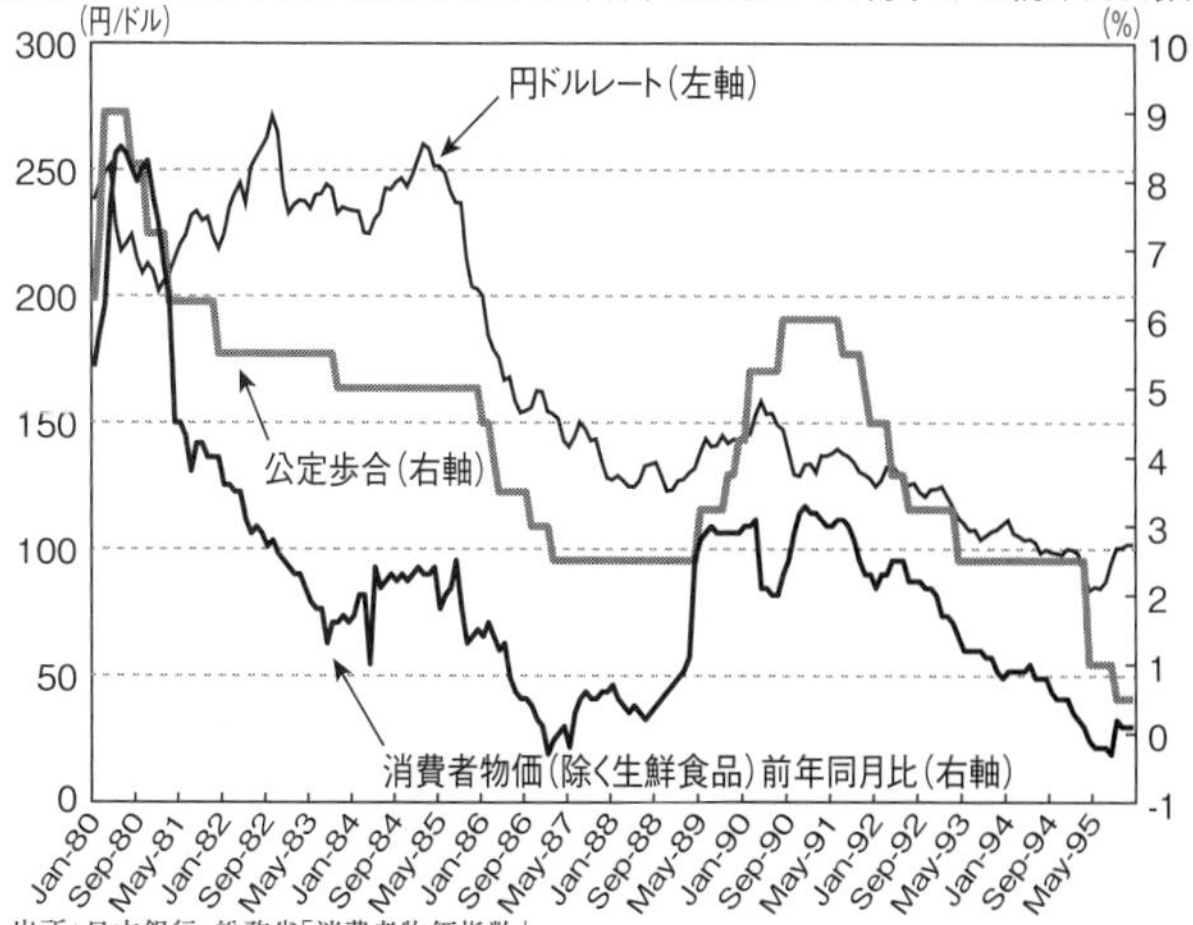

出所：日本銀行。総務省「消費者物価指数」

何だったのかを知ることが重要です。

図表3-1から、公定歩合は八一年以降、八九年五月の引き締め開始まで、引き下げ傾向にあります。日銀の政策決定の議事録を見ると、為替レートに注目して、公定歩合を変更する記述が多く見られます。たとえば、八一年一二月に公定歩合を六・二五％から五・五％に下げた際には「海外金利は低下を示し、為替相場も一頃の円安を改めつつある」と述べています。「円安を改めつつある」というのは妙な表現ですが、要するに「円高になっている」ということです。

先進五カ国蔵相・中央銀行総裁会議は、一九八五年九月二二日に「ドル高是正」で合意しました。これを「プラザ合意」といいます。

プラザ合意前の八五年二月の円ドルレートは

二六〇円でしたが、日銀が公定歩合を三％から二・五％に引き下げた八七年二月の円ドルレートは一五四円で、この期間の円高率は七〇％に達していました。この公定歩合の引き下げについて、日銀は「円高のデフレ効果から鉱工業生産の低迷が続いており」と円高に言及しています。

このように、金融政策変更の際に堂々と「為替レート」に言及することは、日銀が一三年四月に「量的・質的金融緩和」を実施した際、海外から「為替安による輸出拡大を狙った近隣窮乏化政策だ」と非難されたことを思うと、隔世の感があります。

この公定歩合の二・五％への引き下げ後も、円高が進んだため、地価と株価が急騰し続ける中、日銀は利上げすることができませんでした（**図表3－2と図表3－3参照**）。

他方、八九年五月に引き締めに転じた際には「国内景気、物価、為替相場等の動向並びにこれらの動きを反映して市場金利が上昇している状況で、金融政策の適切な運営を確保するため、日本銀行は、本日公定歩合を〇・七五％引上げることを決定し」と述べています。

当時の国内景気は、実質ＧＤＰの前期比が八八年四―六月期〇・六％、七―九月期一・八％、十―十二月期一・二％でしたから、景気はよかったといってよいでしょう。物価は八九年三月の一・一％から四月は二・五％に大きく上昇しましたが、その主因は八九年四月の消費税導入です。一方、為替相場は円高傾向で、物価上昇抑制要因になっていました。

九〇年四月以降は、八九年四月の消費増税による物価上昇圧力はなくなります。その一方で、八九年の利上げ前から、それまで下落傾向にあった原油価格が上昇に転じ、それに遅れて、九〇年代に入って光熱費などのエネルギー価格が上昇したため、消費者物価は一時三％台前半まで上昇しました。

しかし、消費税やエネルギー価格といったコスト・プッシュ要因による物価上昇は一時的なもので、ただちに金融を引き締める理由にはなりませんし、円高はデフレ要因です。このように考えると、八九年五月の日銀が挙げた金利引き上げ理由とその後の利上げ継続は、妥当であったとは考えられません。

八九年からの連続利上げの目的はバブル潰し

図表3-2は、八〇年代から最近（一九年三月）までの日経平均株価の推移を、図表3-3は八〇年代半ば以降の東京圏の地価の推移を示したものです。

日経平均株価は八六年から八九年まで高騰し続けました。八六年一月四日から、最高値の八九年十二月二十九日終値（三万八九一六円）までの四年間の値上がり率は三倍に達しました。

東京圏の地価は、住宅地も商業地も八六年から九〇年まで上昇が続きましたが、とくに八七年が高く、住宅地は二一％上昇し、商業地は六一％もの上昇を記録しました。

図表3-2　日経平均株価の推移(1980年―2019年3月27日)

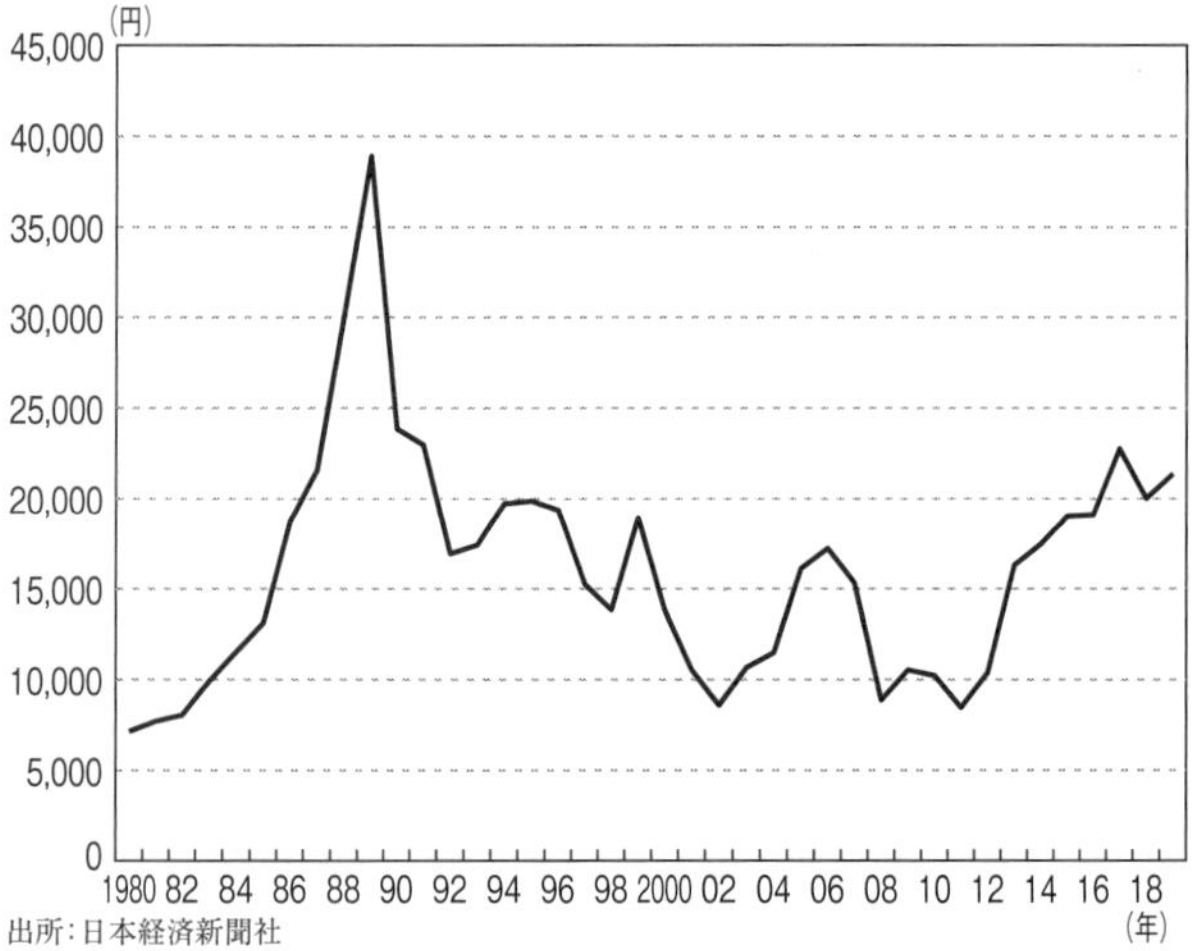

出所：日本経済新聞社

図表3-3　東京圏と東京都区部の地価の推移(住宅地、商業地/1985-2000)

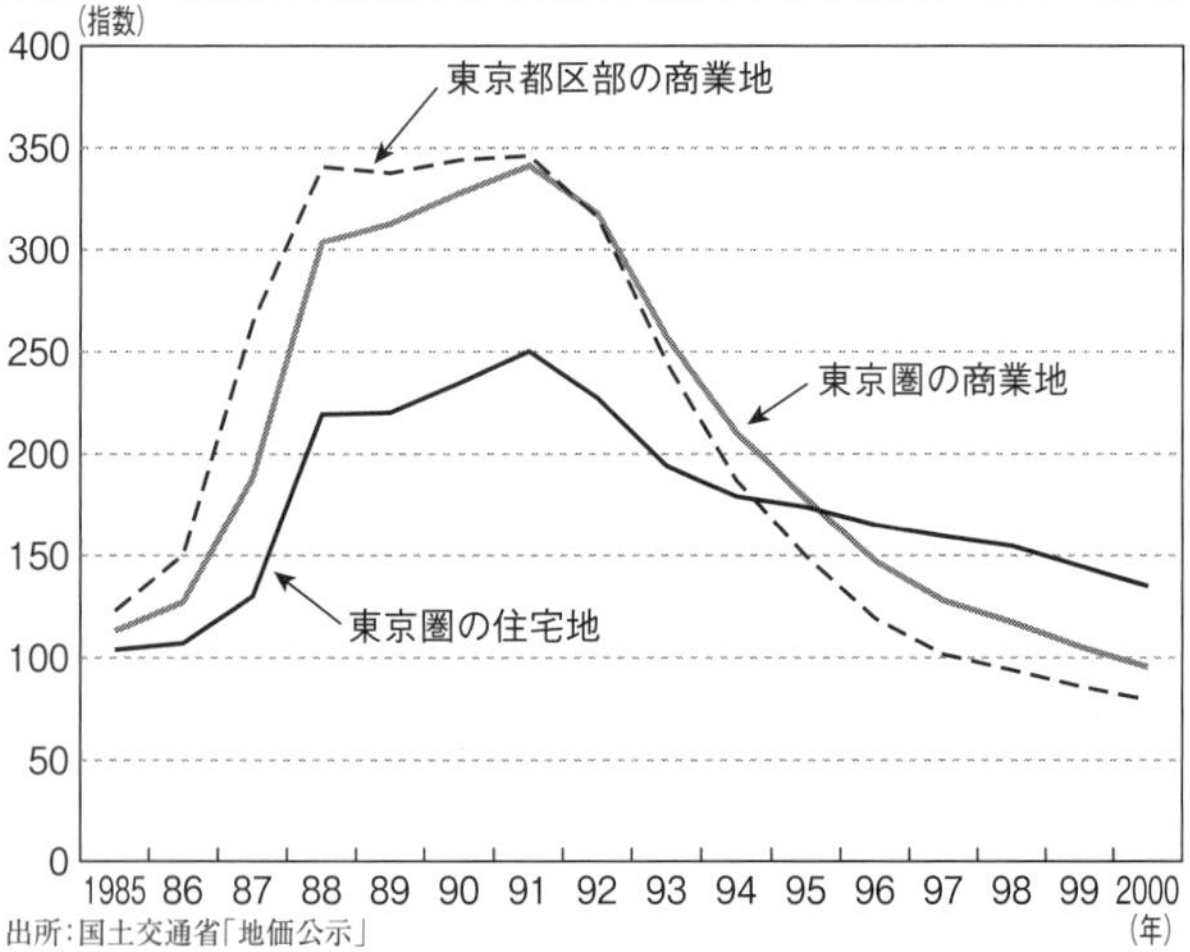

出所：国土交通省「地価公示」

東京圏の九〇年の住宅地と商業地の平均価格は、それぞれ八五年の二・六倍と三・八倍に上昇しました。

八九年五月の利上げの真の目的は、こうした地価と株価の高騰を抑制することにあったと考えられます。

八九年十二月に日銀総裁に就任した三重野康氏は、八九年五月の利上げ開始前は二・五%だった公定歩合を引き上げ続け、九〇年八月には「インフレを抑制する」という理由で六%まで引き上げました。しかし、九〇年八月の利上げを決定したときに利用可能だったと思われる九〇年六月と七月の消費者物価（除く生鮮食品）前年比はともに二%です。二%インフレは、当時（現在もそうですが）のインフレ目標採用国ではむしろ目標とすべきインフレ率でした。それを「インフレ抑制」を理由に利上げしたのは、株価は暴落の最中でしたが、地価はまだ一桁台で上昇していた（東京圏の住宅地の価格は六・六%上昇）からでしょう。

つまり、「インフレ抑制」の名を借りた地価抑制が真の目的だったと考えられます。日銀の地価抑制策の背中を押したのは、当時のマスメディアの「九〇年の東京圏の住宅地の平均価格は一平方メートル当たり五一万円に達しており、マイホームの夢が消えてしまった。地価をもっと引き下げよ」という主張だったと思われます。

バブル潰しの諸政策で、地価と株価は暴落後も下落が長期化

バブル潰《つぶ》しの政策は、急速な金融引き締めだけではありませんでした。八九年末には、株価急騰の原因の一つだった証券会社の新商品「営業特金」が禁止（証券会社に対し、利回り保証を禁じ、証券会社の営業特金の原則禁止を通達）になり、九〇年三月には、大蔵省（現在の財務省）による不動産融資総量規制（不動産融資を総貸出の伸び率以下に抑えるという行政指導）が実施されました。

これらのバブル対策により、地価と株価は暴落し、その後も長く下がり続けます。その結果、〇一年の日経平均株価は八九年末の最高値から七三％も下落しました。〇五年の東京圏の住宅地の平均価格は九〇年比六四％の下落、〇六年の東京圏商業地の平均価格は九〇年比八二％もの下落です。

九〇年代初めからのマネー大収縮がもたらした資産デフレ

八九年五月から始まった利上げの連続は、日銀から供給されるマネタリーベースと呼ばれる資金の減少または増加率の低下を伴います。マネタリーベースとは、日本銀行券（略して、日銀券。千円札などの紙幣です）と民間金融機関（銀行と証券会社）が日銀に預けている預金（日

銀当座預金といいます）の合計をいいます。日銀当座預金の供給量は、銀行の貸出や証券購入などの信用創造に影響します。この銀行の信用創造によって、非民間金融機関に預金というマネーが供給されます。

これを住宅ローンを例に説明しておきます。たとえば、ある家計が銀行から二〇〇〇万円の住宅ローンを借りて、マンションを買うとします。このとき、銀行は自らの貸借対照表（以下では、バランスシートとか、略してBSという場合があります）の負債項目である当該家計の預金を二〇〇〇万円増やす記帳を実施します。その家計が自分の預金通帳を見ると、二〇〇〇万円だけ増えています。つまりこの場合、銀行は住宅ローン（貸出）により、二〇〇〇万円の預金を作り出した（これを銀行の預金創造とか信用創造といいます）ことになります。家計はこの二〇〇〇万円の預金をマンション販売会社の預金口座に振り込んで、住宅代金を支払います。このように、預金は現金（日銀券と硬貨）と同様に決済手段になるので、現金とともにマネーに分類されます。

八九年頃は、市中に供給されたマネーの残高をマネーサプライと呼んでいましたが、現在ではマネーストックと呼ばれるようになっています。ここでは、八〇年代から九〇年代を対象にしていますので、マネーサプライという用語を使います。

図表3-4は、八〇年代後半から九〇年代前半のマネタリーベースとマネーサプライの前年

図表3-4　80年代後半から90年代前半にかけてのマネーの大変動

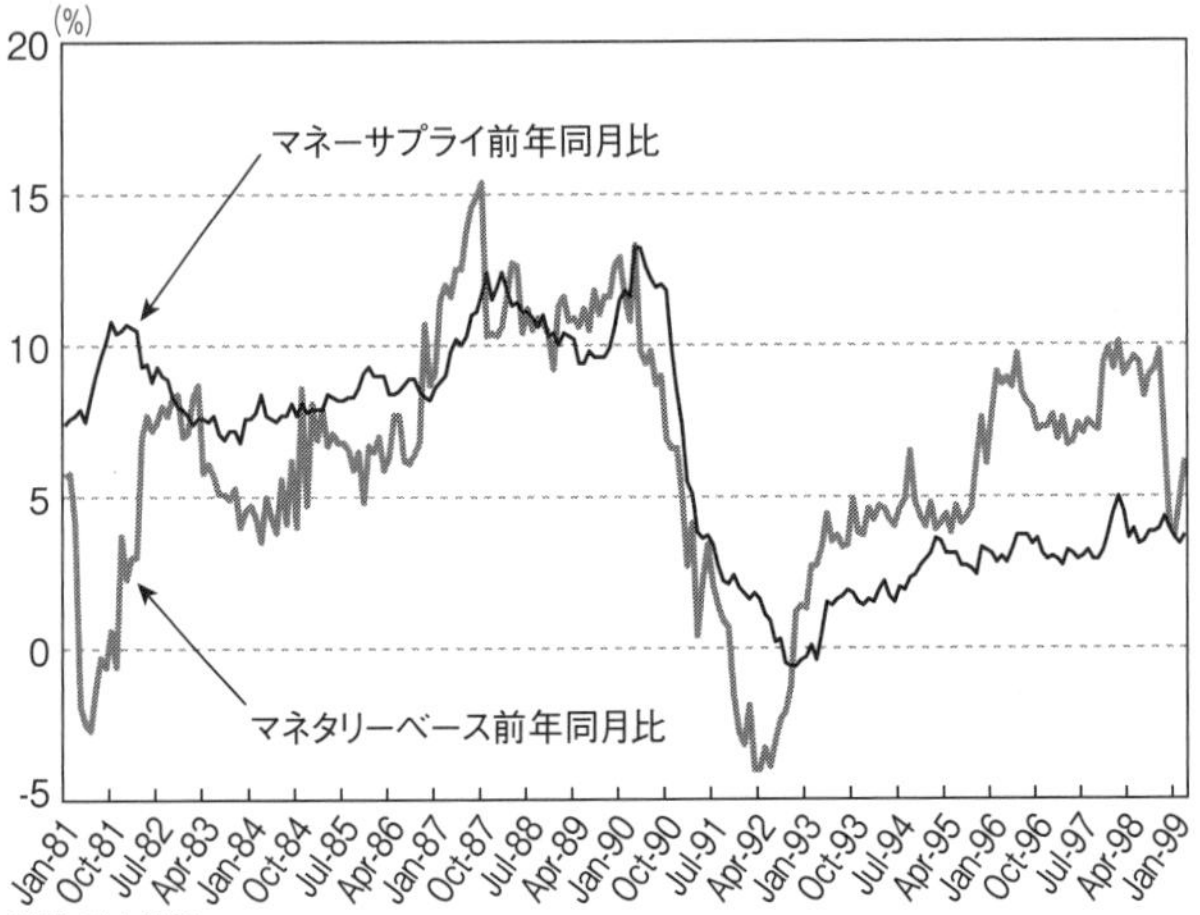

出所：日本銀行

同月比の推移を示したものです。

図表3-4から、八二年～八六年十月までは、マネタリーベースもマネーも安定的な動きを示しています（マネー安定期）。それに対して、八六年十一月～九〇年四月まではマネタリーベーもマネーも急増しています（マネー急増期）。ところが、九〇年四月をピークにマネタリーベースもマネーも急降下で、増加率は大幅に低下しました。マネタリーベースは九一年十一月～九二年十月までの一年間、増加率がマイナスになり、残高自体が減少します。マネタリーベースと連動して、マネーの増加率も九〇年四月をピークに急激に低下し始め、九二年九月から九三年四月までの九カ月間は（厳密には、九二年三月は〇％）マイナスです（マネー急減期）。

日銀はなぜ、このようなマネタリーベースとマネーの急変動を引き起こしたのでしょうか。

日本経済は、第一次石油ショック（七三年）直後の七四年に二〇％台の大インフレを経験しました。この大インフレを引き起こしたのは、日銀が銀行のマネタリーベース需要の急増に応じて、受け身的にマネタリーベースを急増させたためだという批判を日銀は浴びました。それ以後、日銀はマネーサプライの増加率が安定化するように金融政策を運営するようになったため、日本のインフレ率は先進国のなかでは比較的安定的になりました。この期間の日銀の金融政策は、マネー重視の金融政策と呼ばれます。

実際に、たとえば鈴木淑夫・黒田晃生・白川造道（一九八八）は、「日本銀行は、第一次石油危機とそれに続く高インフレーションの苦い経験を背景として一九七五年頃より、金融政策運営上の最終目標として従来以上に景気よりも通貨価値安定（即ち物価安定）を優先するとともに、中間目標としては従来の金融機関貸出に代えて、マネーサプライを重視するようになった」（五六ページ）と述べ、VAR（ベクトル自己回帰）モデルにより、マネーサプライが名目国民総生産に有意な影響を及ぼすことを示しています。

岩淵純一（一九九〇）も、構造VARモデルを用いて「①M２＋CDでみたマネーサプライの変動は、実質生産に対して、金利や貸出額などよりも大きな影響を及ぼす。②M２＋CDの変化は物価に対しても顕著な影響を及ぼす。すなわち、M２＋CDの増大が物価に及ぼす影響は、比較的迅速（半年〜一年後）に現れるうえ、中長期的にもその効果が続くというパターンが認められる。③物価に対しては、為替レートの変動も大きな影響を及ぼす」という主旨の結論を導いています。

以上のような、八〇年代終わりから九〇年代初めにかけての「マネーサプライが物価と実質生産に大きな影響を及ぼす」という日銀エコノミストの研究があるにもかかわらず、金融政策決定者はマネーサプライの動きに鈍感になっていたのです。なぜ、そのような変化が起きたのでしょうか。その理由を考えてみましょう。

図表3-5に示されているように、八五年半ば頃から八九年三月（八九年四月からは、消費税導入によってインフレ率が上昇するという攪乱《かくらん》要因がありますので、八九年三月までとします）までを見ると、マネーサプライの前年比が上昇しているのに、インフレ率が低下したり、逆に、マネーサプライの前年比が低下しているのにインフレ率が上昇するといった関係が見られます。そのため日銀内に、マネーと物価の関係は薄れたと考える人が次第に増えたようです。この考え方が政策決定に関わる人たちの間で支配的になったことが、それまでマネー重視だった日銀が、八六年後半頃から、マネタリーベースとマネーサプライが大きく変動しても気にしなくなった原因ではないでしょうか。

しかし、八六年半ば以降の物価の動きを子細に見ると、八五年九月のプラザ合意以後の急速

図表3-5　80年代のマネーと物価の関係は消失したか

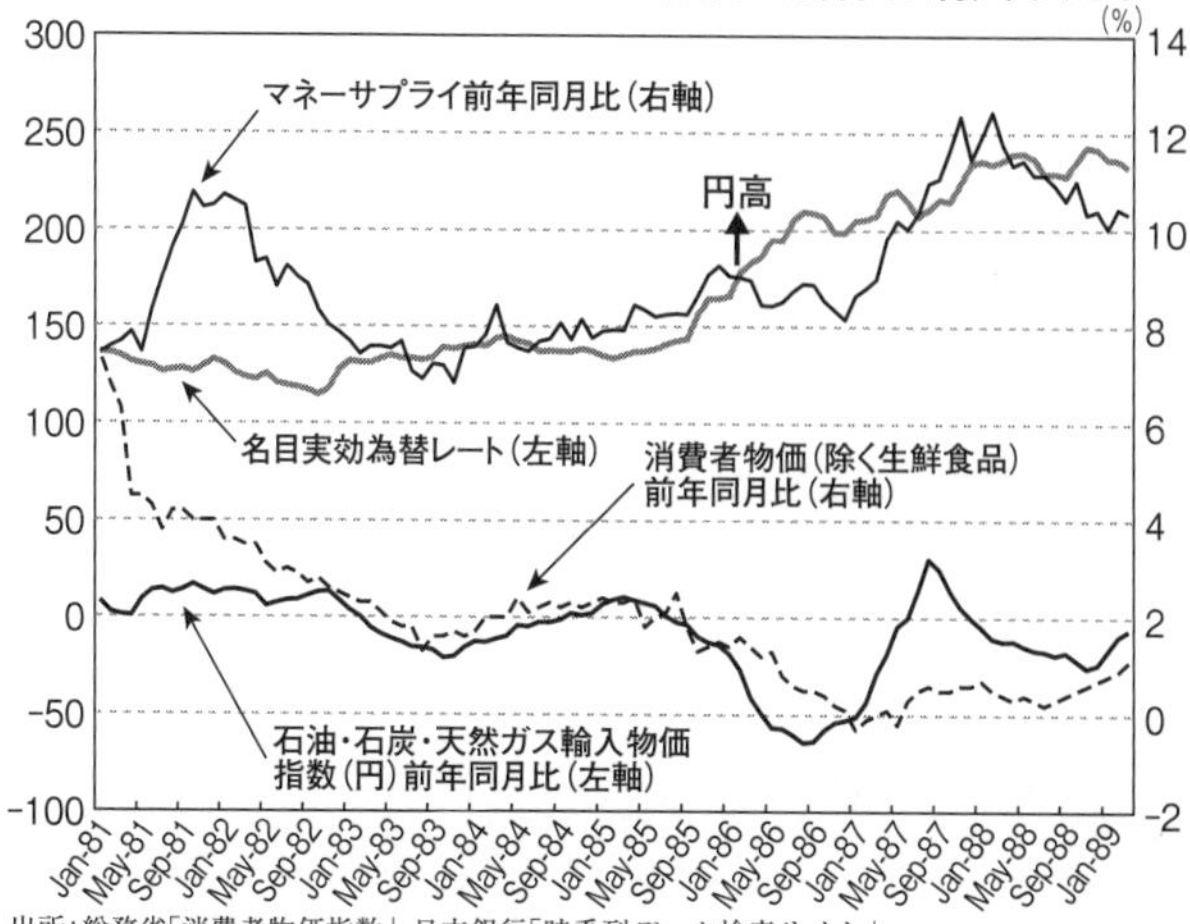

出所：総務省「消費者物価指数」、日本銀行「時系列データ検索サイト」

な円高と、原油に代表される（**図表3-5**では、石油・石炭・天然ガス輸入価格）エネルギー価格の大幅な低下（八六年三月から八七年二月までの一年間は、前年同月比マイナス四〇％から六〇％もの下落が続きました）が、消費者物価に大きな影響をもったため、マネーと物価の関係が薄れたように見えたのです。

図表3-4に示されているような、マネタリーベースとマネーサプライの増加率が、九〇年四月をピークに、まるで、ジェットコースターのように急降下すれば、鈴木・黒田・白川（一九八八）や岩淵（一九九〇）が実証したように、やがて物価と実質生産に大きな影響が及ぶことは避けられません。この意味でも、Ahearneほか（二〇〇〇）が「一九九五年までは、誰も将来、日本経済がデフレに陥ると予測しなかった

のだから、日銀の金融政策が事後的に見て緩和不十分だったとしても、致し方ない」という主旨の評価を下しているのは、甘すぎます。Ahearneほか（二〇〇〇）は、九〇年以降のマネタリーベースとマネーサプライの急降下に注目していません。

資産デフレで失われた膨大な富

八九年五月以降の急速な利上げの下で生じたマネタリーベースとマネーサプライの増加率の急低下は、資産価格の暴落と、その後の長く続く低下をもたらしました。この状況を「資産デフレ」といいます。資産デフレにより、日本経済からは莫大《ばくだい》な富が失われました。

日本の株式価値総額は八九年にピークを打ったのち、急激に低下し始め、途中、上昇することもありましたが、傾向的には下落基調で、九八年にはピークの八九年に比べて五四八兆円も減少しました。減少率にすると、六七％にも達します。同様に、宅地価値総額も九〇年にピークを付けたのち、長期にわたって下落が続き、九八年にはピークの九〇年に比べて六八二兆円も減少しました。減少率は三六％です。

これらの減少額がいかに大きいかは、九八年の名目ＧＤＰが五二八兆円であることを想起すればわかるでしょう。右に述べた株式価値総額のピークからの減少額は九八年の名目ＧＤＰにほぼ匹敵する大きさです。宅地価値総額のピークからの減少額は九八年の名目ＧＤＰの一・三倍にも達する大きさです。

資産デフレは景気の悪化をもたらす

資産デフレは、次のような経路を通じて景気の悪化を招きます。

第一は、消費の逆資産効果により消費が減少することです。資産価格の下落がそれほど甚大でなければ、消費の逆資産効果による景気の悪化はそれほど大きくはならないと思われます。しかし九〇年代の資産価格は暴落しましたから、消費はかなり下押し圧力を受けました。

第二は、資産価格の暴落によって引き起こされる信用収縮で、借り手の借入金の増加率が低下し、やがて減少に転ずることです。

借り手が保有している資産の価値は、借り手の返済能力の高さを示す重要なシグナルになります。これは、貸し手が借り手の信用度をよく知らないために起きる現象です。

貸出において貸し手が直面する難問は、借り手は自分の信用度がどの程度かを知っていますが、貸し手は借り手の真の信用度がどの程度かほとんど知らないという状況の下で、貸し出すかどうかを決めなければならないことです。この状況は、借り手は自分自身に関する情報を十分にもっているが、貸し手は借り手に関する情報をほとんどもっていない、と表現できます。そこで経済学では、この状況を「情報の非対称性」が存在するといいます。

この場合、貸し手にとっての安全策は、万が一、借り手が借金を返済できなくなった場合の損失をできるだけ小さくしようとして、価値のある資産を担保に取ることです。

担保は、借り手が債務不履行を起こしたときの損失を埋める手段です。しかし、それだけが担保の機能ではありません。借り手は万が一、債務不履行を起こして担保を貸し手に取られてしまうと、貴重な資産を失ってしまいます。そうであれば、借り手は借りた資金をハイリスクの事業や金融資産に投資して担保を失うような事態になることを、できるだけ避けようとするでしょう。

それに対して、貸し手に担保を差し出す必要がない場合には、借り手はたとえ破産しても失うものはないとばかりに、借り入れ資金をハイリスク・ハイリターンな投資に使う傾向があります。

このように、借り手がいったん借りてしまうと、貸し手が予想もしなかったようなハイリスクな行動をとることを、借り手のモラル・ハザードといいます。

担保には、この借り手のモラル・ハザードを防ぐ機能があります。担保は、借り手が返済できないときに、返済金を十分カバーできるだけの価値をもっていなければなりません。十分な価値があれば、借り手のモラル・ハザードを防止することにも役に立ちます。

さらに、担保は価値が安定していることも必要です。日本では、銀行などの貸し手は土地を

図表3-6　90年代以降、急減した企業借入金

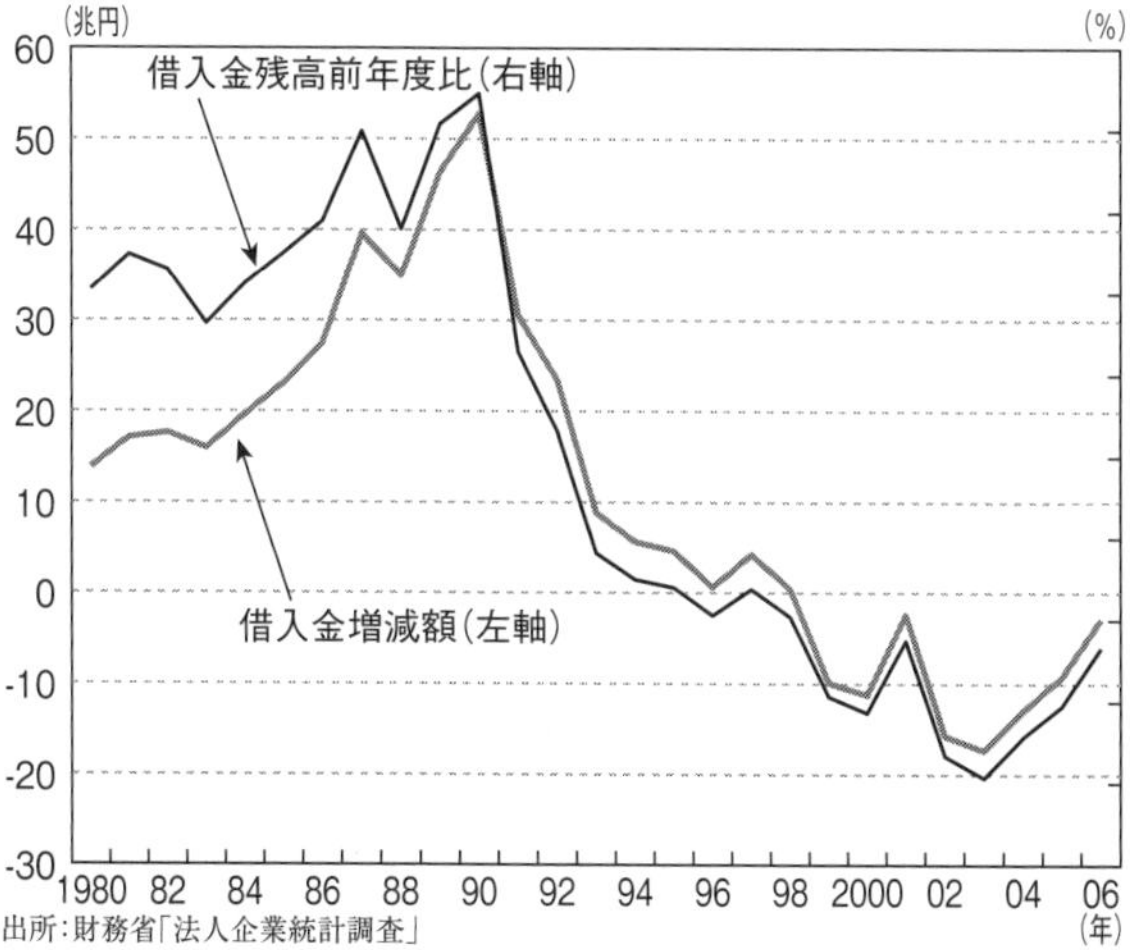

出所：財務省「法人企業統計調査」

担保に取る傾向があります。これは、土地が右で述べた担保としての条件を比較的よく備えているからでしょう。

借り入れに当たっての担保が土地や住宅である場合には、それらの価格が高騰すれば担保価値は上がり、借り手の信用度は高まります。そのため、借入可能額も大きくなり、借入金利も安くなります。すなわち信用膨張が起きて、その結果、景気はよくなります。

いま述べたことが大きな勢いで起きたのが、八六年度から九〇年度までの地価が高騰した時期です。この期間の借入金の年度増加率は九％後半から一三％台でした（**図表3−6**参照）。

それがピークの九〇年度を境に地価が暴落し始めると、土地の担保価値が急激に減少したため、借り手は借り入れが困難になり、借入金の増加率は急激に低下します。九九年度以降は、ついに増加率がマイナスに落ち込みました。つまり、借入金額自体が減少し始めたのです。

前項では、貸し手が担保を取る場合の、担保の役割を説明しました。しかし、貸し手が担保を取らない場合でも、借り手の純資産価値は借り手の信用度に影響を及ぼします。

借り手の純資産価値とは、借り手が保有する資産の価値から借り手の負債価値を引いたものです。この定義からわかるように、純資産価値とは自己資本の価値です。株式会社であれば、純資産価値は株主資本の価値です。

借り手の資産の価格が高騰して、借り手の純資産価値が大きくなると、借り手が万が一、借金を返済できなくなっても、貸し手は借り手を破産させてその資産を取得して、売却することによって、貸し出した資金を回収できる可能性が大きくなります。したがって、資産価格の高騰によって、純資産価値（自己資本価値）が大きくなった借り手に対しては、貸し手は貸出に積極的になります。その結果、信用膨張が起き、景気は拡大します。

しかし、借り手が保有している資産の価格が暴落すると、借り手の純資産価値も大きく低下します。そうなれば、貸し手は借り手が債務不履行を起こしたときに、借り手の資産を取得して売却しても、ほとんど貸した資金を回収できなくなります。すなわち、借り手の資産の価格暴落により、借り手の信用度が急低下するのです。そこで貸し手は借り換えに応じなくなり、その結果、信用収縮が起き、景気は悪化します。

以上は、貸し手の側、すなわち資金の供給側から見た信用収縮ですが、借り手の側、すなわち資金の需要側にも信用収縮の要因があります。

すでに述べたように、貸し手は純資産（あるいは土地の担保価値）の小さな借り手には、信用度が低いために貸出を抑制します。このことは、純資産の小さな借り手はいざとなったとき、銀行などから資金を調達することが困難であることを意味します。そうであれば、純資産の小さな借り手の破綻リスクは増大します。資産価格の暴落により、借り入れが困難になっているときに、純資産の小さな借り手が破綻リスクを小さくするためには、できるだけ借金を返済して、自己資本比率を引き上げる必要があります。これを「レバレッジ比率を引き下げる」といいます。レバレッジ比率とは、株式会社の場合は負債÷株主資本のことです。

株価やその他の証券価格が暴落すれば、企業が保有している株式やその他の証券の価値も下がりますから、企業の純資産価値は減少し、破綻のリスクは増大します。そこで企業は借金の返済を優先し、新たな借り入れと投資を抑制するようになります。

資産デフレ下の企業のレバレッジ比率の低下とデフレの到来

それでは、九〇年代以降の資産価格が暴落する過程で、企業の負債とレバレッジ比率はどのように変化したでしょうか。

レバレッジ比率は、八〇年代後半の負債の増加にもかかわらず、九八年度まで緩やかに低下していています。これは、利益剰余金が増え続けたため、株主資本が負債以上の速度で増加したためです。

九八年に消費者物価で見てもデフレになると、借金の返済が急増し始め、それにつれてレバレッジ比率も急速に低下(これを、デ・レバレッジといいます)し始めます。これは、デフレが負債の実質負担を大きくするために起きる現象です。

たとえば、一〇〇万円の借金をして生産を開始し、販売する頃に販売品の単位価格が一〇〇〇円であれば、製品を一〇〇〇単位売れば一〇〇万円の借金を返せます(ここでは話を簡単にするために、生産に費用はかからないと仮定します)。ところが、販売する頃に販売品の価格が五%下がって九五〇円に低下すると、製品を一〇五三単位売らなければ、一〇〇万円の借金を返せません。

このように、どれだけのものを売れば借金を返せるかで借金の負担を考えるとき、より多くのものを売らなければ、借金を返すことができなくなることを「借金の実質負担が大きくなった」といいます。あるいは「借金の実質金利が上昇した」ということもできます。

これは生産・販売の実質的な費用が増加したことを意味しますから、デフレになると、企業が借金をしてモノを生産・販売する意欲は低下します。生産が減少すれば、労働者も機械などの資本も少なくて済みますから、雇用と設備投資がともに減少します。雇用が減少すれば、失業者が増加します。

地価が暴落し、さらに、デフレになれば土地・住宅価格はもっと下がると予想されるようになりますから、価格が下がってから買ったほうが有利になるため、住宅投資は減少し、住宅建設企業の利益は減少します。

三―二 資産デフレからデフレへの転落

資産デフレがデフレを引き起こすメカニズム

以上のようにして、資産価格が暴落したときに、それを止めるような経済政策をただちに実施しないと、資産デフレ（資産価格の下落が続くこと）によってモノとサービス全体に対する需要が大きく減少しますから、物価が持続的に下落するデフレが始まるのは時間の問題です。

いま述べた点で参考になるのが、リーマン・ショック後のＦＲＢ（米国中央銀行）やＢＯＥ（英国中央銀行）の金融政策です。**図表3―7**は、〇八年九月に起きたリーマン・ショック後の

図表3-7　リーマン・ショック後の各国マネタリーベース

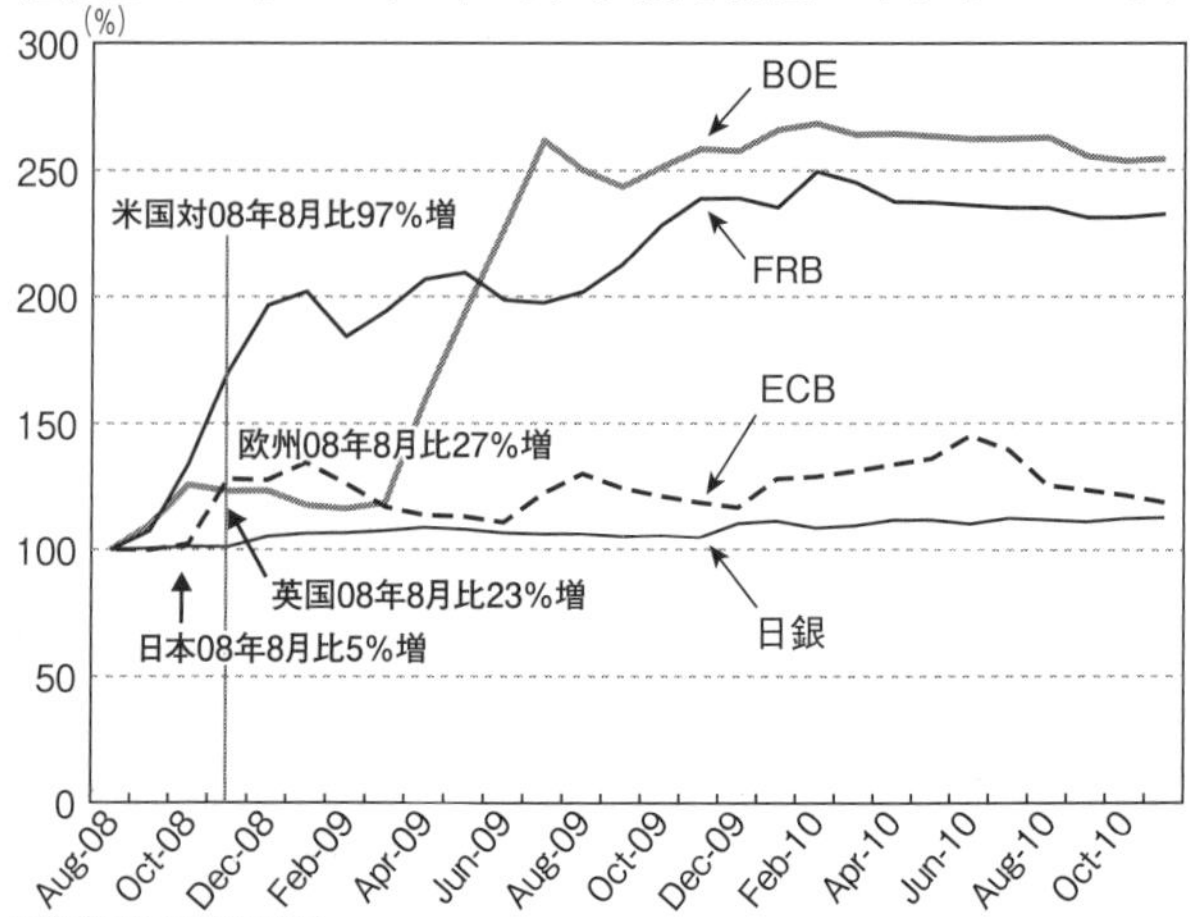

出所：各国の中央銀行HP

各国のマネタリーベースの動きを見たものです。日本（日銀）以外は、急激にマネタリーベースを増やしたことがわかります。

リーマン・ショックによって引き起こされた資産デフレに対しては、その後に起きるデフレを予想して、FRB、ECB（欧州中央銀行）、BOEのように、大きくマネタリーベースを増加させるのが中央銀行の取るべき行動なのです。長期的に見ると、これらの中央銀行のうち、優等生はFRBとBOEで、いちばん早く非伝統的金融政策から出口に向かうことができました。

一方、ECBは一〇年から一二年にかけて落第生になり、一一年一一月に総裁がドラギ氏に交代してからまともな金融政策に戻り、一五年三月に採用された量的緩和で優等生になります。この点については、第五章でやや詳細に述べます（二三一～二三四ページ参照）。資産価格が暴落するときには、ＦＲＢやＢＯＥのような金融政策を採用して暴落を止めなければなりません。

ここで、話を八〇年代終わりから九〇年代にかけての日銀の金融政策に戻しましょう。日銀は八九年五月から、資産価格の暴落を防ぐどころか、逆に地価を下げることを目的に、金融引き締め政策を開始しました。九〇年から株価が暴落していたにもかかわらず、地価はまだ高すぎると考えて、これでもかこれでもかとばかりに利上げをし続け、マネタリーベースの増加率を急速に引き下げ、マネー増加率の急落を招くという「中央銀行が決してやってはいけない行動」を取り続けます。

日銀が公定歩合を引き下げ始めるのは、株価が九〇年一月に暴落し始めてから一年七カ月後の九一年七月です。しかも、六％から五・五％へのわずか〇・五％の引き下げでした。この程度のわずかな利下げでは、株価と地価の暴落を止めることはできません。

すでに述べたように、資産価格の暴落は、信用度の低下という経路を通じて、民間の内需（家計消費、住宅投資、民間企業設備投資）の減少を引き起こします。

図表3-2（七六ページ）が示しているように、株価は九〇年入り後から暴落し始めますが、当時は、政府も民間も先行き経済を楽観視していました。九一年度と九二年度の経済企画庁

（現内閣府）の「経済白書」は「資産価格の下落は実体経済に影響しない」という主旨のことを述べていたくらいです。そうした雰囲気の下で、九〇年度は家計の消費も強く、企業は計画どおりの設備投資を実施しました。こうした状況を、九〇年当時のエコノミストの多くは「まだバブルの余韻が残っている」と表現していました。

しかし九一年度から、資産価格の下落の内需に対する悪影響がはっきりと出始め、九二年度はそれがさらに明確になります。同年度は公共投資を一五・四％も増やす経済対策を講じましたが、名目成長率はわずか一・九％へと低下しました。

名目成長率からGDPデフレーター前年度比を差し引いたものが実質成長率になりますから、九二年度の実質成長率は〇・五％という低水準です。九三年度はさらに下がって、マイナス〇・九％とマイナス成長に落ち込みました。

資産価格暴落による不良資産と不良債権の急増

資産価格の暴落しているときに資産を売却すると、大きな損失（これをキャピタル・ロスといいます）を被ります。このような資産は不良資産と呼ばれます。貸し手である金融機関は土地を担保に貸し出すことが多いので、家計や企業の不良資産は、貸し手から見ると不良債権です。

九〇年代以降の金融機関は、不良債権を抱えて次第に経営が悪化しましたが、不良債権の処理（貸し倒れ引当金の計上など）が遅れました。その基本的要因は、日本の企業会計原則が九〇年代に起きたような資産価格の暴落を予想して作られたものではなかったことです。

不良債権とは何かが明確にされるのは、〇二年に「金融再生プログラム」が作成されて、金融機関の資産査定が厳格化されてからです。

こうした不良債権処理の遅れを伴いながら、金融機関が「ゾンビ企業」に追い貸しを続けたことが、九〇年代以降の長期経済停滞をもたらしたという主張があります。この説については第六章で検討しますが、私の考えを先取りしてお伝えしておきますと、資産デフレとその後に起きるデフレを止める有効な財政金融政策（とくに金融政策）が採用されなかったことが、不良債権と不良資産が急増した最大の要因である、というものです。

資産デフレが原因のデフレ不況は深く長期化する――金融加速度効果

資産価格の暴落をきっかけとする不況は、他の原因による不況に比べて、深く、かつ長引く傾向があります。

資産価格暴落ではない不況の原因としては、モノの過剰供給があります。この場合には工場を閉鎖したり、採算の合わない事業を売却したり、人減らしをしたりして供給能力を落とすことによって、景気は回復に向かいます。

しかし、資産価格暴落がもたらす信用危機、あるいは金融危機の場合には、設備も人も債務もすべて過剰になってしまう傾向があります。それは、金融危機の前には経済主体が多額の借金をして資産投機に走り、その結果、資産価格の高騰によるブームが存在するのが普通だからです。

資産価格の高騰によるブーム期には、資産価格と信用膨張がお互いに相乗効果を発揮して次のようなことが起きます。すなわち、

①資産価格の上昇→金融機関や企業や家計の保有資産額の増加→これらの経済主体の自己資本（あるいは、株主資本）比率の上昇・純資産価値の増加→信用の膨張

というメカニズムです。

このようにして信用が膨張すれば、さらに資産価格の高騰と信用の膨張が起きます。すなわち、

②信用の膨張→借り入れて資産購入→資産価格の高騰

です。

このようにして資産価格が高騰すれば、①のメカニズムが繰り返されて、さらなる資産価格の高騰と信用膨張が、相互に相乗効果を発揮しながら加速度的に起きます。

以上の過程で、家計も事業法人も金融機関も大きな債務を負って、実物資産（土地・住宅、設備など）や金融資産（株式や各種の債券など）に投資し、事業の拡大に伴って、事業法人も金融機関の雇用も大きく増大します。

投資が増えれば、国内総生産が増大し、企業収益も人びとの所得も増大します。企業収益の増加は株価を上昇させますから、①の効果を強めます。すでに述べたように、株価や地価や住宅価格の上昇は消費を増大させる効果（消費の資産効果）があります。地価や住宅価格の上昇は、土地・住宅の担保価値を高めるため、住宅投資を促進します。消費と住宅投資の増大も国内総生産の増加をもたらす要因です。

以上が資産ブームによる景気拡大のメカニズムです。

したがって、何かのきっかけで資産ブームが終わって資産価格が下落に転ずると、信用収縮が起き、資産ブーム期とまったく逆のメカニズムが加速度的に働きます。すなわち、

①資産価格の暴落→金融機関や企業や家計の保有資産額の減少→これらの経済主体の自己資本（あるいは、株主資本）比率の低下・純資産価値の減少→信用の収縮（金融危機勃発！）→借金返済のための資産売却→資産価格の暴落

というメカニズムの繰り返しです。

ただし**図表3-6**で示したように、信用収縮により、ただちに借入金が減少するわけではな

く、最初のうちは、その増加率が低下するというかたちを取ります。とくに、日本の銀行のように長期取引関係を重視して貸し出ししている場合には、ただちに貸し出しを回収するよりも、貸し出しを続けながら、貸出先企業の回復を支援する傾向があります。

しかし、いつまでたっても回復する見込みがないと判断すれば、銀行も貸し出しを回収し、さらなる貸し出しはしないという方向に舵《かじ》を切り替えるでしょう。その時期が、九七年から九八年にかけてデフレがはっきりし始める頃です。

この過程で、家計、事業法人および金融機関は、過剰債務と過剰投資の厳しい調整を強いられます。事業法人と金融機関は資産ブーム期に拡大した雇用の縮小、すなわち厳しいリストラを迫られることになります。資産ブーム期に債務、実物資産、金融資産、雇用をあまりにも増やしすぎたために、これらすべてを縮小すると、消費と住宅投資および企業投資は総崩れとなり、総需要の減少が止まらなくなります。その結果、資産デフレ不況はデフレ不況に転化し、不良債権を処理して銀行の信用仲介機能が回復しても、デフレは続きます。

したがって、資産価格が暴落したときには、リーマン・ショック後にＦＲＢが採用したような大規模な量的金融緩和によって、資産価格の暴落を止めることが不可欠です。

九〇年代以降の財政政策の経済浮揚効果は小さかった

図表3-8　90年代の公共投資と輸出の実質成長率に対する寄与度

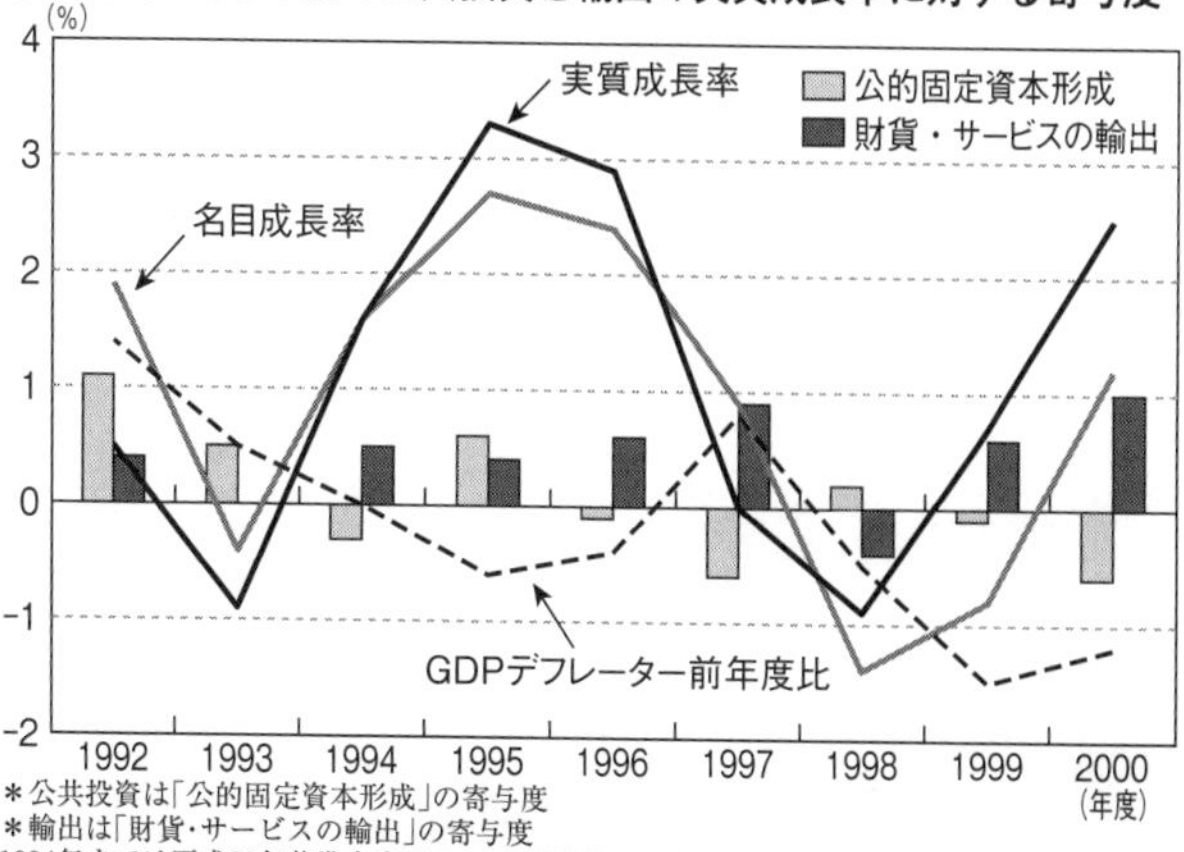

＊公共投資は「公的固定資本形成」の寄与度
＊輸出は「財貨・サービスの輸出」の寄与度
1994年までは平成23年基準支出側GDP系列簡易遡及（1980年～1993年）。それ以降は2017（平成29）年度　国民経済計算年次推計（2011年基準・2008SNA）を使用
出所：内閣府「国民経済計算」

デフレの原因を考えるうえで、財政政策にも触れておきましょう。第一章で紹介したＦＲＢ論文は、日本がデフレに陥った原因の一つとして、不適切だった財政政策を挙げています。

政府は九二年三月の緊急経済対策以来、数々の経済対策を採用し、事業規模で見ると、一〇兆円から一七兆円の対策を実行しました。

しかし、九二年度と九三年度の景気浮揚策としての公共投資（公的資本形成）および九五年度の急速な円高に対する公共投資以外は、公共投資の成長寄与度は小さいかむしろマイナスで、景気の足を引っ張っています（**図表3−8**参照）。

さらに、九二年度と九三年度の公共投資の増加は、経済成長率の低下を止めることに失敗しています。むしろ、九〇年代の成長に貢献した

図表3-9　90年代以降の建設業のレバレッジ比率の急低下

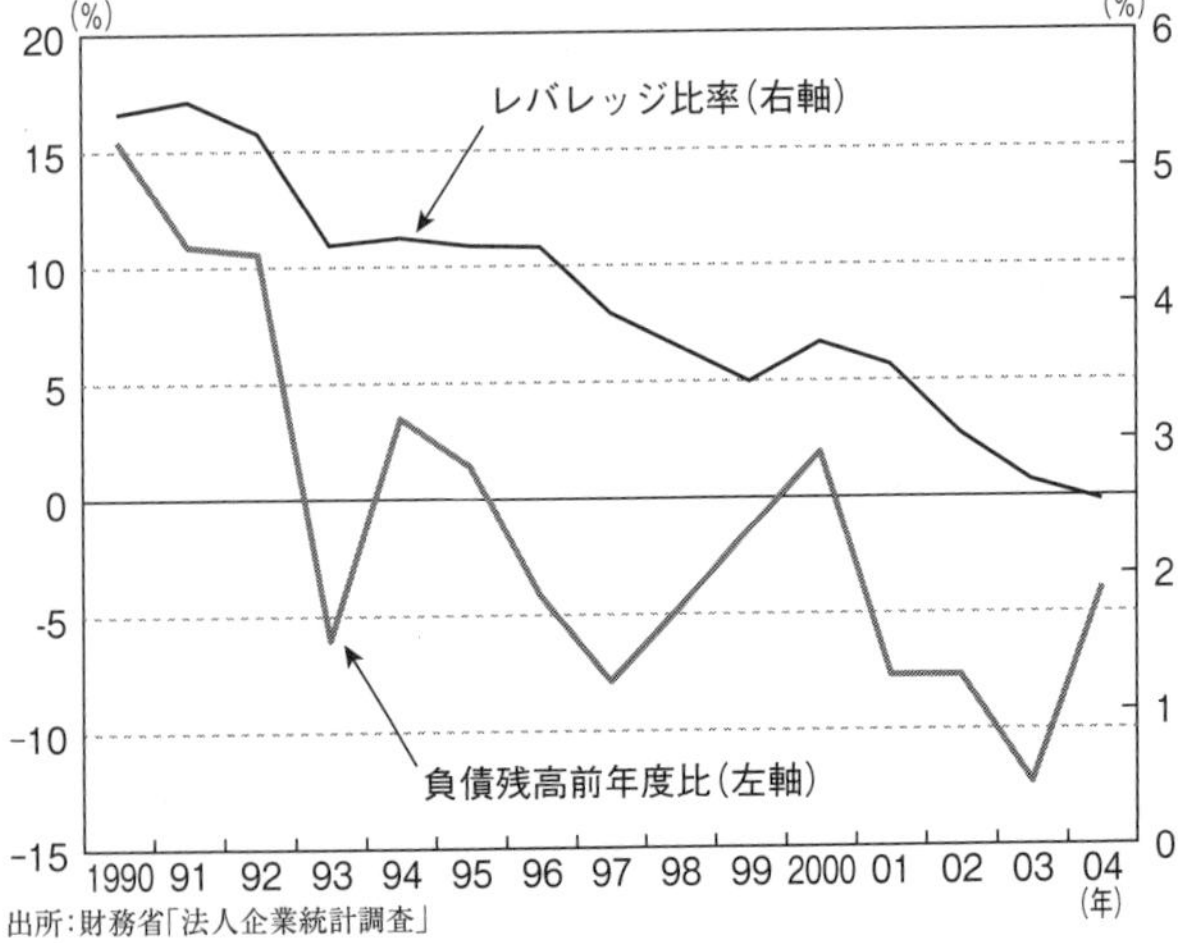

出所：財務省「法人企業統計調査」

のは輸出です。

公共投資の景気浮揚効果が小さかった要因として、ここでは二つ挙げておきます。

第一は、公共投資が九〇年代後半から、都市部よりも効率的でない地方へ重点的に配分されるようになり、かつ、地方では生活基盤型（下水道、廃棄物処理、公園など）などよりも効率性の点で劣る生産基盤型（道路や港湾）公共投資が中心であったことが、公共投資の成長引き上げ効果を低下させたことが考えられます（三井清、二〇〇一、二〇〇三）。

第二に、公共投資は建設業が担いますが、建設業は八〇年代後半に旺盛な建設需要に応えて負債、設備および人員を大きく増やしましたが、九〇年代入り後、資産デフレが発生し、長期化したため、建設した事務所等が売れず、過剰負債、過剰設備、過剰雇用を抱え込むことになりました。

そのため、設備投資や雇用を増やすような状況ではなく、九〇年代に受注した公共投資からの利益は、優先的に負債の返済に回されました。**図表3-9**は、九〇年代以降、建設業の負債増加率が大きく低下するにつれて、レバレッジ比率が急低下したことを示しています。

小泉政権時代にデフレ脱却のチャンスがあった

一三年度入りから、日銀は「量的・質的金融緩和」により早期デフレ脱却をめざしましたが、実は、それ以前に、もっとデフレから脱却しやすい経済環境があったのです。それは小泉政権の時代です。

小泉純一郎首相は「構造改革なくして景気回復なし」をスローガンにして、景気回復をめざしました。

小泉首相は「大量の不良債権の存在がデフレの原因だ」と考え、竹中平蔵経済財政担当大臣・金融担当大臣に不良債権の早期処理を任せました。同大臣は、〇二年十月に「金融再生プログラム」を作成し、不良債権処理に当たります。不良債権はかなり速いスピードで処理されますが、デフレ脱却には至りませんでした。

アメリカはリーマン・ショック後、ただちに不良債権処理に取り組み、功を奏し、デフレに陥らずに景気も回復しました。しかしそれは、**図表3-7**（九五ページ）に示されているように、大規模金融緩和が伴っていたからです。

日銀の金融政策決定会合の議事録は十年後に公表されますが、その公表が進むにつれて、政府委員として金融政策決定会合に出席していた竹中大臣（当時）は、日銀に対して「インフレーション・ターゲティング（インフレ目標政策）」の採用を求めていたことがわかります。

しかし日銀はその要請を受け入れず、不十分な量的緩和を続け、〇六年三月に、消費者物価前年同月比が〇％になったと考えて量的緩和を解除してしまいました。〇六年六月に改訂された消費者物価指数では、量的緩和解除当時の消費者物価前年同月比はマイナスだったことが判明します。

それにしても、二カ月程度〇％が続いたと思ったとたん、量的緩和を解除したのですから、当時の日銀の政策委員の多数は、量的緩和を「いやいやながら、仕方なく」実施していたというのが本音であると思われます。

しかし**図表3-10**に示されているように、当時は世界貿易の急拡大による世界的好況という、願ってもない「追い風」が日本に向かって吹いており、その追い風に乗って、日本の輸出も一五％～一八％台という勢いで伸びていたのです。

小泉政権誕生時に、小泉純一郎首相は「改革には痛みを伴う」といって、国民にしばらく景

図表3-10　2002～2007年までにデフレ脱却のチャンスがあった

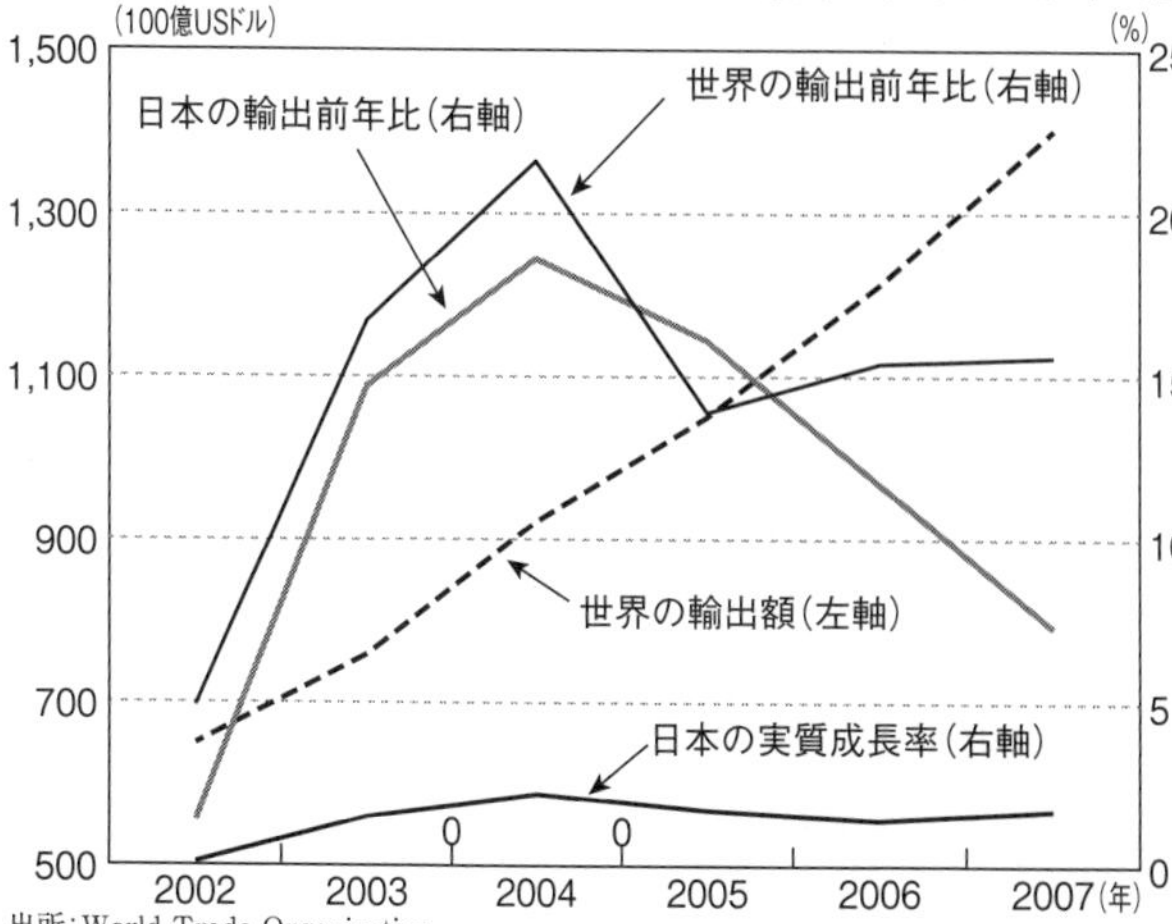

出所：World Trade Organization

気が悪くても我慢してくれ、という主旨の発言を繰り返していましたが、じつはその頃から、世界経済は同時回復し始めていたのです。

この「強く、かつ、長く続いた追い風」に乗りながら、物価安定目標を二％に設定し、その達成にコミットしつつ、実際よりも大規模な量的緩和を実施すれば、竹中大臣が担当していた不良債権処理が進むとともに、デフレ脱却にも成功したと考えられます。

三—三　デフレ脱却と成長戦略に取り組むアベノミクス

アベノミクスの三本の矢

二〇一二年末の衆議院選挙で、安倍自民党総裁は「大胆な金融政策」「機動的な財政政策」「民間投資を喚起する成長戦略」の三本の矢を掲げて戦い、第一党に返り咲きました。この三本の矢で構成される経済政策は「アベノミクス」と呼ばれています。三本の矢は、次のような役割分担をもった政策です。

第一の矢「大胆な金融政策」の役割

第一の矢である「大胆な金融政策」の役割は、物価を安定させることによって、マクロ経済が潜在的な実質生産能力（実質とは物価変動の影響を除去した値のことです）を発揮できるようにすることです。

潜在的な実質生産能力がフルに発揮されたときに実現する実質ＧＤＰを、潜在ＧＤＰといいます。つまり潜在ＧＤＰとは、労働力や資本設備などの資源（生産要素ともいう）を完全に利用したときに実現できるＧＤＰです。

しかし、実際に実現する実質ＧＤＰは必ずしも潜在ＧＤＰに一致しません。日本では、長期にわたってデフレが続きました。デフレ下では、労働力や資本設備などの資源は完全に利用されていないため、失業率は上昇し、稼働率（実際の生産量の生産能力に対する比率）は低下します。

日本経済は、ＧＤＰデフレーター（ＧＤＰの物価指数）で見ると一九九四年第３四半期から、消費者物価指数で見ると一九九八年七月から、物価が持続的に下落するデフレが始まりました。

デフレが始まると、失業率は上昇し、設備の稼働率は低下し始めました。

さらに、〇八年九月半ばに起きたリーマン・ショックによって、世界は同時不況に陥り、そのため日本では、いったん下がり始めた失業率は再び上昇に転じ、稼働率は低下に転じました。二〇一二年時点で失業率は四％台に上昇し、稼働率は八〇％台まで落ち込んでしまいました。

図表3－11は、一三年三月末に、黒田東彦《はるひこ》氏と中曾宏氏および私の三名が日銀執行部に就任したときに直面した需給ギャップと消費者物価前年同期比を示しています。需給ギャップとは、実際のＧＤＰが潜在ＧＤＰをどれだけ上回っているかを示す指標です。

図表3-11　量的・質的金融緩和実施直前の需給ギャップと消費者物価前年同期比

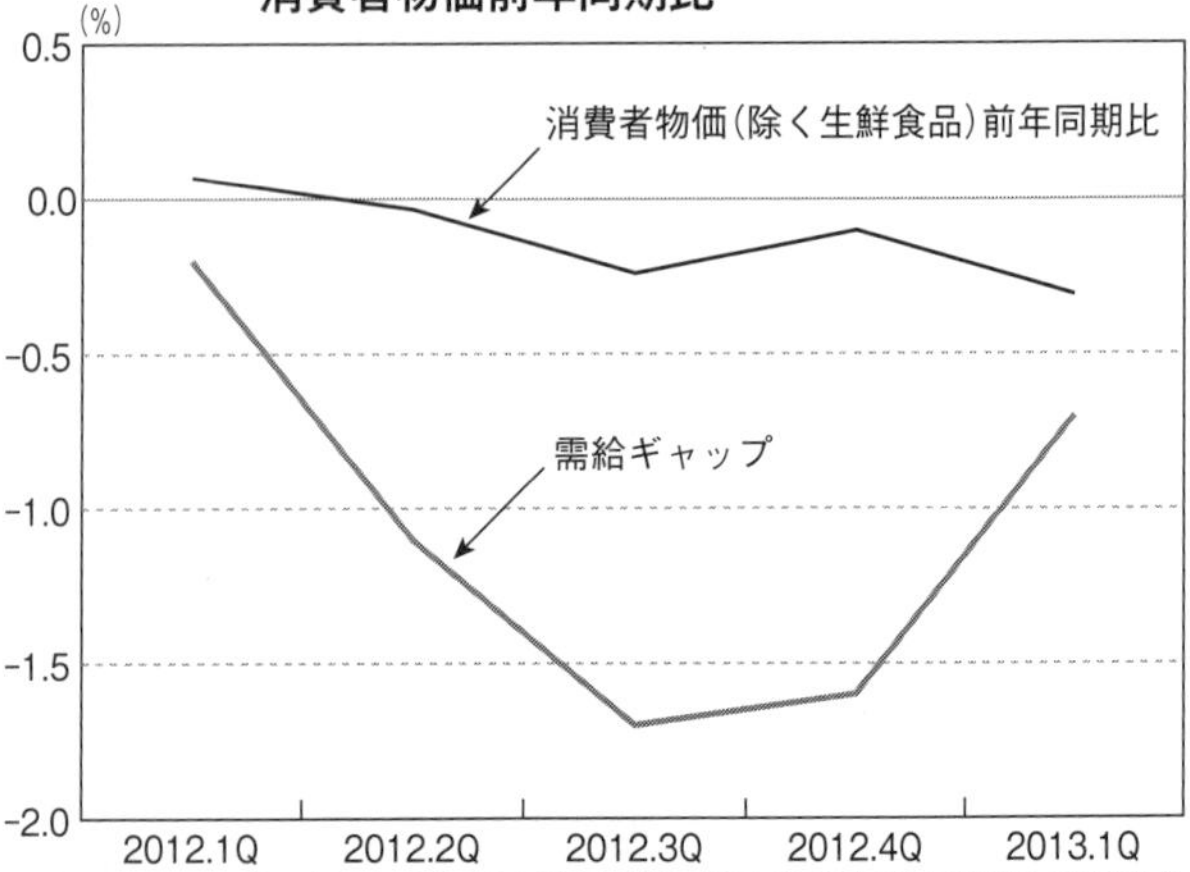

出所：需給ギャップは内閣府推計。消費者物価前年同期比は総務省「消費者物価指数」から著者作成

具体的には、次のように示されます。

需給ギャップ＝（実際のGDP－潜在GDP）÷（潜在GDP）

ここでの潜在GDPとは、労働や資本（機械設備など）を最大限利用したときに達成できるGDPです。

図表3-11では、需給ギャップはどの四半期についてもマイナスになっていますが、これは、需要によって決まる実際のGDPが潜在GDPよりも小さいことを示しています。つまり、消費支出、設備投資、公共投資、輸出などの需要を合計した総需要が、潜在的なGDPである最大の総供給能力よりも小さいということです。簡単にいえば、モノやサービス需要が不足しているため、経済全体の供給能力を完全に利用できない状態です。そのため、失業者が増

える一方で、消費者物価が低下するデフレになります。

一三年三月末に新日銀執行部が直面した経済状況は、いま述べたようなデフレ状況でした。したがって、第一の矢である「大胆な金融政策」の役割は、需要を増やして需給ギャップを埋め、それによって実際の実質GDPを潜在GDPまで引き上げ、潜在GDPの経路を踏み外さないようにすることです。

実際の実質GDPが潜在GDPの経路に向かって増加するようになれば、生産は増加し続け、生産の増加に必要な企業の雇用需要も増え続けます。その結果、失業者は職を得ることができるようになり、新卒の就職市場も好転し、内定率も高まります。正規社員に対する雇用需要も増えますから、非正規社員が正社員に採用される機会も増えます。このように雇用需要が増え続ければ、賃金も上昇します。

しかし金融緩和政策は、まず資産市場（貨幣、債券、株式、外国為替、土地など）に影響を及ぼし（金利低下、株高、円安など）、その資産市場の変化が実物市場の変化を引き起こす（設備投資、消費、輸出などの需要が増え、その需要増加に応じて生産と雇用が増える）という経路をたどるため、生産や雇用が増えるまでには時間がかかります。

第二の矢「機動的な財政政策」の役割

それに対して、第二の矢である「機動的な財政政策」は、国会で予算が通り次第、実施すればただちに需要を増やすことにより、生産と雇用の増加をもたらしますから、金融緩和政策よりも早く実物的な効果が現れます。しかし、デフレ不況下の財政支出の増加は国債発行を伴うため、長期的に続けると、財政の悪化を招きます。したがって、財政政策は中長期的に持続可能性を確保しながら、「大胆な金融政策」とともに、物価安定目標を達成することを需要面から支える政策です。

しかし、実際にアベノミクスが始まってからわかったことですが、第二の矢は、景気が悪化しそうなときに補正予算を組んで短期的に景気を支えるという役割に留まり、物価安定目標の達成と必ずしも整合的な政策ではないことが判明します。

第三の矢「民間投資を喚起する成長戦略」の役割

第三の矢である「民間投資を喚起する成長戦略」の役割は、規制緩和や貿易自由化などによって希少な資源を有効に活用し、自由な民間活力を引き出して潜在ＧＤＰを引き上げることです。すなわち現在の潜在ＧＤＰを、生産性を引き上げることによって高める政策です。

それに対して、政府が成長しそうな企業や技術を見つけ出して、そこに補助金を流し込んだり、減税したりすることによってイノベーションを促進する、という政府主導の成長戦略は、失敗する確率が小さくありません。それは、政府に市場よりも成長企業や技術を見分ける能力があるとはいえないからです。

第一の矢の成功が第二、第三の矢が的を射る必要条件

アベノミクスの三つの矢のうち最も重要な矢は、次の二つの理由で、第一の矢である「大胆な金融政策」です。

第一に、財政支出の増加は取引が活発になるにつれて貨幣需要を増やすため、金利が上昇する可能性があります。金利が上がると、円高になります。円高になれば輸出と、輸入と競争する国内の物やサービス（その代表は国内旅行サービス）に対する需要が減少します。この需要の減少が財政支出増加による需要の増加を相殺してしまうと、財政支出増加の効果はなくなるか、あっても非常に小さなものに留まる可能性があります。

財政支出増加による金利上昇を防ぐためには、「大胆な金融政策」が必要です。つまり「大胆な金融政策」は「機動的な財政政策」が成功するための必要条件です。

第二に、「民間投資を喚起する成長戦略」が成功するためには、民間投資の資金調達コスト

が適度に低く維持される必要があります。デフレから脱却するための「大胆な金融政策」は、名目金利の上昇を抑制しつつ、予想インフレ率を引き上げますから、予想実質金利（名目金利から予想インフレ率を引いた金利）を引き下げる効果があります。この効果により、株高と円安が生じます。予想実質金利の低下と株高によって、内部資金や株式発行などの株主資本と借入金などの負債による資金調達コストはともに低下します。そのため、企業は設備投資に積極的になります。

また、円安になれば、超円高の下で、海外直接投資を盛んに進めてきた企業も国内投資を増やすようになります。

それに対して、デフレのままではデフレ予想が払拭されないため、予想インフレ率がマイナスになるなど低くなりますから、予想実質金利は高くなり、株安・円高になってしまいます。予想実質金利が高く、株安・円高では、成長戦略によって民間投資を有利にしても、企業は国内投資に二の足を踏む可能性があります。そうなると、潜在ＧＤＰを引き上げることはできません。

したがって、規制緩和や貿易自由化の促進などによって民間投資を喚起し、喚起された民間投資が実際に実現するためにも「大胆な金融政策」による予想実質金利の低位安定と株高・円安が必要なのです。

さらに規制緩和や貿易自由化の促進は、生産性の低い企業や産業から、生産性が高く革新的な企業や産業への資源の移動を加速させます。そのため、生産性の低い企業や産業では失業者が増加します。失業する可能性のある人たちは規制緩和や貿易自由化に断固反対しますので、規制緩和や貿易自由化を十分に進めることは政治的に困難になります。

それに対して、「民間投資を喚起する成長戦略」に「大胆な金融政策」が伴えば、経済全体の需要が増えますから、規制緩和や貿易自由化のために職を失った人も別の職につくことが可能になります。そのため、規制緩和や貿易自由化を進めることに伴う政治的困難はかなり緩和されます。

以上の理由から、第一の矢である「大胆な金融政策」は第二と第三の矢の「機動的な財政政策」と「民間投資を喚起する成長戦略」が成功するための必要条件なのです。

アベノミクスが抱える難問

この章では、アベノミクスの第一の矢である「大胆な金融政策」が現在までに成し遂げた成果を評価します。ただし、以下に述べる成果には第二と第三の矢も貢献していると思われますが、第三の矢の効果はこれからという段階です。また、第二の矢に関係する財政政策は次のような難問を抱えています。

安倍晋三内閣が成立する前の一二年八月に、社会保障の充実・安定化と、そのための安定財源確保と財政健全化の同時達成をめざす「社会保障と税の一体改革」が三党合意によって決まっており、安倍内閣は安倍首相独自の政策であるアベノミクスだけに専念するわけにはいかず、この三党合意を引き継いで成果を上げなければなりません。そのため、アベノミクスがめざすデフレ脱却と三党合意をいかに調整するかという難問に対応しなければならなくなっています。

いまや、第一の矢と三党合意をいかに調整するかが、アベノミクスがデフレ脱却に成功するかどうかのカギを握っている段階です。

右に述べた点は第五章で検討することとし、この章では、アベノミクスの第一の矢である「大胆な金融政策」の成果に絞って、お話しします。

三—四　大胆な金融政策の成果

大胆な金融政策のデフレ脱却のメカニズム

大胆な金融政策とは、デフレ脱却をめざす政策で、従来とは異なる、いわゆる非伝統的な金融政策です。従来の伝統的金融政策は、中央銀行が短期金利を操作し、長期金利の形成は市場の決定に委ねるという政策です。

ところが、デフレになると、名目金利は限りなくゼロに近づきます。それは一つには、中央銀行がデフレになると、短期名目金利の低下を促す金融政策を実施するためですが、もう一つは、「デフレ予想が短期名目金利を引き下げる」からです。

たとえば自動車販売企業が短期資金を借りて、自動者購入希望者の要望に迅速に応えるために、自動車を前もって購入しておくかどうか（これを自動車の在庫投資といいます）を決めようとしているケースを考えましょう。このとき、その自動車販売企業が今後、自動車の価格は下がると予想すると、短期資金の名目金利が、予想される自動車価格の低下に見合って下がらないと、この自動車在庫投資は不利になります。

いま述べた自動車販売企業のように、多くの人や企業が今後、自分たちが買おうとするものやサービスの価格は低下すると予想するようになると、短期名目金利がその価格低下予想に応じて下がらなければ、貸し手（銀行など）は借り手を見つけられなくなります。その結果、モノやサービス全体の価格、すなわち物価が下がるというデフレ予想が支配的になるとともに、日本のように長期化すると、短期名目金利はどんどん下がってゼロに近づきます。

日銀新執行部が就任した一三年三月末の短期名目金利の代表である、無担保コールレート・

オーバーナイト物の金利は、〇・〇七四％でした。これは取引手数料などを考慮すると、ほぼゼロ金利です。

日銀の伝統的金融政策は、無担保コールレート・オーバーナイト物の金利を政策操作変数としていましたから、〇・〇七四％をさらに下げても、とうてい「大胆な金融政策」にはなりません。

そこで、新執行部を交えた日銀の金融政策決定会合は、一三年四月四日に「量的・質的金融緩和」を打ち出しました。

以下では、この金融政策の狙いを岩田（二〇一三）に沿って説明します。

「量的・質的金融緩和」は二つの柱で構成されています。第一の柱は、消費者物価の前年比上昇率二％という「物価安定の目標」へのコミットメント、つまり「二％の『物価安定の目標』を、二年程度の期間を念頭に置いて、できるだけ早期に実現する」ことを、責任をもって約束することです。

第二の柱は、そのコミットメントを裏打ちする具体的な政策を実施することであり、端的にいえば「マネタリーベースを大幅に増加させること」です。

こうした二つの柱、つまりインフレ目標の設定とそれに向けた大胆な金融緩和を行うことにより、短期から長期にかけての名目金利が下がるとともに、世の中の人びとが予想する将来の物価の動き、つまり予想インフレ率が上昇することが期待されます。そうすると、物価の上昇を織り込んだ将来の実質的な金利負担、つまり予想実質金利が低下することになります。

近似的には、次の関係が成立します。

予想実質金利＝名目金利－予想インフレ率（**式3−1**）

予想実質金利が下がると、以下に述べるように、需要が増えて、需給ギャップが拡大します。その結果、インフレ率が二％に向かって上昇すると、日銀法第二条に規定されている「物価の安定を図ることを通じて国民経済の健全な発展に資する」という理念が実現されます。具体的には、成長率が上がり、失業率が低下し、有効求人倍率が上昇して、雇用が改善します。

予想実質金利が低下すると、資金調達の実質的なコストが下がるわけですから、設備投資や住宅投資が刺激され、増加します。

さらに、予想実質金利の低下は、株式や住宅・土地などの資産価格を引き上げます。手持ち資産の価格が上昇した家計は、以前よりも気前よくお金を使い、消費を増やす傾向がありまス。これを「資産効果」と呼んでいます。また、株価や地価が上昇すると、家計や企業の財務状況が改善しますので、銀行などから資金が借りやすくなり、企業の設備投資や家計の住宅投資も増える傾向があります。

また、円の実質金利が外国の実質金利に比べて相対的に低くなると、為替は円安方向に動きやすくなります。円高が修正されることは、輸出を押し上げる要因になるとともに、企業収益の増加を通じて設備投資を増加させる要因にもなります。観光地では、円安による外国人観光客の増加も期待できます。加えて、家計が外貨建てで資産をもっていれば、その資産の円建て価格が上昇しますから、資産効果により消費を増加させる要因になります。

このように、「量的・質的金融緩和」による予想実質金利の低下は、消費、投資、輸出の三つの需要を増加させます。「第二の矢」による財政支出の増加も加わって、モノやサービスに対する世の中全体の需要が徐々に増えていくことになります。その結果、経済全体の需要が供給能力に追いつくという意味で「需給ギャップ」は拡大し、需要超過経済になります。需要超過になれば、物価は日銀が目標とする二％に向かって上昇していき、デフレから脱却できることになります。

需要が増加して、実際に物価が二％という「物価安定の目標」に向けて上昇し始めると、そのことが将来の安定的な物価上昇に対する予想をさらに強め、それがまた予想実質金利を低位で安定させることにつながります。この予想実質金利の低下は、再び、すでに述べた経路を通じて、需給ギャップを拡大させ、物価を引き上げるという循環が繰り返されることになります。

このように、「量的・質的金融緩和」は、これまでデフレと需要縮小の悪循環に陥っていた日本経済を、緩やかで安定的な物価上昇と需要の拡大という好循環を作り出す方向に舵を切って、船出したのです。

過去十五年近く続くデフレのなかで定着してしまったデフレ予想を「緩やかで安定的なインフレの方向」に変えていくことが、日銀が現在取り組んでいる金融緩和政策の、最も重要なポイントです。

一三年度は予想通りの展開

一三年度中は、経済は「量的・質的金融緩和」がめざした方向に向かって、順調な航海を続けました。

株価は大幅に上昇し、円ドルレートは上昇して円安・ドル高になりました（図表3-12参照）。円はユーロなど他の通貨に対しても安くなり、逆に、他の通貨は高くなりました。株高と外貨高はともに資産効果を発揮して、消費支出を増やし、一三年度の成長を牽引しました。

円安になってもすぐには輸出が増えないのが普通ですが、製造業は、海外の子会社からの利子や配当などのかたちで送金された外貨を円に替えることによって、大きな利益を得ました。これが製造業の株価を押し上げる要因になり、この経路を通じた株価上昇によっても消費が増加しました。

図表3-12　株価と円ドルレート

出所：日本銀行、日本経済新聞社／ 2011年1月－2019年3月

名目金利の低下の様相を、国債の満期別の金利を並べた「イールドカーブ」で見ると、どの満期の金利も大きく下がりました（**図表3―13**参照）。こうした国債金利の低下は、銀行の貸出金利や社債の金利を低下させます。それは、たとえば銀行にとって国債金利が低下すると、貸出や社債購入のほうが有利になるため、貸出と社債購入が増え、貸出市場と社債市場は超過供給になるからです。その結果、両市場の金利はともに低下します。これらの名目金利の低下は、**式3―1**（一一五ページ）からわかるように、予想実質金利の低下をもたらし、すでに述べた好循環を作り出します。

それでは実際に、予想インフレ率は上昇したのでしょうか。**図表3―14**は、各種の予想インフレ率の推移を示したものです。

図表3-13　イールドカーブの下方シフト

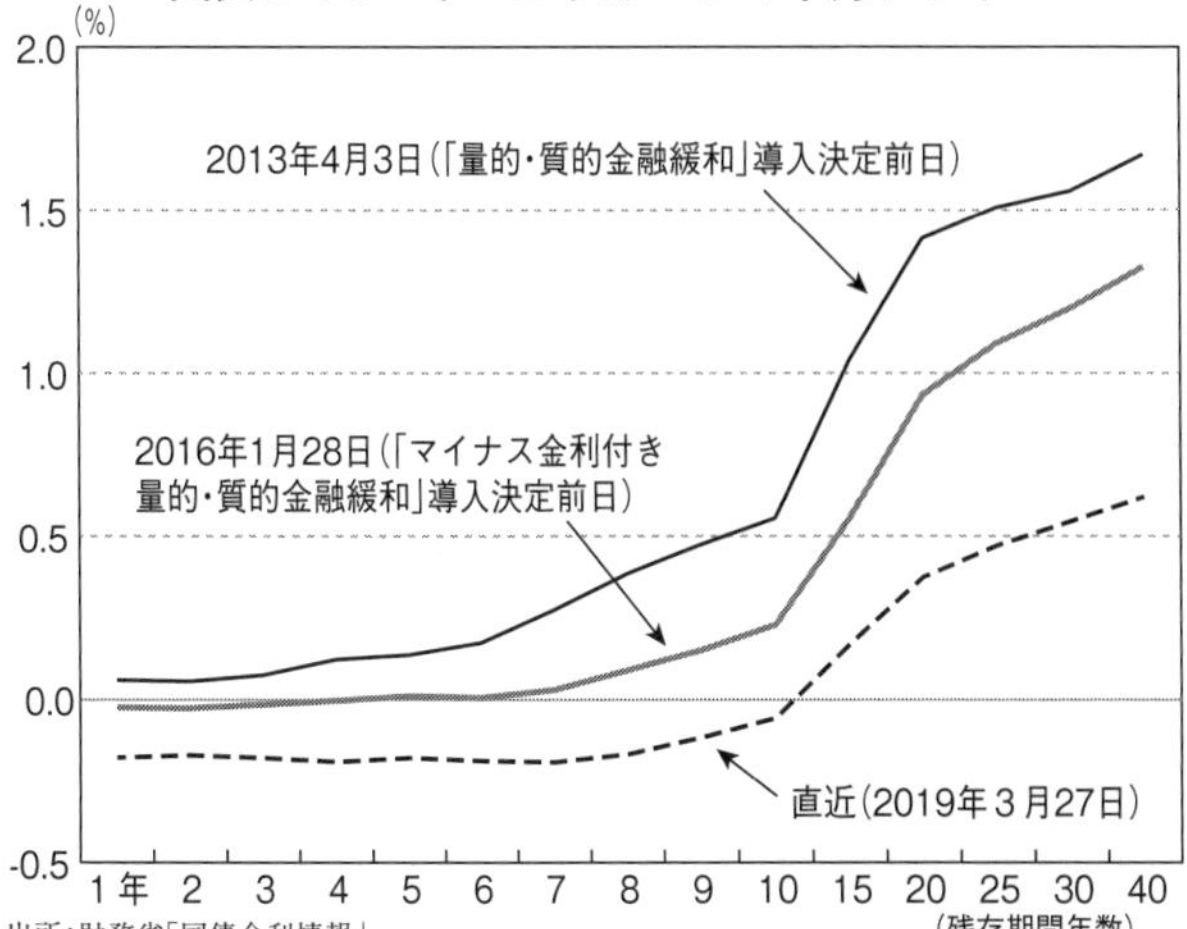

出所：財務省「国債金利情報」

図表3―14から、予想インフレ率はリーマン・ショック（〇八年九月）後、低下し始めますが、一二年一一月初め頃に底入れし、以後、一四年四月の消費増税実施頃まで上昇したことがわかります。予想インフレ率が一二年一一月初め頃から上昇し始めたのは、安倍自民党総裁（当時）が「日銀に大胆な金融政策を求める」という趣旨の発言をしたことによるものと考えられます。人びとはこの段階で将来、インフレ率は上昇すると予想するようになったのです。**図表3―14**は、予想インフレ率は、日銀が「量的・質的金融緩和」を開始した一三年四月から、それまでよりも一段と上昇したことを示しています。

　こうした予想インフレ率の上昇は、すでに述べた名目金利の低下と相まって、予想実質金利

図表3-14　各種予想インフレ率の推移

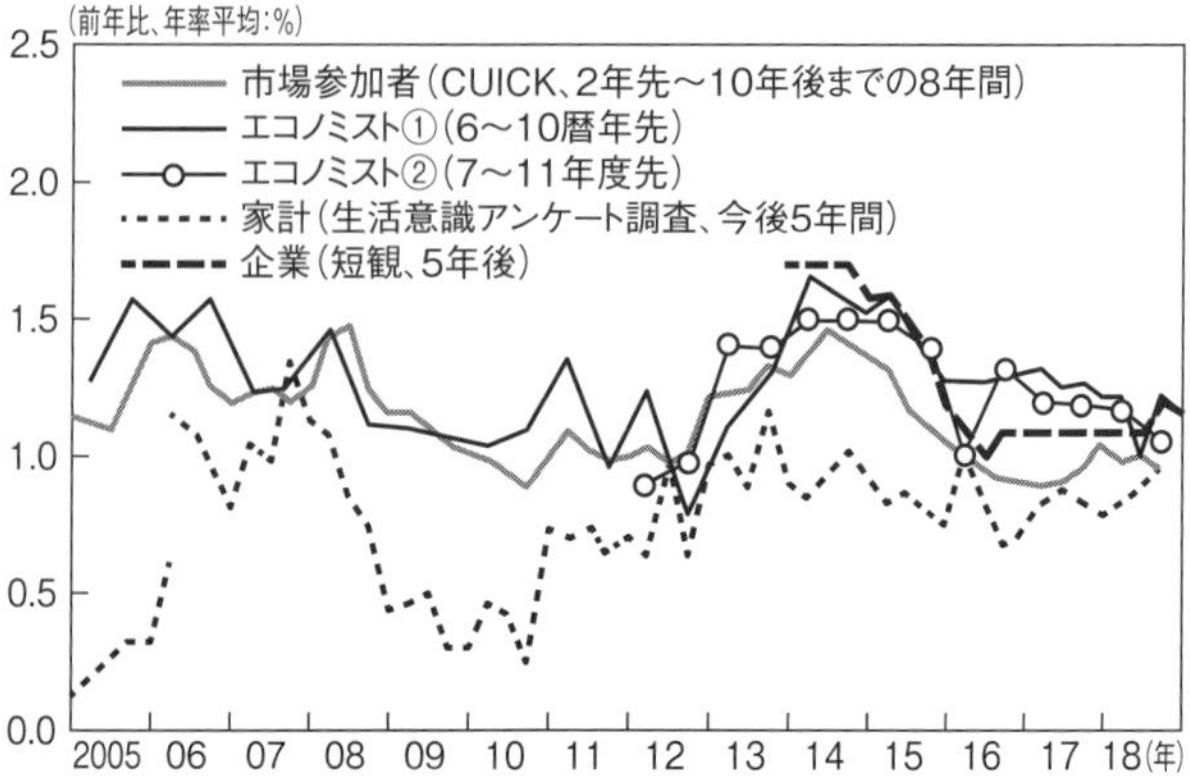

出所：日本銀行「経済・物価情勢の展望」2019年1月
注：1. エコノミスト①はコンセンサス・フォーキャスト、②はESPフォーキャスト
　2. 家計は、修正カーソル・パーキン法による
　3. 企業は、全産業全規模ベースの物価全般の見通し（平均値）

を低下させました。

一四年四月の消費増税で暗転

消費者物価（除く生鮮食品）前年同月比は、一三年四月に「量的・質的金融緩和」を開始する直前の三月はマイナス〇・五%でしたが、一四年四月には一・五%へと二%ポイントも上昇しました。図表3-15からわかるように、物価は「量的・質的金融緩和」の導入後、かなりの急ピッチで上昇しました。一四年四月の消費税率八%への引き上げの際に、小売業者は強気で便乗値上げをしたくらいです。この急ピッチの上昇が続けば、一四年七月頃までには二%を達成できたはずです。つまり、日銀は二年程度を念頭に置いて二%を達成することを目標にしていましたが、一年四カ月程度で達成する勢いだ

図表3-15 消費者物価前年同月比の推移(消費増税の影響除去)

出所:総務省「消費者物価指数」

ったのです。

しかし、小売業者の一四年四月の勢いは、実際にその価格では売れないことがわかるにつれて弱気に転じ、それとともに、消費者物価の上昇率も鈍ってきました。消費増税は税込みの消費者物価を引き上げる要因ですが、家計の消費支出を抑制することによって、税抜きの消費者物価に対しては下押し圧力として働きます。

さらに、一四年六月をピークに原油価格が急落し始めました。この原油価格の低下は、ガソリン価格には約一カ月後に、電気料金には約四カ月から九カ月後に反映されますから、消費者物価に下押し圧力として働きます。

消費増税の物価引き上げ効果を除いた消費者物価前年同月比は、消費増税と原油価格の急落の影響を受けて急速に低下し、一五年四月からはマイナス圏に落ち込んでしまいました。

「量的・質的金融緩和」を導入して以降、予想インフレ率が上昇した（図表3－14参照）ことからわかるように、人びとのデフレマインド（デフレを前提とした行動）はかなり改善しました。しかし足元の物価上昇率が鈍れば、再びデフレマインドが強くなってしまう可能性がありす。そうなると、物価安定目標の達成見込みはなくなってしまいます。日銀はこのことを懸念して、一四年十月三十一日に「量的・質的金融緩和」の拡大を決めました。その主たる内容は「マネタリーベースが、年間約八〇兆円（約一〇～二〇兆円追加）に相当するペースで増加するよう金融市場調節を行う」ことで、この目的を達成するために、「長期国債の保有残高が年間約八〇兆円（約三〇兆円追加）に相当するペースで増加するよう買入れを行う」ことにしました。

日銀は、この追加緩和の理由を「物価面では、このところ、消費税率引き上げ後の需要面での弱めの動きや原油価格の大幅な下落が、物価の下押し要因として働いている。このうち、需要の一時的な弱さはすでに和らぎはじめているほか、原油価格の下落は、やや長い目でみれば経済活動に好影響を与え、物価を押し上げる方向に作用する。しかし、短期的とはいえ、現在の物価下押し圧力が残存する場合、これまで着実に進んできたデフレマインドの転換が遅延するリスクがある。日本銀行としては、こうしたリスクの顕現化を未然に防ぎ、好転している期待形成のモメンタムを維持するため、ここで、『量的・質的金融緩和』を拡大することが適当と判断した」と説明しています。

さらに日銀は、物価の基調は天候によって大きく価格が変動する生鮮食品だけでなく、原油価格の急落という特殊で、長期的に続くとは思われない要因も除いて考えるべきだと考え、生鮮食品とエネルギーを除いた物価を公表し、この物価を「物価の基調を示すものである」と強調するようになります。そこで、私はこの物価を「日銀版コア」と呼ぶことにしました。なお、のちに総務省も「生鮮食品とエネルギーを除いた消費者物価指数」を発表するようになります。

日銀版コアは、消費増税後も上昇率はそれほど下がらず、一五年八月頃からは一％台に上昇しました。それを見て、私は一四年十月末に決めた「量的・質的金融緩和」の拡大効果が現れたのかと多少安心しましたが、それもつかの間のことで、一六年入り後は低下トレンドに入ってしまいました。

消費増税による家計消費の想定を上回る長期低迷

一四年度消費増税後の家計消費は低迷しています。一七年度の家計消費は増税前の一三年度よりも一％低い水準に留まっています。一八年第４四半期も一三年第４四半期の水準に戻った

図表3-16　実質家計消費

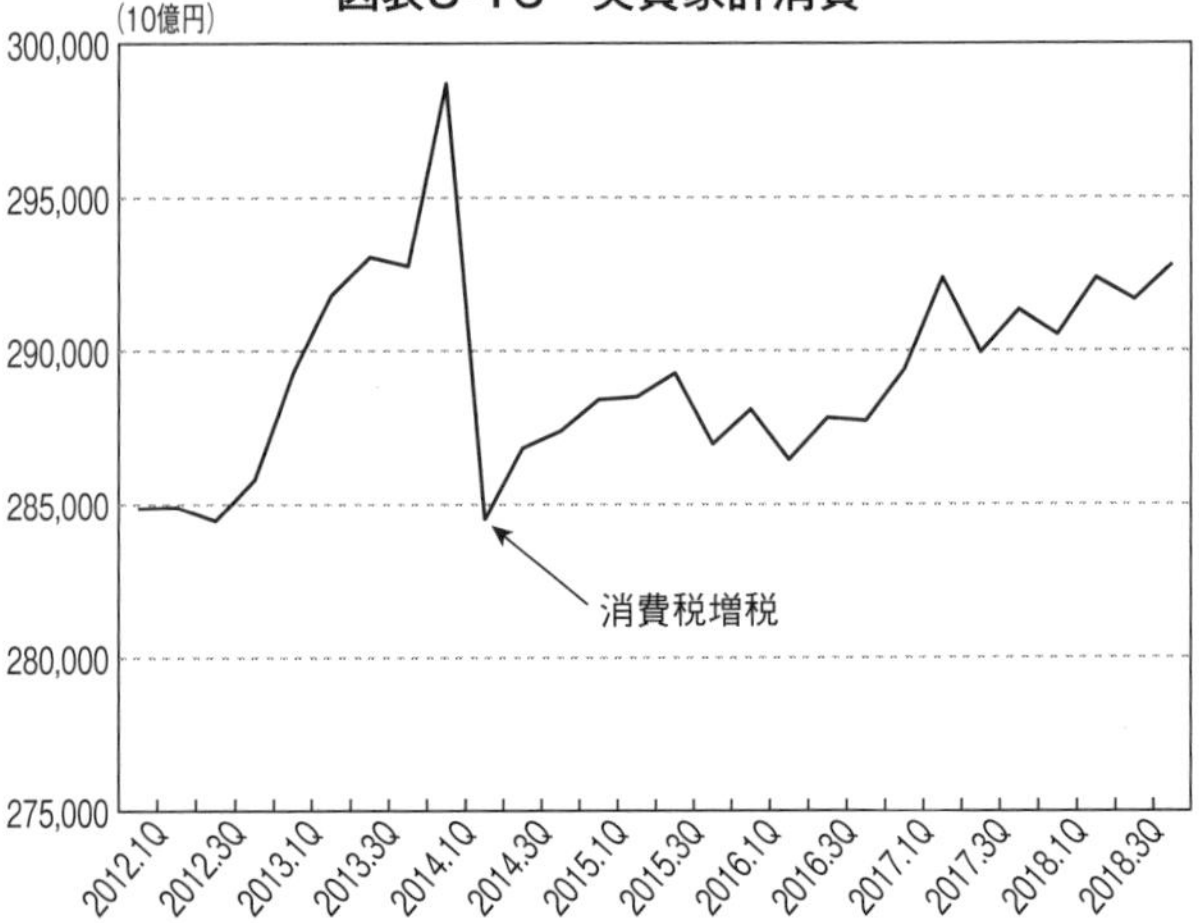

出所：内閣府「国民経済計算」、2011暦年連鎖価格,季節調整値

程度です（図表3-16参照）。

こうした消費増税後の消費の低迷の原因としては、次が考えられます。

第一に、低所得の年金受給者が増えたことです。九九年度の二六二七万人（異なる年金を受給している重複者を除く）から一四年度には四〇七七万人へと一・六倍に増えています。一人当たり平均実質年金受給額は、一二年度は一四一・九万円でしたが、一七年度は一三四・七万円に減少しています。

第二に、低所得者の非正規社員が増えたことです。九九年の非正規社員は一二二五万人で、全社員に占める割合は二五％でしたが、一四年度の消費増税当時は、一九六七万人で、九九年よりも一・六倍に増えています。非正規社員割合は三七％に上昇していました。

図表3-17　消費増税後、平均消費性向は低下

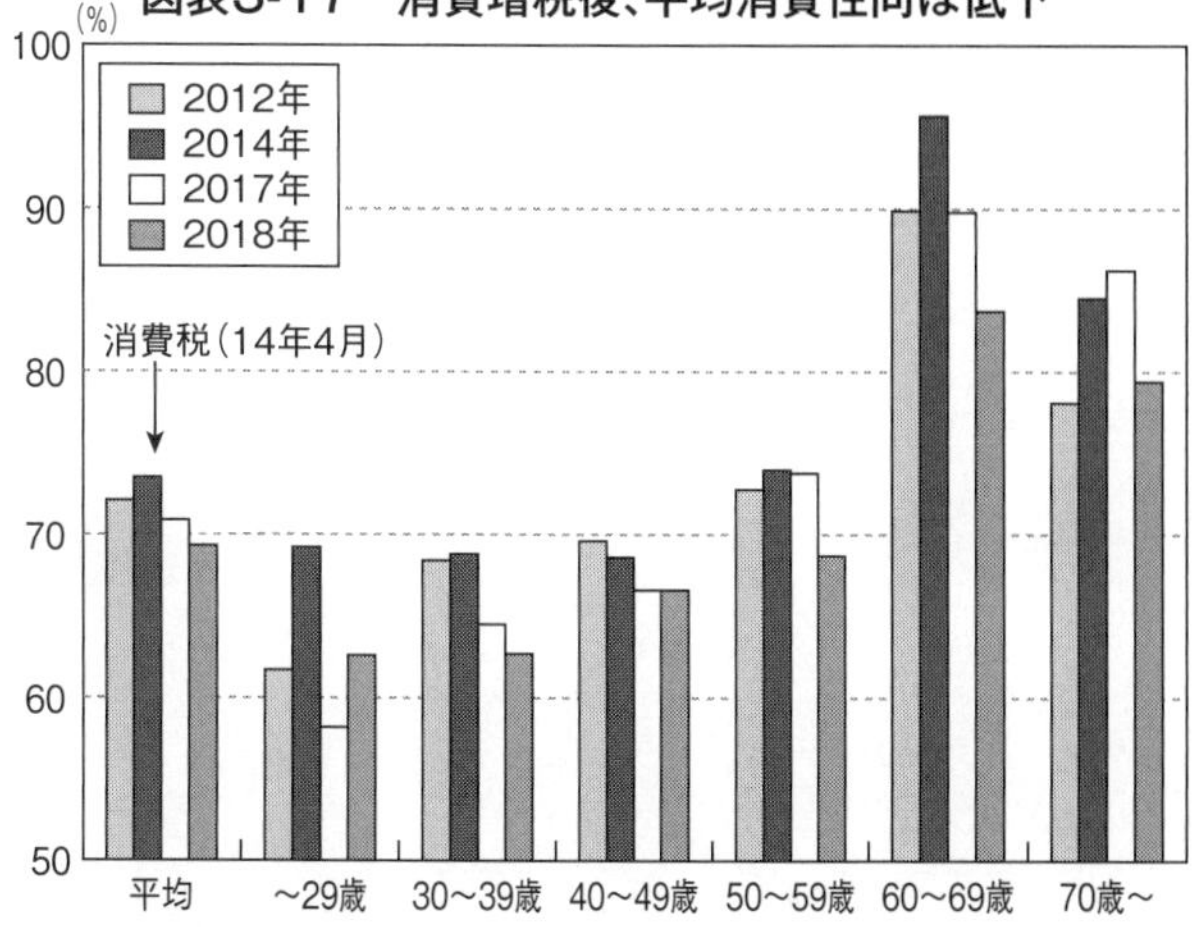

出所：総務省「家計調査」

一方、一四年度の給与額は、正規社員は平均年間五一六万円でしたが、非正規社員は二八一万円で、正規社員の五五％にすぎませんでした。

こうした低所得者は、消費増税の負の影響を強く受ける、いわば「消費税弱者」です。

将来の負担増と頼りない年金を予想して消費性向は低下

図表3－17は消費増税後、世帯主の年齢階級別消費性向が全体として低下していることを示しています。その一因として、税と社会保険料負担が、とくに三十歳代から定年年齢に達する直前の五十九歳までの負担が増加し続けていることが挙げられます（**図表3－18**参照）。現役世代は今後も、税（消費税を含めて）・社会保障費

図表3-18　直接税と純社会保障負担合計の推移

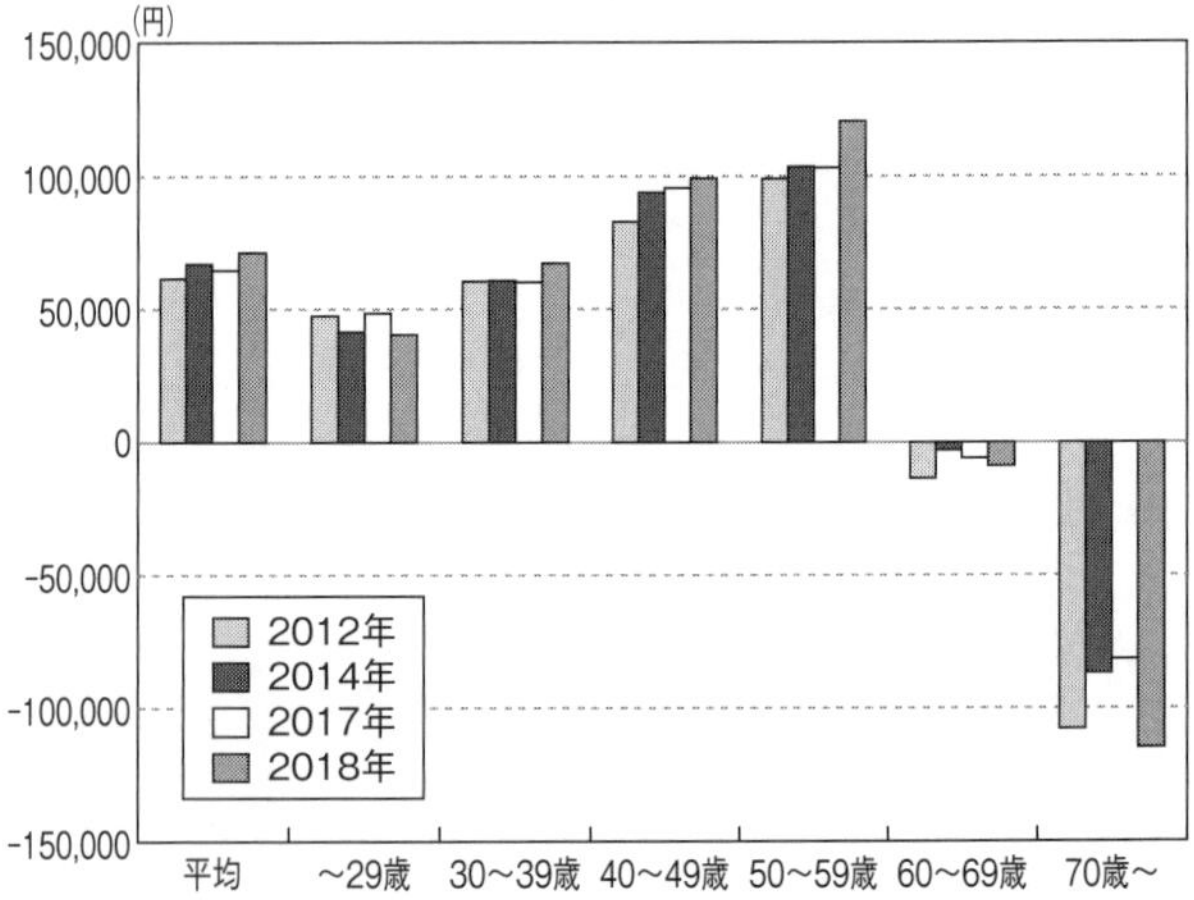

出所：総務省「家計調査」

負担が増える一方で、自分たちが受給できる年金に期待がもてないため、節約して老後に備えていると思われます。

暗い話ばかりが続きましたが、**図表3-19**に示されているように、一八年度になってようやく、どの所得階級でも実質可処分所得が増えました。つまり、税・社会保障費負担の増加以上に、実質所得が増え始めたのです。

今後も一八年度のようなかたちで、アベノミクスが前進することが期待されます。

消費増税で壊れた「リフレ・レジーム」

消費増税後、消費が冷え込むなかで、**図表3-14**（二二〇ページ）に示されているように予想インフレ率は横ばいから低下に転じ、税抜きの消費者物価前年同月比も低下し始め、それに原

図表3-19　18年に増加に転じた年齢別実質可処分所得(月額)

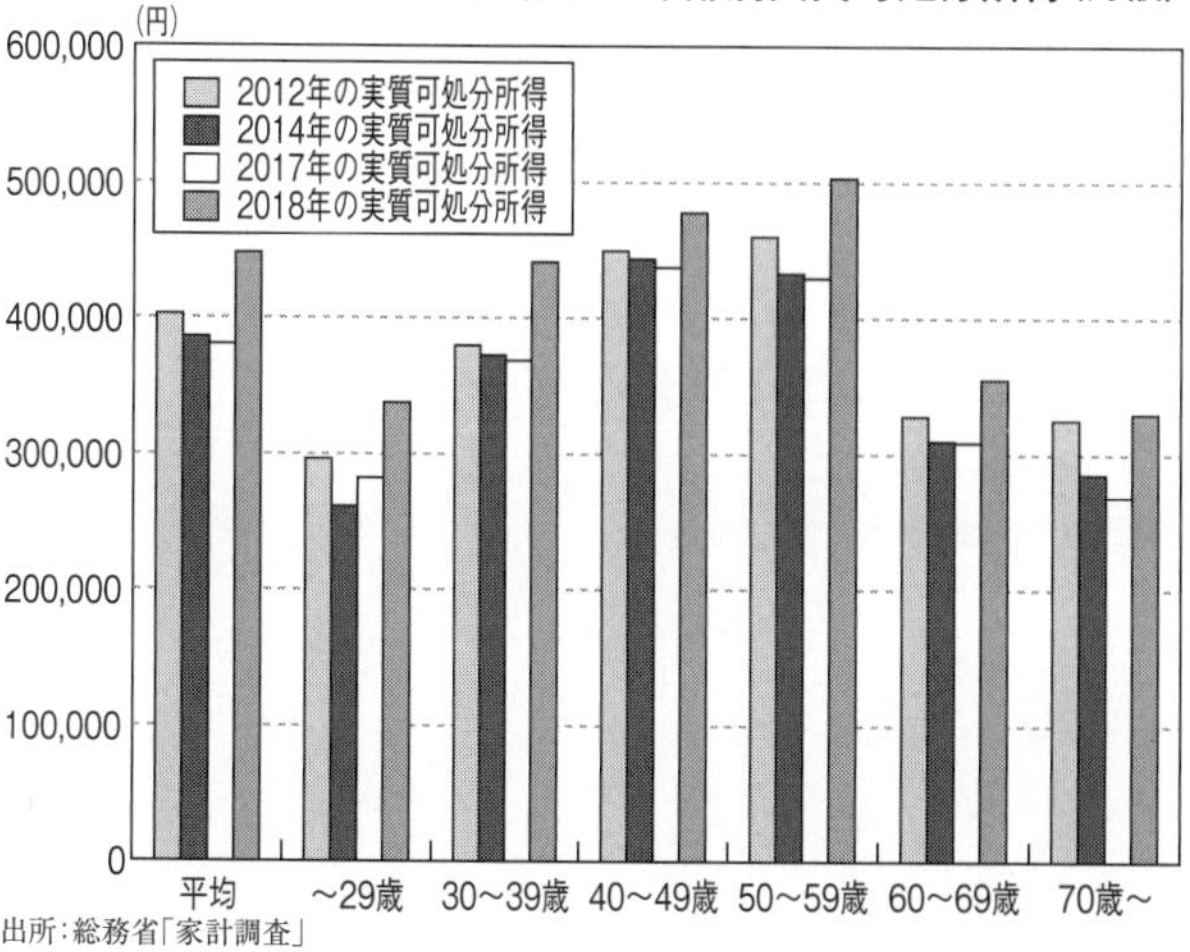

出所：総務省「家計調査」

油価格の急落が加わり、物価をさらに押し下げる要因になりました。

本書では、デフレ脱却のためには予想インフレ率が二％に向けて上昇し、そこで安定することが重要だ、と述べてきました。そこで、ここであらためて、予想インフレ率がどのように形成されるかを説明しておきます。

予想インフレ率は、次の二つの経路を通じて形成されます。

第一は、適合的予想形成と呼ばれるものです。これは、過去から足元までの実際に実現したインフレ率によって、将来の予想インフレ率が形成されるというものです。簡単にいえば「これまで下がってきたのだから、これからも下がるだろう」という予想です。

第二は、インフレ率は、中央銀行が目標とするインフレ率に向かって上昇していくだろう、という予想形成で、フォワード・ルッキングな予想形成と呼ばれます。

「量的・質的金融緩和」を開始してから、一四年四月に消費増税が実施されるまでは、フォワード・ルッキングな予想形成によって、足元ではまだインフレ率は〇％台であるのに、各種の予想インフレ指標のなかには一％台後半まで上昇したものがあります。このように、過去から足元までの実際のインフレ率に影響されずに形成されるのが、フォワード・ルッキングな予想形成です。

ところが消費増税後は、インフレ予想形成からフォワード・ルッキング要因がほぼなくなってしまいました。

これは、消費増税が金融政策にとって強い逆風になり、それによって金融政策の「リフレ・レジーム」が毀損されたことを意味します。

これ以後、日銀の金融政策は、適合的予想形成の力だけに頼って予想インフレ率を引き上げていかなければならないという意味で、いわば「片翼飛行」になってしまいます。

消費増税がどれだけ財政緊縮になったかを測るために、財政赤字のＧＤＰ比または基礎的財政収支のＧＤＰ比の赤字幅が前年（または前年度）よりも拡大すれば、財政緊縮度は低下し、逆に、それらが前年よりも縮小すれば、財政緊縮度は拡大した、と考えましょう。

図表3-20　14年度消費増税による財政緊縮度急上昇で、インフレ率（消費税の影響除去）急低下

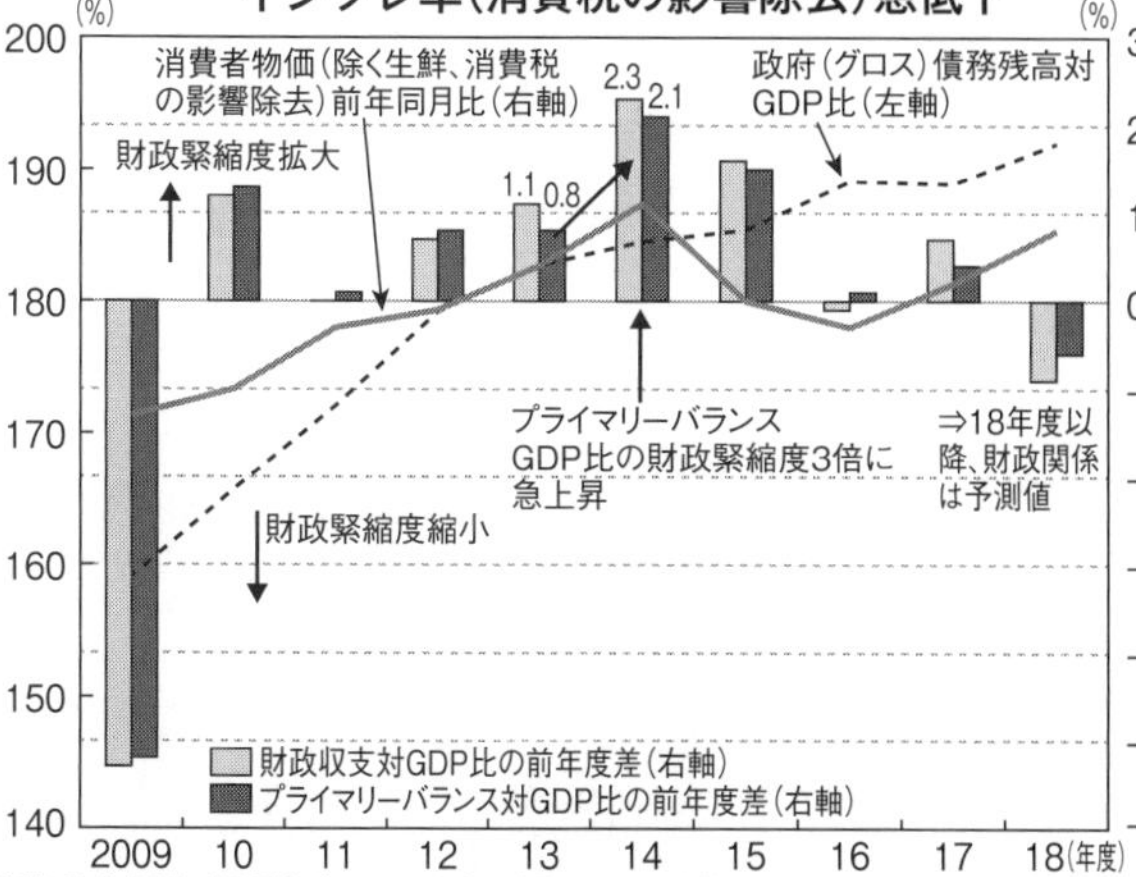

出所：財務省「財政関係基礎データ」、内閣府「国民経済計算」、総務省「消費者物価指数」

図表3-20は、一四年度に消費増税を主たる要因とする財政緊縮度（プライマリーバランスのGDP比でみた）が前年度の三倍に拡大したことを示しています。

一三年四月の「量的・質的金融緩和」以降、上昇し続けた消費者物価（消費税の影響を除去したもの）前年比は、一四年度の財政緊縮度の大幅な拡大後、低下に転じ、一六年度は原油価格の急落の影響もありますが、マイナスに落ち込みました。

日銀が「片翼飛行」を続けるなか、今後デフレを脱却するためには、財政政策との協調が必要です。この点は、第五章で検討します。

アベノミクスの成果

一四年度の消費増税は家計消費に暗い影を投

げかけていますが、アベノミクスには、それまでの政権が成し遂げられなかった成果がたくさんあります。

図表3-21は、民主党政権時代とアベノミクスの六年間の成果を比較したものです。民主党政権の成果と比較するのは、マスメディアに登場する人のなかには「アベノミクスよりも民主党政権時代のほうが成長率は高かった。アベノミクスで雇用が改善したというが、非正規社員ばかりで、実質賃金は民主党政権時代よりも下がっている」として、アベノミクスの成果を認めようとしない人が少なからず存在するからです。

民主党政権は〇九年九月から始まりますが、〇九年中は前自民党政権の政策を継承しただけですので、比較に当たっては、同政権の成果は一〇年から一二年の三年間を取り上げています（岩田、二〇一八）。

GDP関連の経済指標はどれをとっても、アベノミクスは民主党政権時代よりもかなり改善しました。とくに注目されるのは、二〇一八年の一人当たり実質GDPが、二〇一二年よりも八・一％も増加したことでしょう。人口減少社会では、一人当たりの生産性の指標である一人当たり実質GDPが増加することが重要だからです。

雇用の改善は著しいものがあります。のちに述べますが、実質賃金が伸びるとともに、雇用者が大幅に増加した結果、実質雇用者報酬は民主党政権が終わる一二年に比べて、六・四％増

図表3-21　アベノミクスと民主党政権の比較

民主党政権（2010-2012年）	経済指標	アベノミクスの6年間（2013-2018年）
	1.経済成長率	
3,390	①年平均実質GDP増加額（10億円）	5,914
304	②年平均実質国民総所得増加額（10億円）（実質GDP+交易所得+海外からの純受取り）	7,559
0.7	③平均実質GDP成長率（%）	1.2
0.06	④平均実質国民総所得成長率（%）	1.4
3,909,341	⑤一人当たり実質GDP（2012年と2018年、円）	4,225,526
	⑥2018年の一人当たり実質GDPの2012年に対する増加額（円）	316,185
	⑦2018年の一人当たり実質GDPの2012年に対する増加率（%）	8.1
	2.雇用所得	
255150.8	①実質雇用者報酬（2012年と2018年、10億円）	271,378.20
	②実質雇用者報酬の増加率（%）	6.4
	3.雇用市場の変化	
-11	①就業者数の変化（万人）	384
-5.5	②一年当たりの就業者数の変化（万人）	64
22	③雇用者数の変化（万人）	397
11	④一年当たりの雇用者数の変化（万人）	66.2
-29	⑤正社員数（除く役員）の変化（万人）	131
4.3	⑥失業率（%）	2.6
0.82	⑦有効求人倍率	1.63
1.23	⑧大卒民間企業求人倍率=求人総数/民間企業就職希望者数	1.88
0.5	⑨正社員有効求人倍率	1.14
（2012年度、%）	4.企業収益　売上高経常利益率（大企業=資本金1億円以上、中小企業=資本金2,000万円以上10億円未満）	（2017年度、%）
4.9	①全産業大企業	8.1
2.6	②全産業中小企業	3.8
4.7	③製造業大企業	8.8
2.7	④製造業中小企業	4.1
4.9	⑤非製造業大企業	7.7
2.6	⑥非製造業中小企業	3.7

出所：1、2 内閣府「国民経済計算」、総務省「人口推計」
3 ①〜⑥ 総務省「労働力調査」、⑦⑨ 厚生労働省「一般職業紹介」
⑧ リクルートワークス研究所「ワークス大卒求人倍率調査」
4 財務省「法人企業統計」

加しました。

アベノミクスが始まった当初は「雇用が増えたといっても、非正規社員ばかりで正規社員は増えていない」といわれましたが、アベノミクスの六年間で、正社員は一三一万人も増え、正社員の有効求人倍率は一・一四倍まで上昇しています。

また、全都道府県すべてで有効求人倍率が一倍を超えたのは、六三年の「有効求人倍率」統計公表以来、初めてのことです。

ところで、実質賃金ですが、厚生労働省の「毎月勤労統計調査」に不正があったため、現在、同統計は二〇一二年からしか利用可能ではありません。今後、改定される可能性があるかもしれませんので、暫定的な数値として示しておきます。

「毎月勤労統計調査」はすべての労働者を一括して、実質賃金を示しており、マスメディアもその数値をそのまま報道していますが、適切ではありません。

たとえば、これまで職に就いていなかった人がパートタイマーになれば、その人の賃金は、いままでの正社員も含めた雇用者の平均賃金よりも低いのが普通ですから、全雇用者の実質賃金は下がります。「毎勤統計」の定義する実質賃金は、新たに労働市場に参入してくる人がいなくなるまでは低下し続けるでしょう。

「毎勤統計」では、一般労働者とパートタイマーの現金給与総額が掲載されていますから、少なくとも両者を区別して、それぞれの実質賃金を求めるべきです。

これでも、近似にすぎません。というのは、一般労働者のなかに、正規社員と非正規社員が混在しているからです。これを区別するためには、厚生労働省「賃金構造基本統計調査」に当たらなければなりませんが、年次データしかありません。

もう一つ重要な点は、一般労働者にせよパートにせよ、労働時間が減少傾向にある点です。たとえば、一般労働者の一八年の年間総労働時間は、一二年に比べて一%、パートタイマーは七%も、それぞれ減少しています。この場合には、時間当たりの実質賃金が上がっているかどうかを問題にすべきです。夜中の十二時頃までへとへとになって働いた人と、夕方五時には退社した人の実質賃金を比べることに意味はありません。

さらに、一四年四月から消費税率が五%から八%に上がりましたから、アベノミクスの成果を見るうえでは、この税率引き上げ分による物価の上昇を除かなければなりません。そうしないと、どんな政権であろうとも、消費増税すれば、増税分を除去しないかぎり、実質賃金は下がってしまいます。

「毎勤統計」では、実質賃金を計算するときの消費者物価指数は、持ち家の帰属家賃を除く総合が用いられています。持ち家の帰属家賃とは、その持ち家を仮に誰かに貸したとしたら、家賃はいくらになるかを推計したものです。借家で家賃を払っていた人が、住宅を所有して自分が住むと、家賃支払いがなくなります。しかし、家賃支払いがなくなったとしても、その人の生活はその分豊かになるわけではありません。その人が他人にその家を貸したとしたら、得られたはずの家賃収入を失っているという意味で、持ち家の費用を負担しています（これを、機会費用といいます）。

あるいは、こう考えることもできます。住宅所有者は住宅ローンの金利と残高の一部を支払い、減価償却費や固定資産税も負担しています。そうした費用が、費用面から計算した帰属家賃です。たとえばカナダではこの方式を採用しています。

いずれにせよ、帰属家賃は借家に住んでいるときと同様に、生計費ですから、実質賃金を計算する際に帰属家賃を除く根拠は見当たりません。

厚生労働省の説明をよく読むと、実質賃金は購買力を示す指標であるから、持ち家の帰属家賃を除くと考えているようです。しかし、住宅の持ち主は持ち家を維持するために、住宅ローンの金利やマンションであれば管理費などを支払っているのですから、それらの費用を考慮しない実質賃金が上がっても、暮らしは楽になりません。実質賃金が低下すれば、家を手放して、安い家賃の借家に移らなければなりません。実際に、マンションでは、実質賃金が下がったため、管理費を滞納している人が結構いるのです。

以上を考慮して、**図表3-22**は、一般労働者とパートタイマーの名目時給を、「毎勤統計」と

図表3-22　アベノミクス6年間での実質賃金上昇率

	一般労働者	一般労働者	パート	パート
年	実質時給指数A	実質賃金指数B	実質時給指数A	実質賃金指数B
2012	102.3	101.5	100.8	99.9
2018	104.7	104.6	107.0	107.0
18年の12年比(%)	2.3	3.1	6.2	7.0

出所：厚生労働省「毎月勤労統計調査」、総務省「消費者物価指数」より本文に記載した方法により計算。

※ 実質時給指数Aは帰属家賃を除いた消費者物価指数を使って求めた実質時給、実質時給Bは消費者物価総合を使って求めた実質時給。

※ 消費増税調整済みは、消費増税による物価引き上げ分を除いて計算したもの。詳しくは本文参照。

同じように、帰属家賃を除いた消費者物価指数を使って求めた実質時給（これを実質時給Aと呼びます）と、消費者物価総合（生鮮食品も生活費ですから含めます）を使って求めた実質時給（これを実質時給Bと呼びます）を、ともに消費増税による物価引き上げ分を除いて計算した数値を（消費増税調整済み）、民主党政権の最後の年とアベノミクス六年目の一八年について示したものです。

図表3-22が示しているように、アベノミクスで、一人当たり・時間当たりの実質賃金（平均実質時給）は、一般労働者もパートタイマーもともに上昇しました。とくにパートタイマーの上昇率が大きいことが目立ちます。

以上から、マスメディアの報道を鵜《う》呑《の》みにして「アベノミクスで実質賃金は下がった。

アベノミクスは失敗だ」と信ずる危険性をご理解いただけたと思います。

実質賃金の高低は雇用状況との関係で判断しなければならない

実質賃金の高低を見るうえで、もう一つ見逃してはならない点があります。それは、雇用状況との関係です。ここでは、たとえば一八年度の一般労働者の実質時給Aは一二年に比べて増えていますが、二・三％の増加率に留まっているのは、低いと感ずる読者が少なくないと思います。実質時給Bでも増加率は三・一％に留まっています。

これをどう見るかを考える場合には、実質賃金は名目賃金を物価で除した値であることに注意する必要があります。この点に注意すると、実質賃金は、名目賃金が上がれば（下がれば）上昇し（低下し）、物価が上がれば（下がれば）低下する（上昇する）ことがわかります。したがって、実質賃金の高低を考える場合には、名目賃金要因と物価要因を分解して評価する必要があります。

そこで、民主党政権時代の一二年の実質賃金の変化要因をいま述べた二つの要因に分解してみたいところですが、現在（一九年三月）、「毎勤統計」では、実質賃金統計は一一年までしかさかのぼれません。要因分解のためには、一一年のデータが必要です。

そこで、私が「毎勤統計」不正問題が発覚する前のデータで計算した一二年度の一般労働者の実質賃金（時給ではなく、給与所得総額を実質化したものです）を一一年度と比べたときの要因分解を示しておきましょう。

一二年度の一般労働者の実質賃金指数（消費者物価総合で実質化）は一一年度に比べて、〇・一一ポイント低下（実質賃金指数の低下の数値）しています。この低下のうち、名目賃金要因がマイナス〇・三一ポイントで、消費者物価要因が〇・二ポイントです。つまり、一二年度の実質賃金の低下が〇・一一ポイントに留まったのは、デフレで消費者物価が前年度に比べて〇・二％低下したおかげです。

物価が生産性の向上を反映して下がる場合には、悪いことはありませんが、一二年度の消費者物価低下の原因は、需要不足にあります。一二年一月から十二月の失業率は雇用需要不足が原因で、四・一％〜四・五％で、失業者数は二七〇万人〜二九七万人で、それぞれ推移していました。

このように一二年当時、失業率が高く、失業者が多かったのは、物価が低下し続けて、実質賃金を高止まりさせていたからです。つまり、当時の物価低下によって押し上げられた実質賃金は、企業にとっては高すぎる賃金だったため、企業の雇用需要が不足し、その結果、失業率が高止まりしたのです。

一二年当時の雇用者は、失業者の犠牲の上に立って高い賃金を享受していた、というのが

「不都合な真実」です。

このように考えると、マスメディアが考えているように「実質賃金は高ければよい」というものではないことが理解できるでしょう。そのときの雇用状況と比べて、実質賃金の高低を判断する必要があるのです。

アベノミクスにおける実質賃金については、名目賃金要因がプラスで押し上げる一方、消費者物価が上昇しているため、消費者物価要因が引き下げ要因になっています。二つの要因のうち、前者の押し上げ要因のほうが後者の引き下げ要因よりも大きいため、**図表3-22**で示したように、実質時給は上昇しています。

人手不足の割には、実質賃金の上昇率が低いのでは？

それでも、読者のなかには「人手不足の割には、実質賃金の上昇率が低いのでは」と思われる方が少なくないと思われます。

図表3-22は、パートタイマーの実質時給に比べて、一般労働者の実質時給の上昇率が鈍いことを示しています。一般労働者は正規社員の比率が高いと思われます。つまりアベノミクスにおいて、実質賃金の上昇率が低いのは正規社員で、これが一般労働者の実質賃金上昇率を抑制している最大の要因と思われます。

では「なぜ、人手不足の割には、正規社員の実質賃金の上昇率はパートタイマーなどの非正規社員に比べて低い」のでしょうか。

この疑問に明快に答えてくれたのは、私が日銀副総裁だった当時の連合幹部の言葉です。「量的・質的金融緩和を実施しているのだから、来年度は、物価はかなり上がると思いますが、連合の賃上げ要求は低すぎますね」という私の疑問に、その連合幹部は「しかし来年度、物価が上がらなかったらどうなります」と答えたのです。

物価が上がらなければ、すでに説明したように、実質賃金は企業が雇用を守るうえで高すぎる水準になってしまいます。そうなると、長期にわたるデフレや山一證券の廃業を伴った金融危機、さらにリーマン・ショックによる世界金融危機で雇用が不安定になり、リストラを経験した連合の正規社員は「雇用が心配だ」というのです。

かくて、長期デフレと金融危機を経験して、使用者側だけでなく、労働者（とくに正規社員）側も、企業の安定（廃業や倒産をしないこと）とその結果としての正規社員の雇用の安定を最優先課題にするようになったのです。この労使ともどもの「縮み志向」、言い換えればデフレマインドこそが、日本のデフレを伴った長期経済停滞の究極的要因です。

企業経営者と連合に代表される労働者のデフレマインドを払拭して、彼らの予想インフレ率を日銀の物価安定目標である二％まで高めることができないかぎり、正規社員の実質賃金はパ

図表3-23　消費税増税後（2015年4月〜2019年1月）のフィリップス曲線の崩壊

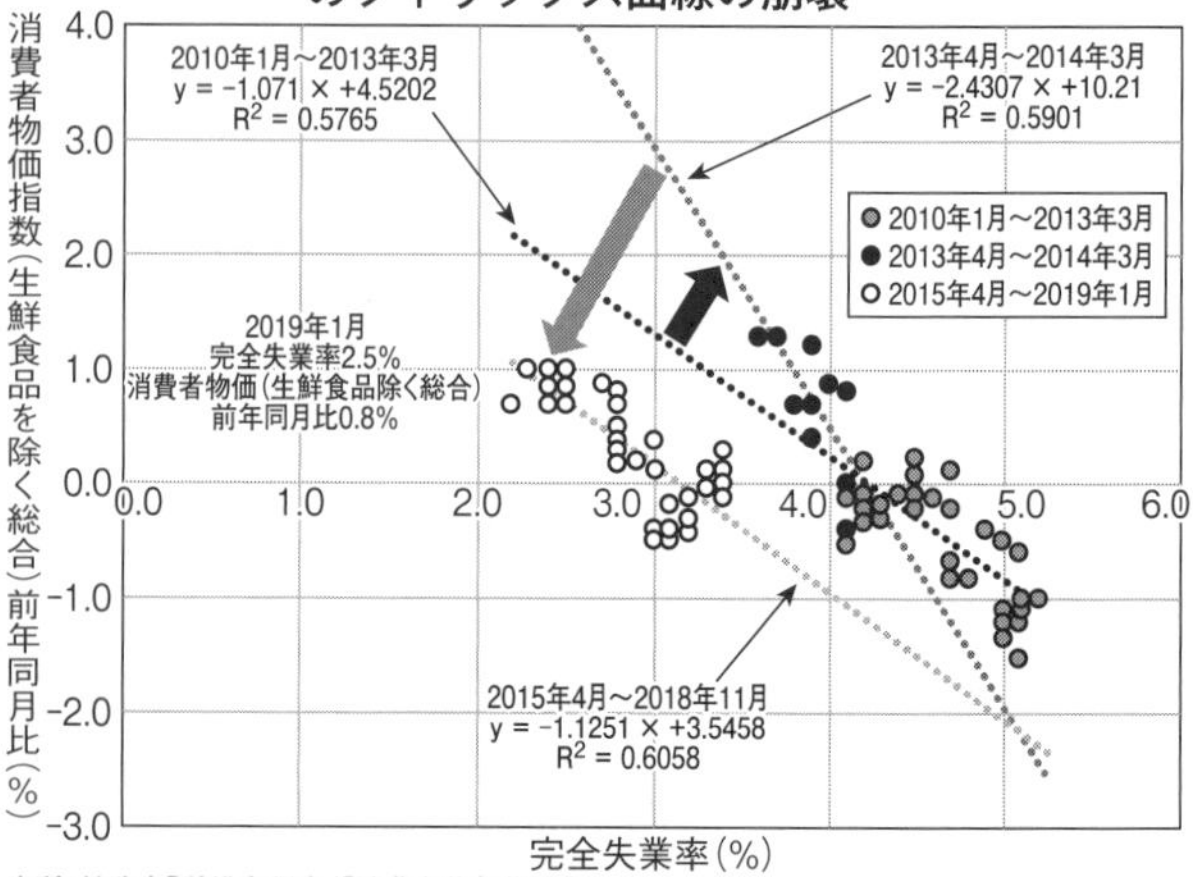

出所：総務省「労働力調査」「消費者物価指数」

ートタイマーのようには上がらないでしょう。

図表3−23の点は、各月の失業率と消費者物価前年同月比の組み合わせを示したものです。この組み合わせを、「量的・質的金融緩和」前の①一〇年一月〜一三年三月、「量的・質的金融緩和」開始から一四年四月の消費増税前の②一三年四月から一四年三月、および消費増税から最近までの③一五年四月から一八年十一月の三つの期間に分けて、見てみましょう。図表の三つの直線は、これらの期間の失業率と消費者物価前年同月比の組み合わせを線形近似したもので、フィリップス曲線と呼ばれます。

図表から、「量的・質的金融緩和」開始から一四年度の消費増税前までの②のフィリップス曲線は、①よりも右上方に移動するとともに、傾きが急になったことがわかります。これは失業率が低下すると、物価が上がりやすくなったことを意味します。

一方、消費増税から最近までの③はフィリップス曲線が大きく左下に移動するとともに、傾きが小さくなっています。これは失業率が低下しても、物価は上がりにくくなっていることを意味します。

失業率は需給ギャップと逆に変化しますから、いま述べたことは、消費増税後、需給ギャップが拡大（需要が供給を上回る）しても物価は上がりにくくなった、と言い換えることができます。

それではなぜ、フィリップス曲線は消費増税後、左下に移動し、傾きが緩くなったのでしょうか。フィリップス曲線の位置を決定するうえで、最も重要な要因は、予想インフレ率です。消費増税後、予想インフレ率は低下しました（**図表3―14**参照）。

右で連合幹部の発言を紹介しましたが、予想インフレ率が低下すると、労働者の来年度に向けた賃上げ要求は下がり、実際の賃金上昇率も鈍ります。賃金は物価を決める大きな要因ですから、賃金上昇率が鈍化すれば、消費者物価上昇率も低下します。

以上から、物価が上がりにくい理由は、消費増税後、労働者（その他の人びとも）の予想インフレ率が低下したことにあります。

日銀の「経済・物価情勢の展望」（二〇一八）は「人手不足の割には、物価が上がりにくい」

要因を数々挙げていますが、どの要因も最終的には消費増税後、予想インフレ率が低下した点に帰着します。

これは、消費増税で金融政策の「リフレ・レジーム」が毀損されたことを意味します。この壊れたリフレ・レジームを再構築するためには、次章で提案するような財政政策と金融政策の協調が不可欠です。

アベノミクスで増えた税収

この章の最後に、アベノミクスの成果の一つである税収の増加を示し、次章で述べる財政再建のためには、何よりも名目ＧＤＰを増やすこと、言い換えれば名目成長率を引き上げることが重要であることを示しておきます。

アベノミクスの期間（一三年度から一七年度まで）に、一般政府の税収は累計で一四・九兆円増加しました。この増加には一四年度の消費増税も貢献しています（とくに一四年度）。しかし、消費増税は名目成長率を引き下げることによって、その後の税収増を鈍化させた可能性があります。アベノミクスの期間、税収増に最も貢献したのは、一〇〜一二年度までの〇・〇二％というほぼゼロの年平均名目成長率を二・一％に引き上げたことです。

図表3-24は、名目ＧＤＰと一般政府の税収の組み合わせをプロットしたものです。直線は

図表3-24　税収は名目GDPが1兆円増えれば、0.3兆円増える（1997年度～2017年度）

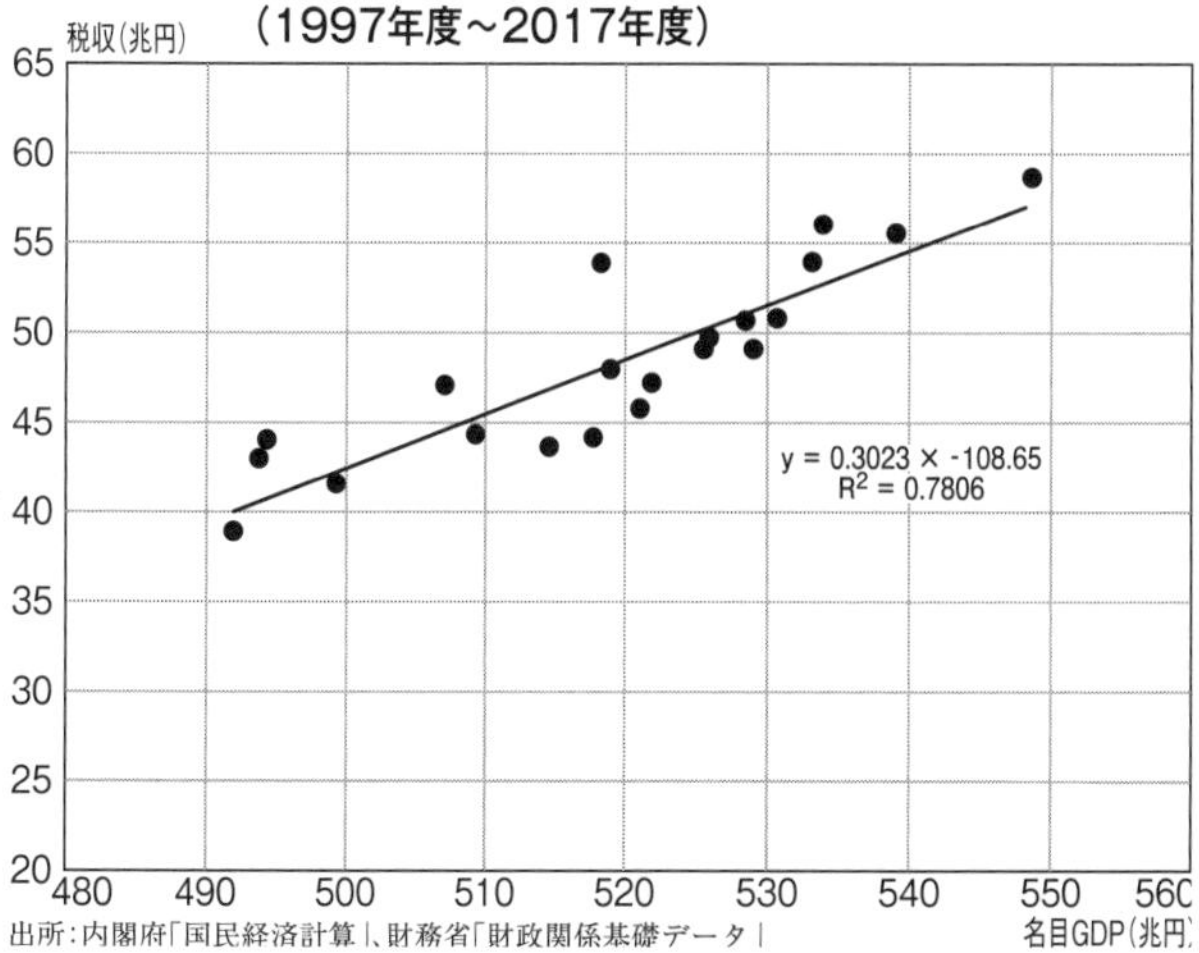

出所：内閣府「国民経済計算」、財務省「財政関係基礎データ」

両者の関係を線形近似させたものです。

図表3-24は九七年度から一七年度までのあいだ、少なからぬ税制改正があったにもかかわらず、名目GDPが増えると税収も増える、という安定的な関係が存在していることを示しています。**図表3-24**のなかに示された一次方程式のxの係数〇・三は、名目GDPが一兆円増えると税収は〇・三兆円増える、という近似的関係があることを意味します。

以上から、読者は名目GDPを増やす政策を採用することが、税収を増やすことを通じて財政再建に大きく貢献することを理解された、と思います。

第四章　金融政策の条件と日銀財務に関する誤解

これまでの章で、日本が九〇年代以降「失われた二十年」と呼ばれる長期経済停滞に陥った原因として、次の二点を挙げてきました。

①九〇年代以降、もともと低かったインフレ率がゼロ％に向かって低下するディス・インフレを経てデフレに陥り、それが長期にわたって続いたため、家計や企業や投資家のあいだに、デフレマインドが強固に定着してしまいました。

②デフレが長期にわたって続いたのは、日本銀行の金融緩和政策と政府の財政刺激政策がともにデフレ脱却のために不十分・不適切だった（とくに、金融政策）ためです。

なお、「失われた二十年」の原因は次の点にあるという考えもあります。すなわち、九〇年代以降、アメリカでは、情報産業を中心にイノベーションが次々と起き、ＩＴ投資や無形資産投資などのソフトウェア投資がアメリカ経済を牽引しましたが、九〇年代以降の日本では、そうした投資が低迷し、潜在成長率の低下を招いた、という主張です。

しかし九〇年代以降の日本で、アメリカで起きたような投資が起きなかったのは、デフレが続いたため、日本企業がデフレに対応して、合理的な行動（すなわち強固なデフレマインドをもった行動）をとったからです。

右に述べたことから、日本の長期経済停滞の究極的原因は、デフレであることがわかります。より正確に述べると、デフレが続くと、あらゆる経済主体にデフレマインドが強固に定着してしまい、その強固なデフレマインドがデフレを継続させ、デフレからの脱却を困難にするのです。

私は、二〇一三年三月から二〇一八年三月まで、日本銀行副総裁として五年間、金融政策の運営に関わった経験から、いま述べたことを痛感しました。以下の二つの章で提案する財政金融政策はその経験を踏まえて、私が到達した結論です。

まずこの章では、デフレ完全脱却のための金融政策のキーポイントと、日銀が二〇一三年四月から開始した非伝統的金融政策に対する誤解について述べ、その誤解を解きたいと思います。

四―一　デフレ脱却のための金融政策のキーポイント

政策金利がゼロ%になったときの金融政策の六つの要点

私が二〇一三年三月末に日銀副総裁になってすぐ、アメリカのニューヨーク連邦中央銀行のW. C. Dudley総裁（以下、ダッドレイ・ニューヨーク連銀総裁）が、Japan Societyで「ゼロ金利制約下の金融政策の教訓：日本とアメリカの経験」（Dudley、二〇一三）という演題で講演をしました。

この講演の目的は、政策金利がほぼゼロ％になってしまった一方で、経済はその潜在的能力よりも低い水準のまま停滞しているときに、いったいどのような金融政策を採用すればよいかを考えることにありました。

この講演で、Dudley（二〇一三）が指摘した金融政策の六つのキーポイントは、その後、私が副総裁として金融政策運営に携わるうえで、肝に銘ずるポイントになりました。

すでに第三章で、日銀が九〇年代以降に採用した金融政策を評価しましたが、この章ではDudley（二〇一三）の六つのキーポイントを紹介しながら、日本がデフレから完全に脱却するためには、どのような金融政策を採用すればよいかを考えましょう。

人びとの予想をうまく管理せよ

ダッドレイ・ニューヨーク連銀総裁が指摘した金融政策の第一のキーポイントは、六つのポイントのなかで最も重要なポイントで、「人びとの予想を管理することは、つねに金融政策の要点である」ということです（以下では、人びとの予想をたんに予想といいます。なお日本の経済学界では、予想とはいわず期待といいますが、期待は「よいことを期待する」のが普通であるという意味で、価値中立的な用語ではありません。そこで本書では、期待とはいわず、予想といいます）。

とくに政策金利がゼロになったときには、予想を管理することは通常の場合よりも決定的に重要です。この予想には、インフレと経済に関する中央銀行の目的についての予想や中央銀行がこれらの目的を達成するために将来どのような政策手段をどのように用いるかについての予想が含まれます。

予想を管理することの重要性には、二つの側面があります。第一に、予想インフレ率を中央銀行が中期的に目標とするインフレ率（日銀の場合は、消費者物価前年比二％）と整合的な水準に維持することが決定的に重要です。というのは、いったんデフレ予想が定着してしまうと、その予想を変えることは著しく困難になるからです。このことは、私が日銀副総裁を務めた五年間の経験が如実に示しています。

インフレ予想は、実際のインフレがどのようになるかを決めるうえで、最も重要な推進力になります。そのため、物価の先行きに対してデフレ予想が生まれると、実際にデフレになってしまいます。この意味で、デフレ予想は自己実現的な推進力をもっているといえます。したがって、インフレ予想が低下することを放置すると、予想実質金利が上昇するため、金融緩和政策を実施しているつもりでいても、実際は引き締め的になってしまいます。

それでは、日本銀行は「金融政策の要点は予想を管理することである」という点について、どのように考えていたのでしょうか。

一三年三月末に黒田総裁をはじめとする新執行部が誕生するまでの日銀の金融政策の歴史を私が調べた限りの話ですが、日銀は金融政策を決定するうえで、予想を考慮したことは一度もなかったようです。

たとえば、白川方明（二〇〇二）は「金融政策のトランスミッションメカニズムの出発点はリザーブ（金融機関が日銀に預けている準備預金―引用者注）の変化とそれによって引き起こされる短期金利の変化である」（一六一ページ）と述べています。このときの短期金利とは、名目の短期金利です。日銀はこの考え方に基づいて、名目短期金利がどれだけ下がったかで、金融緩和の程度を測ろうとしていました。

九〇年代前半に、私と日銀関係者（日銀OBを含む）のあいだで「マネーサプライ論争」が起きますが、私の日銀批判に対して日銀関係者は異口同音に、コール・手形レート（当時、日銀が金融政策運営において誘導しようとした名目短期金利）は「四％を切るような水準」で「これは歴史的にもかなり低い水準」（島本禮一、一九九二）と反論していました。

しかし、株価、地価、為替レート、消費、設備投資などに影響するのは、第三章で明らかにしたように、名目金利から予想インフレ率を差し引いた予想実質金利です。デフレが予想されるということは、予想インフレ率がマイナスになることですから、名目金利からマイナスの予想インフレ率を差し引いた予想実質金利は、日銀が金融緩和の程度を判断する基準の名目金利よりも高くなってしまいます。そのため、日銀は金融緩和しているつもりでも、実際は引き締めになってしまう可能性があります。

二〇一三年三月末に、新しい日銀執行部が「人びとの予想に働きかける」金融政策を運営しようとしていることに対して、当時の新聞報道によると、白川日銀総裁は総裁を辞任するにあたって「期待に働きかける金融政策は危うい」という主旨のことを述べています。

この白川総裁の考え方は、ダッドレイ・ニューヨーク連銀総裁の「ゼロ金利制約下の金融政策運営で最も重要なことは、人びとの予想を管理することだ」という考え方と真逆のものです。

金融政策だけでなく、どんな経済政策も政策者の意図が何であれ、人びとはその政策がさまざまな経済変数（GDPなど）にどのような影響をもたらすかを予想するものです。したがって、政策の影響によって変化する人びとの予想を政策が成功する方向に誘導・管理することが重要になるのです。白川総裁は、ご本人は気がついていませんでしたが、デフレ予想の形成に働きかけていたのです。

良好なコミュニケーションによって予想を管理する

ダッドレイ・ニューヨーク連銀総裁の金融政策における第二のキーポイントは、「予想を管理するうえで、よいコミュニケーションが本質的な役割を果たす」ということです。コミュニケーションが混乱したり、一貫性を欠いたり、あるいは中央銀行がそのガイダンスと矛盾するような行動を取ると、予想はうまく定着しません。

それでは、新日銀法が成立してからの三人の日銀総裁とその下での日銀のコミュニケーションはどうだったでしょうか。

まず、初代日銀総裁である速水優総裁から見ていきましょう。速水総裁は、九九年二月一二日に決めたゼロ金利政策について、メリットもあるがデメリットもある、と事あるごとにデメリットに触れています。速水総裁の挙げるゼロ金利政策のデメリットを、二〇〇〇年二月十五日の総裁記者会見での発言からまとめると、次の三つになります。

①家計の利子所得が減って所得分配に歪《ひず》みが出る、②市場参加者のあいだにいつでも金は調達できるという意味で、やや緩んだ気持ちが起きている、③いまいちばん大事な構造調整を低金利が推進する面もあるが、低金利は創造的破壊のうちの破壊を遅らせ、不良資産の償却を先延ばしする、といった弊害を生んでいる。

もともと速水総裁は、金融政策はデフレ脱却のための主役ではなく「『構造改革が力強く進んでいけば、その結果として、やがてデフレからも脱却できる』というメッセージを、国民に明確に伝えていくことが必要だと思う」(〇一年二月十三日の速水総裁記者会見で、〇一年三月十九日から始めた量的緩和の効果を聞かれたときの回答）という考えをもっていました。

速水総裁の真意は、「量的緩和は、構造改革が進めばそれを支援する効果を発揮するが、構造改革が進まなければ、デフレ脱却効果はない」というものです。

じつは、速水総裁の後継者である福井俊彦総裁も白川方明《まさあき》総裁も「構造改革なくしてデフレ脱却なし」という点では共通しています。

日銀総裁から「日銀が実施している金融政策それ自体には、デフレ脱却効果はない」といわれては、人びとは、デフレ脱却のためには構造改革が先で、政府と民間企業が構造改革を進めないかぎり「ゼロ金利政策にも量的緩和にもデフレ脱却効果はまったくない」と予想するでしょう。このようなコミュニケーションでは、ゼロ金利政策も量的緩和も人びとのデフレマインドを緩やかなインフレマインドに変える力を少しももちません。デフレマインドが変わらなければデフレ脱却はできませんから、実際デフレが続き、速水総裁発言は自己実現してしまうのです。

速水総裁には「ゼロ金利政策によってデフレ懸念を払拭する」という強い意志がなかったのです。そのため、早すぎるゼロ金利政策解除を実施しました。この政策の誤りが、デフレを長期化させるきっかけになりました。

二代目の福井俊彦日銀総裁も、福井（二〇〇三）において「日本経済の真の課題」に触れて、次のような主旨の発言をしています。

①日本企業は、高度成長と輸出促進に焦点を当てた戦後の経済運営の下で、収益率よりも売上高の増加やマーケットシェアの拡大を図り、低収益率・高コストの構造が生まれることになった。

②高度成長が長く続くうちに、企業のこの仕組みがあまりに強固に定着したため、企業にとって、高コスト構造の是正を進め、新しい競争力を築いていく道筋はきわめて厳しいものとなっている。バブル経済崩壊の結果、過剰債務、過剰雇用の問題が加わったことも、調整負担をいっそう重くしている。

③企業改編の遅れは、既存の企業に有能な人材が留まり続ける結果をもたらし、これが、日本において新規の起業が輩出しない一つの有力な理由となっている。

この福井総裁が述べた「日本経済の課題」は、日銀の金融政策とは無関係なことで、まるで他人事《ひとごと》のようです。日銀の金融政策がバブルを崩壊させ、その後も不適切な金融政策を実施し続けたため「過剰債務、過剰雇用の問題」が深刻になり、「企業の改編」が遅れ、「既存の企業に有能な人材が留まり続ける結果」をもたらし、「日本において新規の起業が輩出しない一つの有力な理由となった」ことを理解していません。

福井（二〇〇三）は、日本経済が長期経済停滞に陥っているのは、民間企業の経営者が「新しい競争力を築いていく」ことに失敗したからだ、といっているに等しく、福井総裁の講演を聴いていた人びとは「デフレ脱却のためには、金融緩和政策ではなく、企業経営が変わらなければならない」と思ったことでしょう。

はっきりいえば、福井（二〇〇三）は「日本の経営者が無能だったから、デフレと長期経済停滞が生じた」といっているに等しいのです。これでは、福井総裁が実施した量的緩和にデフレ脱却効果がほとんどなかったのも当然です。つまり、福井総裁は自らが実施している量的緩和のデフレ脱却効果を削《そ》いでいたのです。

福井総裁のデフレに関する認識が右の講演のようなものだったからこそ、二〇〇六年三月に、原油価格の上昇による光熱・水道代の高騰の影響を除いてみればまだデフレが続いているにもかかわらず、量的緩和を解除してしまったのです。

三代目の白川総裁は、次のように述べています。「経済全体が大きな流動性制約に直面している場合、流動性を供給することが物価の下落を防ぐ上で大きな効果があるということです。ただし、流動性制約が原因となって投資が行われないといった経済状況ではない場合、つまり需要自体が不足しているという時には、流動性を供給するだけでは物価は上昇しないと思います」（白川総裁記者会見、二〇〇九年十一月二十日）。

右の引用文の冒頭で「経済全体が大きな流動性制約に直面している場合」というときの流動

性とは、一般的な決済手段のことで、具体的には、現金と要求払い預金（普通預金などただちに引き出すことのできる預金）および金融機関が日銀に預けている当座預金のことです。それに対して「流動性を供給する」というときの供給主体は日銀で、日銀の供給する流動性とはマネタリーベースのことです。

したがって、白川総裁のいわんとすることは「経済全体が現金と預金および日銀当座預金という決済手段の不足に直面しているときには、日銀がマネタリーベースを供給することは物価の下落を防ぐうえで大きな効果がある。しかし、経済全体が決済手段の不足に直面していないときには、日銀がマネタリーベースを供給するだけでは物価は上昇しない」ということです。

白川総裁時代、流動性が大きく不足したのは、〇八年九月半ばに起きたリーマン・ショックのときです。日銀はこの流動性不足に対して、マネタリーベースを前月比で見て〇八年九月に〇・五％、同年十月に〇・七％増やしました。

それに対して、アメリカの中央銀行であるFRBは、マネタリーベースの前月比を〇八年九月に三五〇％、同年十月に二八二％も増やしました。

読者は、FRBがこのようにとてつもなくマネタリーベースを増やしたのは、金融危機を起こした国だから当然で、日本の金融機関はサブプライム・ローン担保証券（リーマン・ショックを引き起こした信用度の低い住宅ローンを担保とする証券）にほとんど投資していなかったのだから、前月比〇・五％～〇・七％程度の流動性供給増で当然だ、と思われるかもしれません。

しかし、金融危機の震源地だったアメリカの〇九年の実質成長率はマイナス二・八％に留まりましたが、サブプライム・ローン担保証券とはほとんど関係がなかった日本の〇九年の成長率はマイナス五・五％へと、アメリカよりも大きく落ち込んだのです。さらに、一二年までにアメリカの実質ＧＤＰは対〇八年比で四・三％増加しましたが、日本はマイナス〇・二％と沈んだままでした。

ＦＲＢは、リーマン・ショック直後に起きた流動性不足を補うためだけでなく、需要不足を原因とする景気の大幅な悪化とインフレ率が望ましくない水準まで低下するリスクとを予想して、それらを防止するために、読者の想像を絶するほどのペースでマネタリーベースを増やしたのです。

それに対して白川総裁は、マネタリーベースをリーマン・ショック後の一時的な流動性不足に対しては増やしましたが、すでに引用した白川総裁の発言からわかるように「需要自体が不足しているときには、流動性を供給するだけでは物価は上昇しない」と考えていますから、マネタリーベースを流動性が不足している以上に増やしても、景気の悪化やインフレ率の低下を少しも和らげることはできない、という結論になります。

しかし白川総裁は、一方で「需要自体が不足しているときには、流動性を供給するだけでは物価は上昇しない」といいながら、他方で、不十分ながらも量的緩和を実施する、という非論理的で矛盾した行動を取ります。これでは、人びとはいったい白川総裁は何のために量的緩和をしているのかわかりませんから、デフレマインドが和らぐことはありえません。

以上のような三人の日銀総裁の言動を見るにつけ、三人ともダッドレイ・ニューヨーク連銀総裁の第二のキーポイントを満たすどころか、逆方向を向いてコミュニケーションしていた、としかいいようがありません。

強い行動は言葉だけよりも大きな効果をもつ

ダッドレイ・ニューヨーク連銀総裁の第三のキーポイントは、「強い行動は言葉だけよりも大きい効果をもつ」というもので、「だからこそ、成長を支援し、人びとのインフレ予想を中央銀行が目標とするインフレ率に定着させる（アンカーさせるといいます）ために、金融環境を緩和する中央銀行の資産購入政策の役割が重要になるのだ」（Dudley、二〇一三）と述べています。

リーマン・ショック後、ＦＲＢとＢＯＥ（イギリスの中央銀行）は、日本のようにデフレに陥ることを回避して、中央銀行の責務（物価の安定。ＦＲＢはそれに加えて、雇用の最大化）を果たす強い意志をもってただちに量的緩和を実施しました。ヨーロッパ中央銀行も遅れを取ったものの、経済学者であるドラギ氏が同中央銀行の総裁になると、ユーロ圏諸国が日本化する（デフレに陥って、経済が長期にわたって停滞している日本経済のようになること）ことを回避するために、ドイツの反対を押し切って量的緩和政策を採用しました。

新日銀法が施行されて以降、三代にわたる日銀総裁の講演等のスピーチは、「日本銀行といたしましては、こうした民間の努力も踏まえながら、デフレの克服と持続的な成長軌道への復帰に向けて、今後とも全力を挙げて取り組んで参る所存です」（「通貨及び金融の調節に関する報告書」（〇三年七月二十四日、参議院財政金融委員会における福井日本銀行総裁報告）とか「日本銀行としても、引き続き、デフレから早期に脱却し物価安定のもとでの持続的な経済成長の実現に向けて、中央銀行として最大限の努力を続けていきたいと考えています」（「物価安定のもとでの持続的成長に向けて」きさらぎ会における白川日銀総裁講演。一二年十一月十二日）といった、デフレ脱却に向けた強い言葉で終わるのが常です。

ところが第三章で述べたように、デフレに陥っていた本家本元の日本の中央銀行である日銀はリーマン・ショック後、一カ月間、静観したのち、〇八年十月三十一日になって、リーマン・ショック前まで一ドル＝一〇〇円程度だった円ドルレートが九〇円に向けて高騰し続け、日経平均株価が一万二〇〇〇円台から七〇〇〇円台前半まで下落したのを見て、ようやく、政策金利を小幅の〇・二％だけ引き下げました。ちょっとした景気後退ならそれでもよいかもしれませんが、一〇〇年に一度起きるかどうかという世界金融危機に対する政策としては、小さすぎるうえ、遅すぎます。

アメリカとイギリスの中央銀行は、〇八年九月のリーマン・ショックから一三年三月（黒田総裁をはじめとする新執行部に代わってQQEを開始する前の月）までに、マネタリーベースをそれぞれ二二三％と二九六％も増やしましたが、デフレ下にある日本は五二％しか増やさなかったのです。

これでは日銀総裁のデフレ脱却に向けた強い言葉に比べて、実際にとられたデフレ脱却に向けた行動は、あまりにも弱かったといわざるをえません。

新日銀法のもとでの三代にわたる日銀総裁の行動は、ダッドレイ・ニューヨーク連銀総裁の金融政策におけるキーポイントである「強い行動は言葉だけよりも大きな効果をもつ」とは真逆で、「スピーチの最後は強い言葉で終わるが、行動は極めて弱い」というものでした。

海外の中央銀行や経済学者のあいだでは、政策金利がゼロ％まで下がったら、量的緩和を実施することについて、一部の反対はあるものの、大方の合意があります。

たとえばダッドレイ・ニューヨーク連銀総裁は、FRBがリーマン・ショック後に採用した「大規模資産購入政策」とQQEについて「二つのレジームは三つの重要な点できわめて似ている。FRBも日銀もインフレ目標を明示することに重きを置き、その目標の達成のために利用可能なあらゆる手段を用いることにコミットし、目標を達成する主要な手段として金利に対するフォワード・ガイダンスと満期の長い資産の大量購入を用いている」（Dudley、二〇一三）と述べています。

正確にいうと、ＱＱＥはDudley（二〇一三）が指摘した「金利に対するフォワード・ガイダンス」という手段は用いていません。その代わり「『量的・質的金融緩和』は、二％の『物価安定の目標』の実現を目指し、これを安定的に持続するために必要な時点まで継続する。その際、経済・物価情勢について上下双方向のリスク要因を点検し、必要な調整を行う」という文言で、「量的・質的金融緩和をいつまで継続するか」を示しました。これがＱＱＥのフォワード・ガイダンスです。

一六年九月二十一日に「長短金利操作付き量的・質的金融緩和」（以下、イールドカーブ・コントロール〈ＹＣＣ〉と呼びます）を採用した際には「日本銀行は、二％の『物価安定の目標』の実現を目指し、これを安定的に持続するために必要な時点まで『長短金利操作付き量的・質的金融緩和』を継続する。マネタリーベースの残高は、上記イールドカーブ・コントロールのもとで短期的には変動しうるが、消費者物価指数（除く生鮮食品）の前年比上昇率の実績値が安定的に二％を超えるまで、拡大方針を継続する」と述べています。これは、「消費者物価指数（除く生鮮食品）の前年比上昇率の実績値が、物価安定目標である二％を安定的に超えるまで、マネタリーベースを拡大する」という意味で「オーバーシュート型コミットメント」というフォワード・ガイダンスです。

さらに、一八年七月三十一日には「日本銀行は、二〇一九年十月に予定されている消費税率引き上げの影響を含めた経済・物価の不確実性を踏まえ、当分の間、現在のきわめて低い長短金利の水準を維持することを想定している」という政策金利に関するフォワード・ガイダンスを示しています。

ここでＱＱＥに対する外国の中央銀行関係者の評価に戻りますが、ベン・バーナンキＦＲＢ議長（当時）も、米上下両院合同経済委員会（一三年五月二十二日）における証言や一三年六月十九日のＦＯＭＣ後の議長記者会見、さらに、バーナンキ著『危機と決断』（二〇一五、原題は*The Courage to Act*）でＱＱＥを支持しています。また、バーナンキ議長がＦＲＢを辞任してから書き始めたブログでは、ＹＣＣに対しても肯定的に評価しています（一六年九月二十一日）。

ところが日本には、一三年四月以降に、日銀新執行部が始めたＱＱＥやＹＣＣを批判する多数の経済学者、エコノミスト、政治家、マスメディアが存在します。この日本の風景は、海外の中央銀行関係者や多くの経済学者やエコノミストから見れば「日本はまだデフレから脱却していないのに、懲りもせずＱＱＥなどの非伝統的な金融政策を批判し続けているのか」と呆《あき》れられていると思われます。

中央銀行はデフレに陥らないことに注力すべき

ダッドレイ・ニューヨーク連銀総裁の第四のキーポイントは、「金融政策は全体として見ると、その政策を構成する部分的要素の合計よりも、その効果は大きい」というものです。このキーポイントの内容の紹介は、紙幅の関係で、本書では割愛します。

次の第五のキーポイントは、「中央銀行はデフレに陥ることを避けることに最大限の努力を払うべきである」というものです。その理由は「慢性的なデフレを伴った流動性のワナに陥ることのコストは大変高くつく」からです。

流動性のワナは、もともとは「金利があまりに低くなると（これは、国債や社債などの債券価格が高騰することを意味します）、債券価格は下落するのではないかという予想が支配的になるため、債券価格はそれ以上、上がらなくなる。そのため、中央銀行がいくら政策金利を下げても、債券価格は上がらず、逆に、その金利は下がらなくなり、金融政策の景気刺激効果や物価押し上げ効果はなくなる」という意味でした。ところが、P. Krugman（一九九八）が「政策金利がゼロ％になることを、流動性のワナ」と定義したため、その後、経済学界では、このクルーグマンの流動性のワナの定義が定着してしまいました。

じつは、私はこのクルーグマンの「流動性のワナ」の定義が定着してしまったことを残念に思っています。というのは、J. M. Keynes（一九三〇）やKeynes（一九三六）が指摘しているように、政策金利のような短期名目金利がゼロ％になっても、長期名目金利はプラスですから、中央銀行は長期国債を買えば金融を緩和できるからです。中央銀行が長期国債を買う政策を非伝統的政策といって、あたかも普通ではない政策のようにそのリスクを強調するのは、世界のほとんどすべての中央銀行が短期名目金利の操作を政策手段として採用してきたからにすぎません。

話が逸《そ》れましたが、慢性的なデフレに陥るコストが極めて大きいことは、第二章と第三章で述べたように、日本の「失われた二十年」の経験がはっきりと示しています。

生産年齢人口減少はデフレの原因ではない

右で、ダッドレイ・ニューヨーク連銀総裁の「中央銀行はデフレに陥らないことに注力すべき」という、金融政策の第五のキーポイントを紹介しました。それに対して、速水総裁から白川総裁までの日銀は「構造改革なくしてデフレ脱却はできない」と考えていましたから、バブル潰しの金融政策を約二年三カ月も続け、資産デフレを引き起こしたうえ、その後も「デフレに陥らないことに注力する」どころか「デフレの原因は日銀の金融政策以外にある」といいつつ、中途半端な金融政策を繰り返してきました。こうした日銀の「中央銀行はデフレに陥らないことに注力すべき」という金融政策のキーポイントを無視した行動がデフレの原因である、というのが本書の立場です。

ところが白川総裁は、速水総裁も福井総裁も取り上げなかった「生産年齢人口の減少がデフレの原因である」（白川、二〇一二）という新たなデフレ原因説を主張し始めました。その根拠として挙げられたのが、一九九〇年代までにOECDに加盟した高所得国のうち、二〇〇〇年代以降の生産年齢人口とGDPデフレーターが利用可能な二四カ国について「人口増加率とインフレ率を比較すると、両者の間に正の相関が観察されるようになっています」（白川、二〇一二、六ページ）という点です。

白川（二〇一二）には、九〇年代と二〇〇〇年代の「生産年齢人口の平均変化率とGDPデフレーターの平均変化率とがプロットされた」二つの図表があります。九〇年代の両者の相関係数は〇・〇七で、〇〇年代は〇・六七です。

したがって、この相関係数からは、仮にいうとしたら、「両者のあいだには、九〇年代はまったく正の相関はなかったが、二〇〇〇年代になると、日本以外の一部の国については、正の相関が観察される」ということでしょう。

なお、白川（二〇一二）の注で「発展途上国も含む全世界ベースでは、インフレ率と人口変化率の関係を横断的にみると、二〇〇〇 年代になっても、両変数の間に正相関の関係は観察

図表4-1　生産年齢人口減少はデフレの原因か

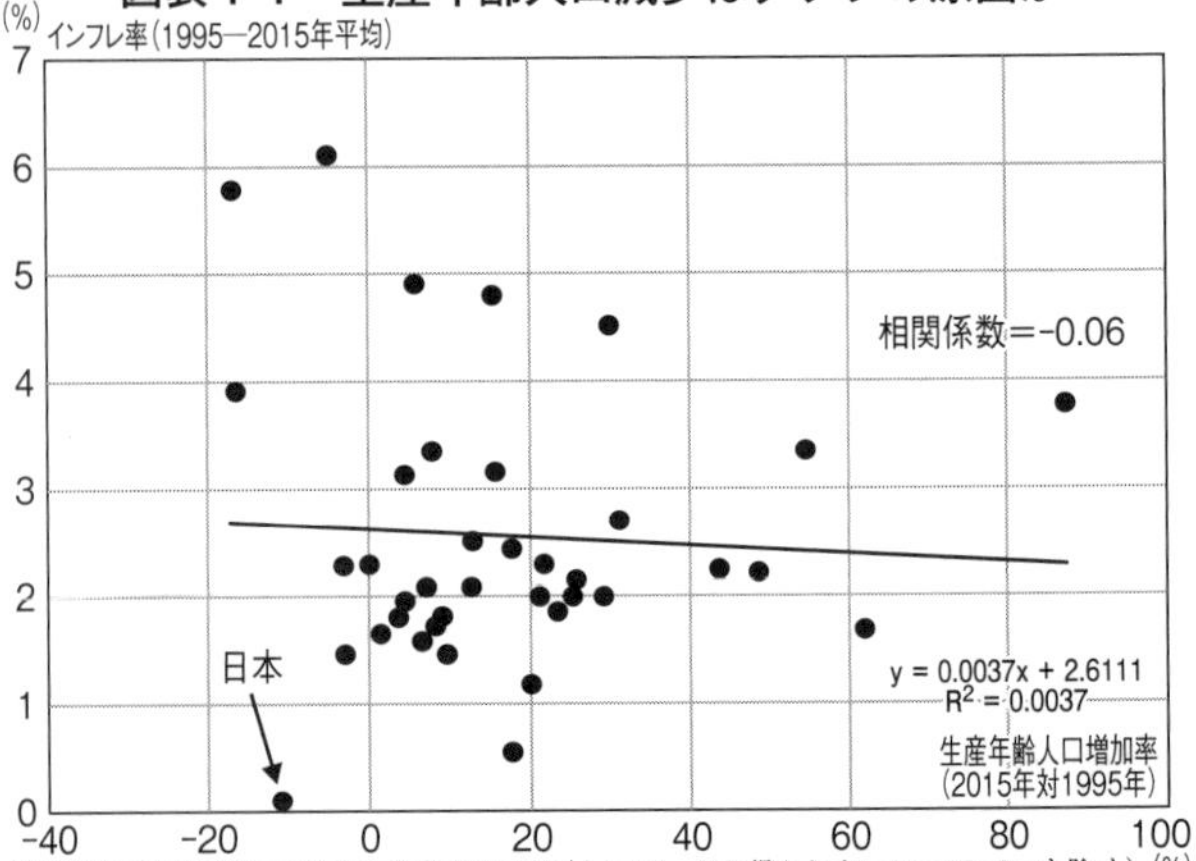

（注）図表の国はＩＭＦ定義の先進国38カ国（人口データが得られないSan Marinoを除く）。
出所：International Monetary Fund, World Economic Outlook Database, April 2019
United Nations, Department of Economic and Social Affairs, Population Division, 2017.

されない」という断り書きがあります。

図表4-1は、ＩＭＦが定義する先進国三八カ国の二〇一五年の対一九九五年（日本の生産年齢人口のピークの年）の生産年齢人口増加率と一九九五年から二〇一五年までの平均インフレ率をプロットしたものです。両者の間には、相関関係は全く見られません。**図表4-1**では、日本の平均インフレ率は〇・一一％ですが、九七年の消費増税の影響を除くとマイナス〇・〇七％で、日本だけがデフレです。

ゼロ金利のもとでは金融政策を補完する政策が必要

ダッドレイ・ニューヨーク連銀総裁の第六のキーポイントは、「ゼロ金利制約は金融政策がそれだけで達成できることに制約を課す。したがって、財政政策、金融システム安定化政策および構造政策の補完的役割が増大する。信頼できる財政政策、健全な金融システムを保証する行動、そして潜在成長率を引き上げる構造改革が重要である」というものです。

この第六のキーポイントについては、第五章以下で私の考えを説明します。

日本経済はケインズの意味で「流動性のワナ」にはまったのか

ダッドレイ・ニューヨーク連銀総裁の第六のキーポイントは日銀の守備範囲を超えていますが、一三年四月以降の日銀は、それ以外のキーポイントについてはできるかぎりそれらに沿った政策を実施してきました。しかし残念なことに、一四年度消費税増税によって、ダッドレイ・ニューヨーク連銀総裁が最も重要なキーポイントとして挙げた第一のキーポイント、すなわち「予想を管理する」ことができなくなってしまいました。その結果、現在（一九年三月現在）の日本経済は、ケインズの意味での「流動性のワナ」にはまったように見えます。

ケインズの意味での「流動性のワナ」とは、長期名目金利がそれ以上、下がらない状況です。日銀はYCCにより、満期が十年未満の国債の金利をマイナスに、十年物国債の金利については、一九年一月二十三日の政策決定会合で「金利（十年物国債金利）は、経済・物価情勢に応じて上下にある程度変動しうるものと（する）」と決定しました。この上下の変動の具体的幅については黒田総裁に一任されたようで、当日の金融政策決定会合後の記者会見で、総裁は「従来プラスマイナス〇・一％くらいの狭い幅で動いていましたが、その倍くらいの幅を念頭に置いて考えていく」と述べています。

民間銀行（とくにメガバンク以外の銀行）の経営状況の悪化（貸出利ざや縮小による業務純益の減少）による金融システムの不安定化のリスクを考慮すると、今後、よほどの物価低下圧力が発生しないかぎり、十年以下の長期金利を右に述べた以上に引き下げる政策を採用することは難しいと思われます。

そうであれば今後、物価上昇のモメンタム（勢い）が失われた場合には、日銀は十年を超える長期金利を下げることを考えなければならないでしょう。その意味では、まだ、長期金利を下げる余地は残っており、「ケインズの意味で流動性のワナ」にはまってしまったとまではいえないでしょう。

実際、日銀の片岡剛士審議委員は、香川県金融経済懇談会（二〇一九年二月二十七日）で「物価目標と実際の物価上昇率に相応の距離がある現状では、金融緩和を強化することで、需給ギャップの需要超過幅を一段と拡大させるよう働きかけることが適当」であるとして、具体的な追加緩和の手段として「十年以上の幅広い国債金利を一段と引き下げるよう、金融緩和を強化することが必要と考えています」（片岡、二〇一九）と述べています。

十年以上の幅広い国債金利を一段と引き下げることは、残存満期が十年以上の国債を買い増すということと同じですから、この主張は量的緩和を現在よりも拡大すべきであるという主張であるとみることもできます。

二〇一六年九月二十一日にＹＣＣの導入を決定したときの公表文には、「具体的な追加緩和の手段としては、『イールドカーブ・コントロール』の二つの要素である①短期政策金利の引き下げと②長期金利操作目標の引き下げを行うほか、『量的・質的金融緩和』以来実施してきた③資産買入れの拡大が考えられる。また、状況に応じて、④マネタリーベース拡大ペースの加速を手段とすることもある」と書かれています。

したがって右の片岡審議委員の提案は、ＹＣＣ導入時の日銀のコミットメントをいま実施に移せ、という提案と考えることができます。

日銀のフォワード・ガイダンスは機能するか

右の片岡審議委員の提案に賛成する政策委員はまだ現れていないようですが、現在のＹＣＣはフォワード・ガイダンスという手法を用いて、金融緩和効果を維持しようとしています。すなわち、日銀は二〇一九年一月二十三日の政策会合で「政策金利については、二〇一九年十月に予定されている消費税率引き上げの影響を含めた経済・物価の不確実性を踏まえ、当分のあいだ、現在のきわめて低い長短金利の水準を維持することを想定している」というフォワード・ガイダンスを示しました。このフォワード・ガイダンスのもとでは、人びとや企業は、予想インフレ率を所与とすると「予想実質金利は当分のあいだ、現在よりも上がらない」と予想するでしょう。この予想は円の為替相場（円安方向）、株価、設備投資などに対してプラスの影響を発揮する可能性があります。

このプラス効果は、需給ギャップ（需要から供給を差し引いたもの）を拡大することにより、物価を引き上げる方向に働きます。このようにして実際の物価が上がると、日本で支配的な適合的期待形成を通じて、予想インフレ率も上がります。

しかし、この予想インフレ率の上昇は、ＱＱＥを始めたころの日銀が「できるだけ早く二％の物価安定目標の達成に強くコミットする」ことによって起きたフォワード・ルッキングな予想インフレ率の上昇ではありません。ＱＱＥ開始当時は、ＱＱＥ開始宣言→予想インフレ率の上昇という直接経路が存在していました。

この予想インフレ率の上昇の直接経路は、一四年度の消費税増税によって絶たれてしまいました。ＹＣＣにおける予想インフレ率の上昇は、「当分のあいだ、長短金利のきわめて低い水準を維持→低い予想実質金利の継続予想→需給ギャップの拡大→実際の物価上昇→適合的期待形成による予想インフレ率の上昇」という迂回《うかい》経路を通ってようやくたどり着くものです。したがってこの迂回経路のどこかで故障が起きると、予想インフレ率の上昇もそれだけ小さくなってしまいます。

YCC採用後、この迂回経路で起きた故障は、第三章で示したように、一四年度消費税増税後のフィリップス曲線の下方シフトとフラット化です。フィリップス曲線の失業率は需給ギャップに対応しています。すなわち、需給ギャップが拡大すれば失業率は低下する、という関係があります。そこで需給ギャップの拡大の代わりに、失業率の低下を用いて、それと物価の関係を見ておきましょう。

第三章のフィリップス曲線の推定によれば、一三年四月（QQE開始）から一四年三月（消費税増税前）までは、失業率が〇・一%ポイント低下すると（需給ギャップが拡大すると）、消費者物価（除く生鮮食品の総合）前年比は〇・二四%ポイント上昇しました（図表3-23、一四〇ページ）。それに対して、消費税増税後は、〇・一%ポイントの失業率の低下に対して、消費者物価前年比は〇・一一%ポイントしか上がらなくなりました。つまり、失業率低下（需給ギャップ拡大）の物価引き上げ効果は、消費税増税後、増税前の半分以下に低下してしまったのです。

これは、すでに述べた予想インフレ率引き上げ経路の途中である「需給ギャップの拡大→実際の物価上昇」に故障が起きたことを意味します。つまり、物価引き上げエンジンが故障して、車の速度が半分以下に落ちてしまったということです。

片岡（二〇一九）も「二〇一六年後半から二〇一八年にかけて、日本銀行スタッフ推計の需給ギャップは、供給超過の水準から一％台半ば程度の需要超過の水準まで拡大していますが、この間、生鮮食品とエネルギーを除く消費者物価指数の前年比は、〇・三％前後で大きく変化していません」と「需給ギャップの拡大→実際の物価上昇」に故障が起きたことに言及しています。

第三章で説明しましたが、フィリップス曲線が下方にシフトし、かつ、フラット化したのは、ＱＱＥの予想インフレ率引き上げの直接効果が失われたためです。

その結果、予想インフレ率の低下→需給ギャップの拡大の物価引き上げエンジンの故障→実際の物価の上がり方の低下→適合的期待形成による予想インフレ率の上昇率の低下、という悪い経路ができてしまったのです。

これは、物価安定目標の達成をめざす日銀にとって、じつにやっかいな状況です。こういう困難な状況から抜け出す最も有効な手段については、第五章で説明します。

四―二　日銀の財務に関する誤解

ここで、日銀が今後も物価安定目標の達成に向けて、金融政策を運営していくうえで障害になるといわれている、「出口」における日銀財務の悪化に関する議論について、私の考えを述べておきましょう。

一五年頃から、日銀が非伝統的政策から普通の政策に移行する過程、いわゆる「出口」における日銀が負うリスクに関する議論が盛んになり始め、国会でも野党が「出口」について詳しく説明せよ、と黒田日銀総裁に迫ることが多くなっています。

そこでこの節では、「出口」に関する議論には誤解が多いことを指摘し、誤解を解いておきたいと思います。

日銀の経常損失には何の問題もない――支払い不能にならない日銀

四―一節で、ダッドレイ・ニューヨーク連銀総裁の金融政策の六つのキーポイントを説明しました。この六つのキーポイントからは、デフレを脱却するための金融政策はＱＱＥやＹＣＣ

のような非伝統的な金融政策になります。

中央銀行は通常は短期（無担保コールレート・オーバーナイト物のような超短期）の政策金利を操作することによって、金融政策を運営してきました。それに対してQQEは、短期の政策金利がほぼゼロ％に下がってしまったため、それ以上引き下げることによって（現在では、日銀は短期政策金利をマイナスに誘導していますが、マイナス金利には限界があります）インフレ率を引き上げたり、雇用を増やしたりすることができなくなったため、短期から長期にわたる期間の国債を大量に買い入れたり、リスクの大きな上場投資信託（ETF）などを買い入れたりしています。

そこで、短期（超短期というほうが適切です）金利を操作する金融政策を伝統的金融政策と呼ぶのに対して、QQEやYCCを非伝統的金融政策と呼びます。

日銀が一三年四月以降に開始したQQE以後、日銀の長期国債購入は増え続け、一九年二月現在の日銀保有長期国債残高は四六五・八兆円に達しました。これは一八年の名目GDP比で見て、八五％という高さです。

速水日銀総裁が量的緩和を始めた頃である〇一年四月の日銀保有長期国債残高は四五・八兆円で、その二〇〇〇年の名目GDP比は八・五％にすぎませんでした。一九年二月現在の日銀保有国債は〇一年四月の一〇倍に達しています。

私は日銀副総裁時代に、金融政策の知識のまったくない人たちから「そんなに日銀が国債を買って大丈夫なのか」とよく聞かれたものです。そのたびに私は「大丈夫、大丈夫」と笑って答えていました。

しかし「大丈夫か」と心配しているのは、金融政策の知識のまったくない人たちだけではなく、むしろ世間では、金融政策の専門家と考えられている人が「大丈夫か」と心配しているのを知って、私は驚きを隠せず、そういう人の一人に「なぜ大変なのか」と訊《き》いてみました。その人の答えは「そういっている人がいるでしょう」というもので、答えになっていませんでした。そこで、私は「〇〇さんのような優れた経済学者が、大変だとおっしゃるから、ほかの人も大変だと思うのではないですか」と訊き返しました。その方は薄笑いを浮かべるだけで、何も答えず、私が訊いてもいないことを話し始めました。

たとえば、以下で説明する「出口」の過程で、日銀の経常利益がマイナスになる、すなわち「経常損失が発生する可能性が高い」ことを「大変なことだ」と主張する人（民間金融機関の債券部門のエコノミストや著名な日本の経済学者など）がいます。

日銀は二％の物価安定が持続的になったと判断すれば、金利を引き上げていくでしょう。その際、金利を引き上げる方法としては、ＦＲＢがＱＥ３から伝統的金融政策へ転換する手段として採用したように、金融機関が日銀に預けている当座預金のうちの準備預金を超える部分、すなわち、超過準備預金に日銀が利子をつける方式が採用されると思われます。このように、金融緩和政策から徐々に引き締めに転ずることを、非伝統的金融政策からの「出口」といいます。

日銀がＹＣＣによって国債金利の低下を誘導してきたため、日銀が保有している国債の金利の加重平均は〇％台ときわめて低い状況です。したがって、日銀が「出口」に向かって進む過程で、日銀が保有国債から得る金利が、日銀が超過準備預金に支払う金利よりも低くなるという逆ざやが発生する可能性があります。その結果、日銀は経常損失を計上することになるでしょう。

「日銀が経常損失を計上する状況は、大変な事態だ」という人がいます。たとえば、日銀の財務の健全性が疑われて円に対する信頼が失われ、猛烈なインフレになる、というのです。つまり、日銀の経常損益がマイナスになると、人びとはこぞって日銀券で物を買いあさるようになるため、物価が急激に上がり始め（これをハイパーインフレになるといいます）、日銀はこの物価上昇を止められない、というのです。

いま、日銀は物価が上がらないので困っています。ところが、もうすぐ日銀の経常損益がマイナスになるから、物価は日銀の物価安定目標である二％をはるかに超えて上昇するというのです。

つまり、日本は他の多くの国とは違って、ゼロ％台の低インフレまたはゼロ％未満のデフレか、年に何万％にも達するハイパーインフレかのどちらかしか選択できない（無能な？）国だというのです。

こういう極端な話を聞くと、私は「日銀が二％の物価安定目標を達成するためには、日銀の経常損益を多少マイナスにすることが最適・最速の方法だ」といいたくなります。

仮定の置き方によって、日銀の経常損失が巨額になり、数十年も続く、というシナリオを作り上げ、すごいインフレが来るぞとか、国債が暴落するぞとか、猛烈な円安になるぞとかいって、よくわかっていない人を驚かせることはできます。

しかし、そういうシナリオを作る人に聞きたいことがあります。「そういう事態が来ることがわかっておられるのなら、いますぐ持ち金を全部はたいてモノや外貨などをお買いになってはいかがですか」と。そういう行動を取っていただければ、日銀は苦もなく二％の物価安定目標を達成できます。

しかし「大変な事態になる」と騒ぎ立てている人で、持ち金を全部はたいて自動車や住宅やマンションや別荘やドルなどの外貨を買いまくっている人を、私は寡聞のせいか、聞いたことがありません。「大変だ」とおっしゃるご当人は、日銀の経常損益なぞ気にもせず、普通にお金を使っておられるようです。

読者はそんな馬鹿にした言い方をせずに、「そういう極端な事態は起きないことを丁寧に説明せよ」とおっしゃるかもしれません。

しかし私が出るまでもなく、蓋然性の高い仮定の下に「日銀の経常損益の経路」について、大変説得力のあるシミュレーションを、吉松崇（二〇一七）が示しておられますので、その結論だけ紹介しておきましょう。

吉松（二〇一七）は前提の異なる二つのケースで、「出口」でどれだけの経常損失が何年間生ずるか、というシミュレーションをしています。ケース1では、七年間で九兆七九五〇億円の累積経常損失が、ケース2では、七年間で一四兆九五〇〇億円の累積経常損失が、それぞれ発生します。普通の人は、この損失の大きさを聞いただけで、びっくりして、「大丈夫か」と思われるでしょう。

しかし日銀の場合は「出口」の過程で、日銀保有の国債が償還のたびに高利回りの国債に変わっていくため、やがて経常損益は黒字に転じ、以後、増加し続け、債務超過は解消され、自己資本も自動的に増加します。したがって日銀が倒産する、と心配するのは無用です。

私が、世間では金融政策の専門家中の専門家と考えられている、あるマクロ経済学者（その方の名誉を傷つけたくないので、匿名にします）と話しているときに、日銀の経常損益がマイナスになる可能性が話題になったことがあります。そのとき、そのマクロ経済者は「そんなことになったら、日銀は人件費を払えなくなる！」と叫びました。日銀が人件費を払えないということは、日銀は働く人がいなくなるから倒産する、といっているのと同じです。

私はこの叫びに驚き、「あなたは本当に金融政策専門の経済学者ですか」と訊きたいところでしたが、ぐっと我慢しました。

日銀は人件費にせよ、他の経費にせよ、日銀当座預金にその支払金額を記帳するだけで、取引を完結することができるのです。この記帳により、日銀当座預金が増えた銀行（信用金庫など、銀行と名のついていない金融機関も銀行です）は、日銀の経費支払い先の預金に、増えた日銀当座預金と同額を記帳します。これらはすべて記帳だけで、お金が動くわけではありません。

日銀の経費支払い先が現金（日本銀行券）が必要になり、預金を引き出すときには、預金を受け入れた銀行は増えた日銀当座預金を日銀券に換えて、この預金引き出しに応じます。これは、銀行が日銀に預けている日銀当座預金から日銀券を引き出すという行為です。したがってこの場合、日銀は経費を最終的には、日銀券で払っていることになります。

ここで重要な点は、日銀以外の人（法人を含みます）は、経費を日銀券で支払うときには、働くなり、物を売るなりなどして日銀券を獲得しなければなりませんが、日銀は在庫として持っている日銀券を銀行に渡すだけでよい、ということです。日銀は在庫としてもっている日銀券を得るために、日銀券を製造する国立印刷局に製造費を支払っていますが、たとえば、一万円の製造費は三〇円よりも安いと考えてよいでしょう。つまり、日銀は三〇円弱のコストで、一万円の経費を支払えるのです。

日銀がこうした手品のようなことができるのは、法により、日銀券発行権を認められている唯一の機関だからです。他の機関や人が日銀券を発行すれば、偽札作りとして逮捕されます。

以上から、日銀の経常損益がマイナスになっても、日銀は人件費などの経費を払うことができることがわかります。つまり、日銀は普通の人や法人と違って、支払い不能にならないようにできているのです。

日銀の目的は国庫納付金を納めることではない

岩田一政・左三川《さみかわ》郁子（二〇一八）は「問題がより深刻になるのは、実際にインフレ目標を達成し、日銀が出口に向かう局面である」と述べ、「金融正常化の過程で日銀が金融引き締めに転ずると、政府は今よりも高い金利で債務を調達しなければならなくなる。しかも、日銀に損失が発生すれば、国庫納付金が減少するか、最悪の場合には、損失の穴埋めに公的資金が必要になりかねない。政府と日銀の足並みが揃《そろ》わなくなる場合に備えて、政府と日銀の間で利益と損失の配分について何らかの取り決めを結んでおく必要がある」（三二六ページ）と述べています。翁邦雄（二〇一三）も右と同じようなことを述べています。

まず「日銀が金融引き締めに転ずると、政府は今よりも高い金利で債務を調達しなければならなくなる」のは当然のことで、いったい何が問題なのでしょうか。「問題だ」というなら、岩田（一政）・左三川（二〇一八）は「日銀は、政府がQEやYCCのもとで成立する超低金利で、永久に、資金調達できるようにすべきだ」といっている、と理解するしかありません。

日銀が物価安定目標を達成し、それを維持できると思った場合、金利を引き上げることを予想して財政を運営する責任は、政府にあり、日銀にはありません。日銀が物価安定目標を達成し、それが持続的になると考えてもなお、政府の利払い費が増加しないようにと配慮して、金融引き締めに転じなければ、インフレ率は二％を上回って上昇し続け、それこそ、物価安定の責務に反する無責任な行動になります。

そもそも「出口」で「日銀国庫納付金」（以下では、日銀納付金といいます）が減少することに、どんな問題があるのでしょうか。岩田（一政）・左三川（二〇一八）はその根拠を自らの理論で説明するという責務を果たすことなく、その代わりに「岩田（一政）・日本経済研究センター（二〇一四）は、キング前BOE（引用者注：イギリスの中央銀行であるイングランド銀行）総裁が『（損失補填について）中央銀行には、納税者のお金を使用する権利は与えられていない』と述べた点に言及している。中央銀行のシニョレッジ、あるいは日銀納付金の真の受益者は、日銀でも政府でもなく、国民であるという点を私たちは改めて認識する必要があるだろう」（三二六〜三二七ページ）と述べています。

そこで、あらためて日銀の目的と理念とは何かを、日銀法に当たって確認しておきましょう。日銀法には、次のように書かれています。

第一条　日本銀行は、我が国の中央銀行として、銀行券を発行するとともに、通貨及び金融の調節を行うことを目的とする。

2　日本銀行は、前項に規定するもののほか、銀行その他の金融機関の間で行われる資金決済の円滑の確保を図り、もって信用秩序の維持に資することを目的とする。

（通貨及び金融の調節の理念）

第二条　日本銀行は、通貨及び金融の調節を行うに当たっては、物価の安定を図ることを通じて国民経済の健全な発展に資することをもって、その理念とする。

一三年一月二十二日の「政府・日本銀行の共同声明」では、「日本銀行は、物価安定の目標を消費者物価の前年比上昇率で二%とする」と物価安定目標が具体的な数値で示されました。

じつは日銀法では、日銀の目的は第一条の2で「信用秩序の維持」になっており、世界の中央銀行の目的である物価の安定は、第二条で「理念」となっています。「理念」の意味は、国語辞書に当たってみると「1 ある物事についての、こうあるべきだという根本の考え。2 哲学で、純粋に理性によって立てられる超経験的な最高の理想的概念」（大辞泉より）となっています。

このように、「理念」は「目的」よりも抽象的で、必ず達成すべき責務とは異なります。この点で、九七年改正の現行の「日銀法」は大きな問題を抱えていますが、右で紹介した「政府・日本銀行の共同声明」で、物価安定は「理念」ではなく、具体的な数値で示される「目的」になったと解釈できます。

以上が「日銀法」と「政府・日本銀行の共同声明」（一三年一月二十二日）が定める日銀の目的であり、「日銀納付金」の額は日銀の目的には入っていません。それは当たり前で、日銀が「物価の安定」と「信用秩序の維持」という目的を達成しようとすれば、国庫納付金は変動せざるを得ないからです。仮に、日銀納付金のあるべき金額（あるいは金額の範囲）を目的として、日銀が行動したとしたら、「物価の安定」も「信用秩序の維持」も達成できないでしょう。

国民の福祉にとって、日銀が国庫に納める「納付金」額を最大化する（あるいはできるだけ多くして、ゼロになることは絶対に避ける）政策を取るほうがよいのか、それとも、日銀法第二条に定められているように「物価の安定を図ることを通じて国民経済の健全な発展に資する」

政策を取るほうがよいのか、という問題です。読者も当然、日銀が取るべき政策は後者だ、とお考えになるでしょう。

日銀納付金を最大化してデフレで雇用を台無しにした過去の日銀

岩田（一政）・左三川（二〇一八）は、右で引用したように「日銀納付金の真の受益者は、日銀でも政府でもなく、国民である」と述べています。そうすると両氏は、日銀が政府に納付金を納めることができなくなることで国民の利益が減少すると考えている、としか思えません。

もしそうであれば、**図表4‐2**に示されているように、九一年度から〇二年度にかけての日銀は、日銀納付金を大きく増やすことによって、国民に大きな利益をもたらした立派な中央銀行だったことになります。

しかし第一章から第三章にかけて説明したように、この期間は、日銀の政策金利の引き下げが「小さすぎ、遅すぎ」たため、日本はディス・インフレからデフレになる一方で、失業率が上昇の一途をたどった期間であり、日銀が致命的な政策選択の誤りを犯した期間です。この期間の日銀納付金が多額に上ったのは、まさに日銀が誘導した政策金利がデフレ阻止にとっては高すぎたため、当時の日銀が保有していた短期国債の金利が高かったからです。つまりこの期間の日銀は、大量の失業者、多くの企業倒産、新卒の就職難といった、第二章で挙げたさまざ

図表4-2　日銀納付金とコールレート及びインフレ率の推移

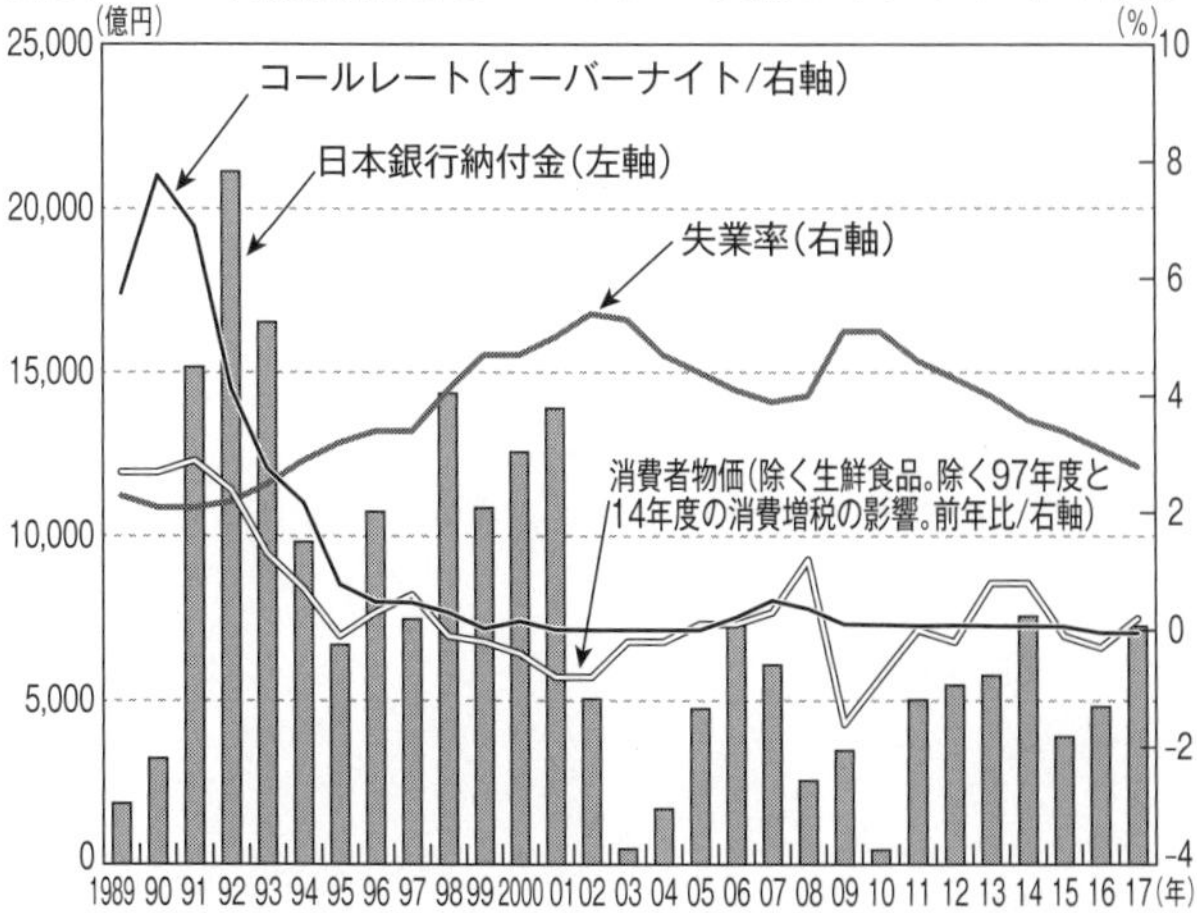

出所：財務省「毎年度の決算」、日本銀行HP、総務省「消費者物価指数」「労働力調査」

まな犠牲を民間部門に強いながら、多額の日銀納付金を政府に献上し続けたのです。

日銀納付金は〇三年に大きく減少しますが、岩田一政氏が日銀副総裁に就任した〇四年度から増加に転じ、同氏が副総裁を辞任した〇七年度終わりまでの累積日銀納付金額は二兆四二〇億円に達しました。日銀の金融政策の成績を日銀納付金の多寡で判断すれば、経常損益はプラスを維持しており、合格点を与えてよさそうです。

消費者物価前年比も年度平均でみれば、〇五年度から〇七年度までは、〇・一%〜〇・三%のあいだで推移しています。しかし、このプラスは主として原油価格の上昇によるエネルギー価格の上昇のおかげです。生鮮食品とエネルギーを除くと、〇三年四月から〇七年三月（岩田一政副総裁時代）まで、前年同月比がプラスになった月はなく、〇％になった月が二カ月あるだけで、それ以外の月はすべてマイナスのデフレでした。失業率も四％台で成績は芳しくありません。

以上から、岩田一政副総裁時代の日銀は、累積日銀納付金額に関してはいちおう合格点を取ったといえますが、日銀の目的である「物価の安定を図ることを通じて国民経済の健全な発展に資する」という本来の基準からは、合格点からかなり遠いところにあったといわざるをえません。

ちなみに、私が副総裁を務めた五年間の累積日銀納付金額は二兆九三一九億円で、岩田一政氏時代よりも四四％増えています。しかし、私はそのことを誇りに思っていません。おそらく、岩田一政氏からは、「出口」で経常損失が発生する原因を作った張本人として弾劾を受けそうです。

日銀の債務超過も何ら問題ではない

一九年三月十日現在、日銀の自己資本（含む引当金）は八兆四二四六億円ですから、吉松（二〇一八）のいずれのケースでも、日銀は一時的に債務超過になります。そこで「日銀が債務超過になったら大変だ」という話になります。

たしかに、日銀以外の企業が債務超過に陥り、長期的にもその解消が見込めなければ、倒産するしかありません。したがって、日銀以外の企業にとっては「債務超過は大変な問題」です。

それでは、日銀が債務超過に陥った場合はどうでしょうか。民間企業と同様に「大変な問題」でしょうか。

岩田（一政）・左三川・日本経済研究センター編（二〇一六）は、「中央銀行が大きな損失を被った場合の影響は、議論が分かれるところである。たとえば、中央銀行が一時的に債務超過に陥ったとしても、デフレを克服するなど政策効果があれば問題ないという見方もある。実際、チリやインドネシアのように一時的に債務超過に陥っても、大きな影響を与えることなく運営できた中央銀行も存在する。

しかし、一般論としては、中央銀行が債務超過に陥ると、中央銀行の信認低下による通貨価値の下落や高率のインフレ、決済システムの機能低下などの問題が発生すると指摘されている（植田〈二〇〇三〉）。実際、中央銀行が物価安定の目標を追求することが困難になり、高インフレが発生した国も多数あるという」（同書、一九六ページ〜一九七ページ）と述べています。

右の引用文にある「植田（二〇〇三）」とは、「自己資本と中央銀行」という題名の、二〇〇三年度日本金融学会秋季大会（二〇〇三年十月二十五日）における植田審議委員記念講演要旨であり、日銀のホームページ（二〇〇三年十月二十八日）に掲載されています。岩田（一政）・左三川・日本経済研究センター編著（二〇一六）や岩田（一政）・左三川（二〇一八）の「中央銀行の損失や債務超過は問題である」という主張が依拠しているのは、植田（二〇〇三）の議論です。

そこで、読者にとってはやや面倒かもしれませんが、日本銀行（一般的にいえば中央銀行）の債務超過とは何かをバランスシート（以下、BSといいます）を用いて考えてみましょう。問題の本質をわかりやすくするために、ここでは経済主体を、政府、中央銀行および国債の大部分を購入している金融機関からなる経済を考えます。その際、読者が理解しやすいように、以下の単純化の前提を設定します。

前提①：政府は国債を発行して財政支出の資金を調達する（税金で調達するケースを考えても、以下の議論の本質は変わりません）。前提②：日銀は国債買いオペにより金融機関にマネタリーベース（銀行券と日銀当座預金）を供給する。前提③：金融機関は非金融部門から預金を調達して、国債で運用して利益を上げる（貸出等の運用を考慮しても、以下の議論の本質は変わりません）。ただし以下では、金融機関のBSは明示的に扱いません。前提④：日本銀行の自己資本はすべて政府が所有している（民間が一部保有している場合も、議論の本質は変わりません）。

図表4-3は、日銀が赤字が続いたために債務超過になるケースの、政府と日銀のBSを示

図表4-3　日本銀行が債務超過になるケース

A 政府BS

資産	負債・自己資本
政府資産	日銀保有国債 民間保有国債

B 日銀BS

資産	負債・自己資本
日銀保有国債 日銀債務超過	銀行券 日銀当座預金

C 政府と日銀の統合政府BS

資産	負債
政府資産 日銀債務超過	銀行券 日銀当座預金 民間保有国債

D 民間金融機関のバランスシート

資産	負債・株主資本
銀行券 日銀当座預金 民間保有国債	預金 株主資本

しています。

ここで、政府のBSと日銀のBSを統合して、政府と日銀から構成される統合政府のBSを作ってみましょう。このとき、政府の債務である日銀保有国債と日銀の資産である日銀保有国債とが完全に相殺されるため、両者ともに、統合政府のBSには現れません。

図表4-3-Cからわかるように、統合政府の政府資産は、負債である銀行券と日銀当座預金（両者の合計がマネタリーベースです）および民間保有の国債の合計よりも小さくなっています。この小さい金額が日銀の債務超過に相当します。

ただし銀行券は無利子・無償還の負債ですから、統合政府は金利を払ったり、返済したりする必要はありません。したがって負債に計上されていますが、民間部門の負債とは異なることに注意してください。

一方、日銀当座預金は通常は無利子で、金融機関が銀行券の保有を増やそうとするときには、日銀は、日銀当座預金を減らす記帳をする一方で、銀行が受け取りに来た日銀券を渡すだけで、何らのコストもかかりません。その意味で、日銀当座預金も日銀券と同じく、無利子・無償還の負債です。

このように、無利子・無償還の負債で資金調達して、有利子の国債などを購入できるという点が、中央銀行が民間部門と異なる点です。

しかし、〇八年以降、日銀当座預金のうち、準備預金（この金額は日銀が決めます）を超える超過準備に、日銀が〇・一％の金利を払うようになりました。これを超過準備に対する付利といいます。さらに、一六年一月に「マイナス金利付き量的・質的金融緩和」が導入されたことにより、「超過準備」部分を含め、日銀当座預金は三階層に分割され、それぞれの階層ごとにプラス金利、ゼロ金利、マイナス金利が適用されることになり、大変複雑になりました。

こうした制度の下で、日銀は、三種類の日銀当座預金を受け入れていますが、日銀が日銀当座預金全体に支払っている加重平均金利は〇・一％未満になります。したがって、現在（一九年三月）は、日銀当座預金は無利子の負債ではなくなりました。

図表4-3-Cは、岩田（一政）・左三川・日経センター（二〇一六）の「万一、中央銀行が債務超過に陥り、政府がこれを補塡しないと、統合政府の負債は資産を上回る」（同書二二一ページ）という状況に対応します。

しかし、政府は日銀当座預金に対する〇・一%未満の金利と民間保有国債の金利を支払えばよく、統合政府は日銀の債務超過に対して返済の義務を負っているわけではありません。つまり、日銀の債務超過は何ら問題ではないのです。

しかし、岩田（一政）・左三川・日経センター（二〇一六）は「統合政府の負債は資産を上回ることになるため、取引相手である民間部門の資産は毀損される」（二一一ページ）と述べています。

しかし、なぜ民間部門の資産が毀損されるかの理由は示されていません。岩田（一政）・左三川・日経センター（二〇一六）が、なぜ民間部門の資産が毀損されると考えるかの理由については、同書のなかに次のようなヒントがあります。

「中央銀行が一時的に債務超過に陥っても、政府の損失補填があれば金融・経済に与える影響は限定的であるとの議論もある。政府の損失補填条項、とりわけ中央銀行が債務超過に陥った場合に政府はその埋め合わせをするという取り決めがあれば、資産の裏付けのないマネタリーベースが供給されることはなくなる」（同書一九七ページ）。

つまり、岩田（一政）・左三川・日経センター（二〇一六）は、マネタリーベースには資産の裏付けが必要である、と考えているわけです。

しかしその考え方は、金本位制度のように兌換《だかん》紙幣制度を採用している場合には成り立ちますが、現在の不換紙幣の時代には成り立ちません。金本位制の場合には、中央銀行は請求があれば、紙幣（中央銀行券）と一定の交換比率で金または金と容易に交換可能な外貨との交換に応じる義務があります。したがって、紙幣発行は中央銀行の金保有額と外貨準備保有額の合計額を上限とするという制約を受けます。つまり兌換紙幣制度の下では、マネタリーベースの供給にはそれと交換可能な資産の裏付けが必要です。

しかし、不換紙幣である現在は、中央銀行は紙幣を何らかの資産と交換する義務を負っていません。この制度の下では、人びとが紙幣（日本では、日銀券）や中央銀行当座預金（日本では、日銀当座預金）というマネタリーベースを保有するのは、供給されたマネタリーベースに資産の裏付けがあるからではなく、他の人もまたマネタリーベースを決済手段として用いることに同意している、という暗黙の了解が存在するからです。

マネタリーベースの決済手段としての価値は、中央銀行が債務超過に陥るかどうかにかかわらず、インフレ率と逆方向に変動します。すなわち、マネタリーベースの財・サービスとの交換価値はインフレになれば減少し、デフレになれば増加します。現在は、比較的多数の先進国の中央銀行や政府が、二〜三％程度のインフレが雇用の安定などにとって望ましいインフレ率である、と考えています。つまり、マネタリーベースの交換価値が毎年二〜三％程度で減少する（岩田〈一政〉・左三川・日経センター、二〇一六）の表現を借りれば、民間が保有するマネタリ

図表4-4　政府が日銀に資本注入して日銀の債務超過を消し、日銀に自己資本を持たせるケース

A 政府BS

資産	負債・自己資本
政府資産 日銀自己資本	日銀保有国債 民間保有国債 日銀自己資本 見合いの日銀保有国債

B 日銀BS

資産	負債・自己資本
日銀保有国債 日銀自己資本見合いの日銀保有国債	銀行券 日銀当座預金 自己資本

C 政府と日銀の統合政府BS

資産	負債
政府資産	銀行券 日銀当座預金 民間保有国債

D 民間金融機関のバランスシート

資産	負債・株主資本
銀行券 日銀当座預金 民間保有国債	預金 株主資本

ーベースという資産が毎年二～三％程度で毀損する）ほうが、デフレのために増加したり、一定であったりするよりも経済の安定に資するという考えが主流です。

次に、植田（二〇〇三）が言及している、日銀が債務超過になったときに、政府が国債を発行して日銀の債務超過を埋め合わせる場合（日銀の債務超過に等しい国債を日銀の資産として計上する）のBSがどうなるかを示しておきましょう。**図表4-4-A**から**図表4-4-C**がそれです。

図表4-4-Cの統合政府のBSは、日銀の債務超過が消えて、民間が保有するマネタリーベースと国債はすべて政府資産の裏付けがあります。これが、岩田・左三川・日経センター（二〇一六）が考える健全な統合政府と日銀のBSの姿です。

しかし、植田（二〇〇三）が指摘しているように、キャッシュフローで見れば**図表4-3-C**と**図表4-4-**

Cは同じです。すでに**図表4-3-C**について述べましたが、政府が日銀の債務超過を放置する場合、統合政府は日銀当座預金に〇・一%未満の金利と民間保有の国債に対して金利を支払います。

次に、政府が日銀の債務超過を穴埋めする場合（**図表4-4**のケース）について、政府の支払いがどうなるかを説明しましょう。初めに、話をわかりやすくするために、政府が日銀の自己資本を増やすために日銀に渡す国債を無利子（有利子でも結果は同じであることを、この説明の後で示します）の国債としましょう。そうすると、統合政府が支払う利子は、日銀当座預金に対する〇・一%未満の利子と民間保有の国債に対する利子で、日銀当座預金と民間保有の国債額は**図表4-3-C**と同じですから、統合政府が支払う利子総額も同じです。

図表4-4-Cのケースで、政府は日銀が自己資本をもつために保有する国債を利付き国債とし、利子を支払うケースも考えられます。しかし、その場合は、日銀は政府から支払いを受けた利子を日銀納付金として政府に戻しますから、政府は何らのコストをかけずに、日銀の自己資本を増やすことができるのです。

結局、政府が日銀の債務超過を穴埋めしようがしまいが、統合政府の利払いは同じになります。

私は右でBSまで持ち出して縷々《るる》、述べましたが、吉松（二〇一七）はBSという難しそうな概念を用いずに簡単に説明したのち、「中央銀行の自己資本は、政府がその気になればゼロ・コストでいくらでも大きくすることができる。この事実は、中央銀行の自己資本が、そもそも中央銀行の信用を測る尺度として意味を持たないことを示している。市場参加者が合理的であれば、日銀の債務超過を問題にすることはないだろう。それでも心配ならば損失補償を取り決めればよいが、これが政府にとって予算制約のないゼロ・コストの取り引きであるという事実が、中央銀行の自己資本も、政府による中央銀行への損失補償も、本質的には経済的に無意味であることを示している」（二〇五ページ）と、明快に述べています。

吉松（二〇一七）が述べているように、不換紙幣を発行する現代の中央銀行は本来自己資本を保有せずに済むという意味で、民間銀行や民間企業とはその性格がまったく異なる機関なのです。

したがって、岩田（一政）・左三川（二〇一八）の「最悪の場合には、損失の穴埋めに公的資金（したがって、コストがかかる――引用者注）が必要になりかねない」（三二六ページ）という考えは、誤解です。

世界には自己資本をもたない債務超過の中央銀行が存在する

実際に、世界には、債務超過だったり、ほんのわずかな自己資本しかもっていない中央銀行が存在しています（植田〈二〇〇三〉の図表1に、世界の中央銀行の自己資本の総資産比が示されています）。先進国では、カナダ、オーストラリア、スイスの中央銀行の自己資本の総資産比はそれぞれ〇・〇三％、〇・一％、〇・四％です。

長期にわたって債務超過になった中銀の例としては、イスラエルとチェコが挙げられます。イスラエルの中銀の自己資本の総資産比は、二〇〇〇年以降、一九年もの間、マイナス七％～マイナス一六％（債務超過）の間で推移しています。しかし、この期間のインフレ率は平均一・六％で、日本よりもはるかによい成績です。チェコの場合は〇二年以降、一八年まで、一四年～一六年の三年間を除いてマイナスで、なかでも、〇六年から一〇年の五年間はマイナス一六％～マイナス二三％で推移していました。しかしこの期間、平均インフレ率は二％で優等生そのものです。両国とも、政治的に中銀の独立性が問題になったことはなく、両国のエコノミストや政治家などの知的レベルの高さを示しています。

債務超過になると高率のインフレを止められないか

中央銀行の自己資本や債務超過あるいは赤字の問題を精力的に議論しているP. Stella（一九九七、二〇〇二および二〇〇八）は、「政府は中央銀行の債務超過を穴埋めすべきである」と説いています。このように、政府は中央銀行の債務超過を穴埋めすべきであるという考えは、金本位制度のもとでの紙幣の兌換制度時代の考えに囚《とら》われた神話というべき代物です。

「政府は中央銀行の債務超過を穴埋めすべきである」と考える理由は何でしょうか。Stella（一九九七）は「中央銀行の損失は金融政策を阻害するケース」があることに言及しています。「損失をファイナンスするために貨幣を創造する中央銀行の能力は国内の物価安定の目標と衝突することは明白である。たとえば、一九九八／八九から一九九一／一九九二年の財政年度にかけて、ジャマイカ中央銀行の年間損失の平均はその年の初めの準備預金の五三％にも達した。これは明らかにインフレをコントロールすることを困難にした」（一〇ページ）と述べています。

このジャマイカ中央銀行に関して、植田（二〇〇三）は、ジャマイカ中央銀行が債務超過に陥ったため「政府は国債の贈与による穴埋めを実行したが、無利子国債であったため期間収益の改善につながらず、同行は債務超過に転じた。この間、インフレが高進し、同行は自行CDの大量発行により流動性の吸収に努めたが、金利の上昇下での債務発行は期間収益をさらに苦しくし、インフレを止めるだけの強力な引き締めを実行することができなかった」（三ページ）と述べています。

図表4-5に示されているように、ジャマイカのインフレ率は九二年には七七％に達しました。しかし、インフレ率が高進した根本的な原因は、中央銀行や統合政府のBSを見ればわかりますが、マネタリーベースが財・サービスの供給能力を大きく上回って増加したからです。

図表4-5　ジャマイカの高インフレ率とのその早い収束

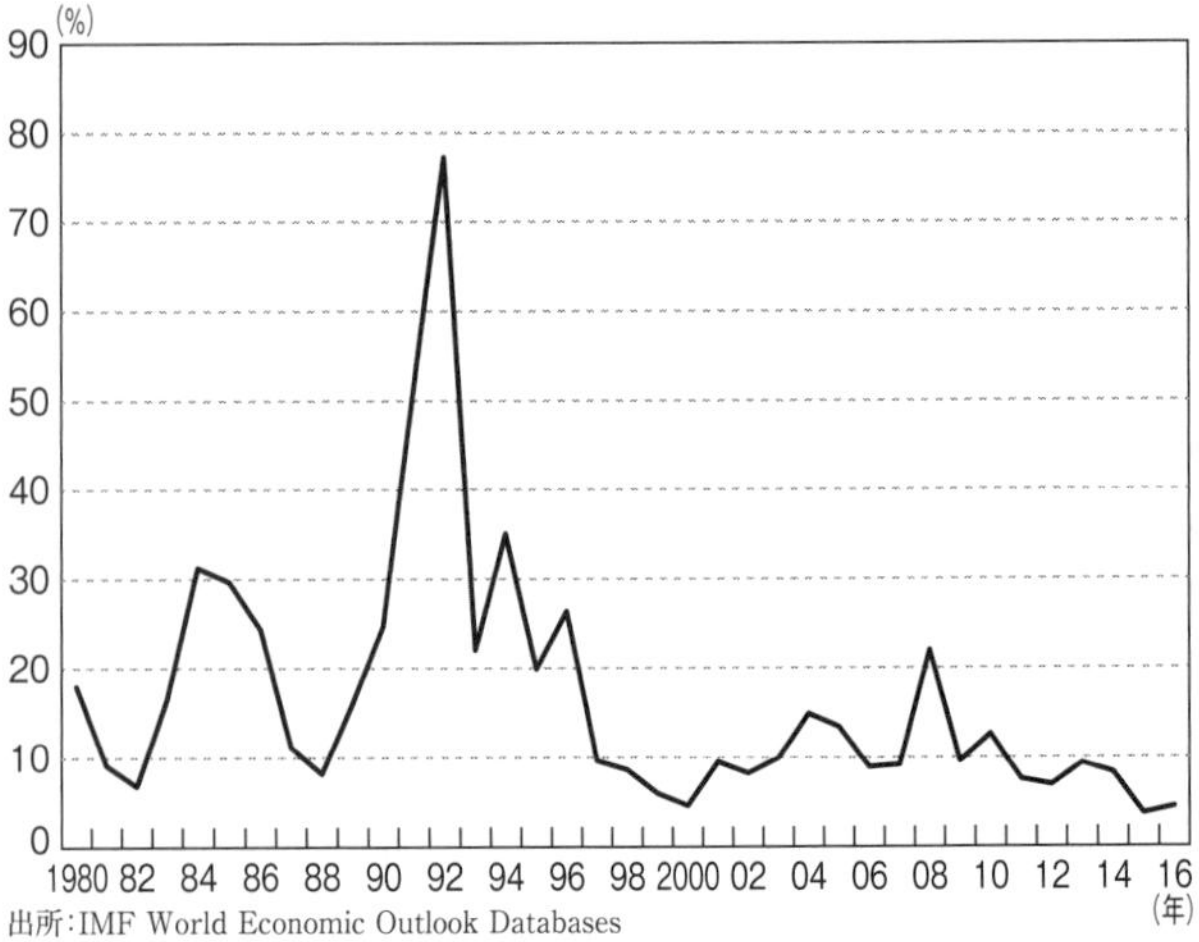

出所：IMF World Economic Outlook Databases

したがって、インフレを鎮静化するためには、ジャマイカ中央銀行は期間収益が減少するのを恐れることなく、自行CDの発行を続けてマネタリーベースを吸収し続ければよいのです。

実際に、ジャマイカのインフレ率は九二年の七七％をピークに九三年から低下に転じ、九七年には九・七％まで低下し、以後も低下を続け、インフレ問題は解決したのです。

日銀の経常損失や債務超過は経済問題ではなく政治問題

私は以前、日銀の人に「中央銀行に自己資本が必要だと考えるのは、『鰯《いわし》の頭も信心から』のたぐいの話ではないか」と話したことがあります。その人は意外にも、「そうですね」と答えましたが、「経済学的にはそうであっても、政治的には簡単ではないのです」と、政治の問題を詳しく述べられました。

　この政治問題としての「中央銀行の自己資本」について、植田（二〇〇三）は、「日本銀行の債務返済能力を損なうような事態が発生した場合に、政府がこれを補填して日本銀行を支える保証について、何らかの疑念があると信ずる理由はないと考える」（Meltzer、一九九九）というメルツァーの考えを「中央銀行と政府の関係、政府の予算策定プロセス等に関するかなりナイーブな理解に基づいたものと言わざるを得ない。そもそも中央銀行の債務超過を埋め合わせることが仮に物価安定のための金融政策に資するものだとして、政府サイドはそれを素直に実行するのだろうか。そうだとすればそもそも中央銀行の政府からの独立性というテーマ自体が存在していなかったはずである。政府サイドが好ましいと思うインフレ率が必ずしも国民にとって望ましいものではないリスクに鑑みて中央銀行の独立性というテーマが存在するのである」（四ページ）と述べています。

　これは結局、中央銀行の自己資本の問題は経済的問題ではなく、中央銀行の政府からの独立性という政治的問題だといっている、と解釈できます。中央銀行の債務超過や期間収益赤字は、経済的・理論的にはまったく問題ありません。問題があるとすれば、現代の不換紙幣制度を取っている中央銀行の債務超過の意味を理解していない政治家たちが「日銀納付金が減ったのはけしからん。金融政策の失敗のせいだ」などと騒ぎ始め、揚げ句には「期間収益が赤字の銀行や債務超過の銀行の行員の給与は減らすのが当然だ」といった、中央銀行と民間銀行とを区別できない議論が世論になってしまう可能性がある、ということのようです。

日銀の使命は利益最大化でも日銀納付金の最大化でもなく、物価の安定と信用秩序の維持です。一方、民間金融機関の目的は利益最大化や一定の利益を確保しつつ、賃金を最大化することなどです。こうした区別のできない人たちは、最後には「そもそも日銀が政府から独立していることが問題だ」といった議論を展開する可能性があります。

しかし、こうしたとんでもない議論が政治家やメディアに対して影響力を発揮するのは、金融理論の専門家と見なされている人たちが「日銀が債務超過に陥ったらインフレを止められない」とか「円の対外為替相場が暴落する」などと主張するからではないでしょうか。

オルファニデスの一三年四月以降の日銀の金融政策の評価

右で引用した植田（二〇〇三）が言及している政治問題について、日銀が一八年に開催した国際カンファレンスで、A. Orphanides（二〇一八）が次のような興味深い点を指摘しています。

「日銀では、二一世紀になる頃、ゼロ金利制約に対応して、国債の大量購入といった何らかの非伝統的な金融政策手段を検討する必要性が高まり、会計処理を巡る論点が浮上した。非伝統的な政策は、中銀により多くの会計上のリスクを自身のバランスシートに抱え込むことを求める。しかし、限られた自己資本しか有しない独立した中銀は、このリスクにどう対処するべきなのだろうか。一つの難しい問題は、中銀にとって、利益と損失の処理が非対称になっていることである。長期国債の大量購入に踏み切った中銀は、当初、通常よりもかなり大きな利益を得るかもしれないが、その利益は、財政当局に移転されると想定されている。しかしながら、経済の浮揚に成功すれば、当該中銀のバランスシートに抱える国債の価格は下落圧力を受けることになる。中央銀行は、適切な景気浮揚策を講じると、将来、大規模な損失に直面するかもしれない。この種の損失はいかに処理されるべきであろうか。このような心配への対処法は、理論的には、政府と中銀のバランスシートを統合して考え、非伝統的な金融政策から生じる潜在的な緊張状態を内部化することである。しかしながら、独立したばかりであった日銀の場合、新日銀法に特段の指針もない中、そのようなバランスシート統合に関する議論を始めること自体が、中銀独立性を潜在的に毀損すると考えられたのかもしれない。さらに、新日銀法が施行された時点では、日銀がバランスシートに大規模なリスクを追加的に抱えることの正当性は不明確であった。

Orphanides（二〇一八）は右のように述べたうえで、「植田（二〇〇三）が、日銀がバランスシートを拡大することとの正当性をもっているかどうかを懸念し、財務省とのあいだで考え方を共有したほうがよい」と考えたのは、九七年に成立した新日銀法が「日銀が目標とすべき物価の安定を数値で明確にせず、物価安定の解釈を日銀の裁量に任せてしまったためである」という主旨のことを述べています。それに対して、一三年一月二十二日以降は「政府と日本銀行の共同声明」によって、二％のインフレ率の達成を日銀の政策目標として定めており、政策目標を政府から独立して決定する裁量権を日銀から奪っています。

Orphanides（二〇一八）は、一三年に採用したインフレ率二％という物価安定目標のように、明快な物価安定が定義されたことによって「日銀の主要な目標の解釈に関するあいまいさが払拭された。したがって、この目標を達成するために必要であれば、バランスシートにリスクを抱え込む政策の正当性への懸念も暗黙裡に緩和された」（六二ページ）と述べて、政府とのあいだで物価安定目標が数値で定義されたことを高く評価しています。要するに、Orphanides（二〇一八）が述べていることは「物価安定目標を明確な数値で定義した上で進められている現在の日銀の金融政策に関しては、植田（二〇〇三）が懸念したような、日銀がバランスシートの拡大に伴うリスクを取ることの正当性を心配する必要はなくなった」ということです。

第五章 財政政策のリフレ・レジームへの転換が必要だ

二〇一三年四月以降の日銀は、第三章と第四章で述べたように、Dudley（二〇一三）が述べた六つのキーポイントのうち、日銀の守備範囲である最初の五つのキーポイントに合致した金融政策（QQE、マイナス金利政策、YCC）を運営してきました。その結果、雇用は著しく改善され、大企業だけでなく、中小企業の収益率も大幅に上昇しています。

たとえば売上高経常利益率は、本書執筆時点で得られる最新のデータである一七年度は、全産業五・四％（バブル期の最高は八九年度の三％）、資本金一〇億円以上八・一％（同三・八％）、資本金一〇〇〇万円以上五〇〇〇万円未満三・七％（同二・六％）と、大企業も中小企業もその利益率はバブル期を抜いて既往最高水準を更新し続けています。

よく「アベノミクスで景気拡大は戦後最長になろうとしているが、実感はない」といわれますが、売上高経常利益率などのデータを見れば、企業に関するかぎり、中小企業も含めて景気拡大を実感しているはずです。

また、新卒の就職は売り手市場になっており、アベノミクスが始まる前に不本意な就職をせざるをえなかった人たちで、まだ若い世代には転職市場が拡大しています。彼らが就職氷河期の時代のことを知ったら「自分たちは幸運な時期に卒業できた」とか「希望する職に転職できるようになって、ラッキーだ」と思うはずです。それが大きな要因だと思われますが、十八歳〜三十歳代の第四次安倍内閣の支持率は五〇〜六〇％近く、他の世代よりもかなり大きくなっています（金子知樹・逢坂巌〈二〇一八〉参照）。

一三年三月末からの日銀は、一九年三月現在、二％の物価安定目標は達成できずにいますが、物価が下がり続けるというデフレではない状況まで、日本経済を浮揚させることに成功しました（アベノミクスの成果については、第三章参照）。

しかし一九年三月現在、二％の物価安定目標を日銀の金融超緩和政策だけで達成することは、かなり難しい局面にあります。日銀は、今後、前章で述べたフォワード・ガイダンスを示しながら、粘り強く現在のYCCを二％の物価安定目標が安定的に達成されるまで続け、大きな下振れリスクが顕現したときには、追加緩和を実施する構えです。

しかし今後、フォワード・ガイダンスを伴ったYCCを粘り強く続けていくだけでは、二％の物価安定目標の持続的達成は見通せそうにありません。また、金融システム安定化の観点からは、十年満期以下の国債金利をさらに引き下げる追加緩和の余地もきわめて限られていると思われます。

すると、物価上昇のモメンタムがなくなりそうになったときに、日銀に残された手段は、片岡日銀審議委員が提案している十年満期を超える国債の買い入れによる、さらなる量的緩和くらいしかないのでは、と懸念されます。

そこでデフレ完全脱却のためには、Dudley（二〇一三）が金融政策の第六のキーポイントとして挙げた財政政策と構造改革（一六八ページ参照）のあり方が問われますが、この章では財政政策を取り上げ、構造改革については、第六章で取り上げます。

五―一　日本がデフレから脱却するためには財政の協力が必要

バーナンキFRB議長の「減税と日銀の国債購入」の提案

一九年三月現在、デフレから完全に脱却していない状況にある日本で、財政政策はいかにあるべきかを考えるために、初めに海外の一流経済学者や中央銀行関係者が、日本のデフレ脱却政策について、どのように考えているかを紹介しておきましょう。

最も早い時期に、日本の経済停滞の原因の一つに財政政策の不適切さを指摘した海外の経済学者は、A.Posen（一九九八）だと思います。ポーゼンは右の著書で「日本の一九九〇年代の経済停滞は間違った財政緊縮政策の結果であり、日本モデルといわれているいかなる構造的問題の失敗のせいではない」と述べ、「日本経済を安定した経済成長経路に戻すためには、恒久的な減税と金融政策による安定化が必要である」という主旨のことを述べています。

B・バーナンキ・プリンストン大学教授（当時。その後〇六年～一四年までFRB議長）も、

Bernanke（一九九九、二〇〇〇、邦訳は二〇〇一）で、具体的な日本のデフレ脱却政策として財政に言及しています。バーナンキの基本的アイディアは「財政政策と金融政策の組み合わせで、貨幣発行による減税を実施する」というものです。具体的には、政府が減税を実施し、日銀が減税分に相当する国債を購入するという政策です。バーナンキは、政府はこの国債を償還されない永久国債にしなければならない、と考えています。

したがって政府はそのことを約束して、この減税は恒久的な減税であることを国民に約束する必要があります。「政府がこの約束を守る」と人びとが信じず、人びとが「政府はこの国債償還のために将来、増税するだろう」と予想すると、将来の増税に備えて減税分を貯蓄しておこうとする可能性があります。その場合には消費支出は増えず、したがって物価も上がらない可能性があります。

右のバーナンキの提案は、いわゆる「ヘリコプターから貨幣をばらまく」という政策を具体化したものといえます。そのため、ベン・バーナンキは「ヘリコプター・ベン」と呼ばれるようになりました。

量的金融緩和の基礎理論を提示したP・クルーグマン（Krugman、一九九八）も、リーマン・ショック後、ユーロ圏諸国が財政緊縮政策をとったことが、かえって政府債務危機と景気の悪化をもたらしたと考えるようになり、量的緩和だけではリーマン・ショック後の危機は乗り越えられず、積極的財政が必要だ、と主張するようになりました。

シムズ教授の消費増税延期の提案

プリンストン大学のC・シムズ教授が、一六年夏のアメリカのジャクソンホールの会議（世界から経済学者や中央銀行関係者が集まる会議）で述べた主張は、浜田宏一イェール大学経済学部名誉教授が「目から鱗《うろこ》が落ちた。私の考えは間違っていた」という主旨のコメントをしたため、日本では一躍有名になりました。それは次のようなものです。

アメリカ、ユーロ圏および日本が「低金利と中央銀行の大規模なバランスシートと低いインフレが同居している状況にあるのは、金利がゼロ制約に近づくにつれて、効果的な財政拡大が金融政策に取って代わることに失敗したからである。もちろんこれらの国の政府赤字は増加しており、政府債務のGDP比は上昇してきた。しかし政府債務の増加は、長期にわたる税や財政支出計画への影響に関わる終わりなき懸念を伴ったものだった。ユーロ圏諸国では、財政緊縮が明示的に語られ、広く流布していた。政府債務の増加は部分的にはインフレを作り出すことによって返済されるという考えは、人々の議論に上ることもなかった。日本では、最初は明らかに、財政と金融の拡大という協調への動きはあったが、インフレ目標が達成される前に、消費税のかなり大きな増税が実施された。（中略）政策担当者が将来の財政緊縮は、インフレ目標に近づき、かつそれが維持されることを条件に実施することを明確にし、人々の懸念を解消することが必要である。（中略）必要なことは、金融政策と財政政策はインフレ目標という目的について協調しながら、財政政策はインフレを引き上げることを目的にして運営されるべきであることを理解することである。日本では、この財政政策と金融政策の協調は、将来の消費増税はインフレ率が物価安定目標に達し、かつそれが維持される時に実施することを明確にすることによって、達成されるであろう」（Sims、二〇一六、一四から一五ページ）。

シムズ提案はインフレ率引き上げに成功するか

右に示したように、日本のデフレ脱却政策として、バーナンキは恒久的減税と中央銀行の国債購入の組み合わせを提案し、シムズは、消費増税はインフレ目標が持続的に達成されてから実施することを提案しています。

Sims（二〇一六）は「政府債務の一部はインフレによって返済される」と述べていますので、この点を消費増税との関係で説明しておきましょう。

シムズの提案どおり、「政府が消費増税はインフレ目標が持続的に達成されてから実施する」と宣言したとしましょう。この場合、人びとはインフレ目標が達成されたら、結局は、消費増税が実施されるのだから、それに備えて、貯蓄しておこうと考えないでしょうか。この懸念は、バーナンキが一時的減税には効果がほとんどない理由として挙げたものと、基本的に同じ理由による懸念です。

そうだとすると、シムズ提案にはインフレ引き上げ効果はなく、したがって、デフレ脱却効果もない可能性があります。しかし、一方で、シムズは政府債務の一部はインフレによって返済されるともいっていますから、やはり、インフレは起きると考えています。ここで、政府債務は全部インフレで返済されるとはいっておらず、その一部が返済されるといっている点に注意する必要があります。

消費増税による税収増を当てにして財政支出の規模を決めていた政府が、消費増税をインフレ目標の持続的達成まで延期すると決断すると、消費増税による税収増分だけ、財政支出の財源が不足します。したがって、政府はこの不足分を国債発行でまかなうしかありません。国債発行が増えることは、国債市場に供給される国債が増えることを意味しますから、供給量が増えた国債の価格は低下します。国債価格の低下は国債金利の上昇を意味します。国債金利が上昇すれば、銀行の貸出金利や社債の金利など、他の金利も上昇します。貸出金利や社債金利が上昇すれば、企業の設備投資や家計の住宅投資などが抑制され、景気に下押し圧力が掛かります。他の事情が変わらず、国債金利が上昇すれば、円高になり、円高が定着すると、輸出が減少する可能性もあり、これも景気下押し圧力になります。景気が悪化すれば、物価に対しても下押し圧力が働きますから、デフレ脱却もできません。

したがって、消費増税延期に伴って国債発行が増える場合には、日銀は増えた国債額に相当する国債を市場から買い入れることによって、金利の上昇を抑える必要があります。これが、シムズがいう「財政政策と金融政策の協調」です。

ここで問題になるのは、消費増税を延期したために発行した国債を、将来どうやって償還するかということです。Sims（二〇一六）は、この国債は全額は償還しないと考えているはずで、実際に政府はそう宣言して、消費増税を延期しなければ、インフレを引き起こすことはできないでしょう。したがって将来の消費増税額は、消費増税を延期したために発行した国債額よりも少なくなります。このことは、延期された消費増税の一部が恒久的に延期され、結局は、増税されないままに終わることを意味します。

この、恒久的に延期されて、結局はいつまでたっても増税されない分は、消費増税が完全に実施された場合に比べて、家計の所得が恒久的に増加したことになります。家計所得が一時的な増加に留まらず、恒久的に増加するならば、家計は消費を増やすと考えられます。家計消費が増加すれば、インフレ率は上昇します。インフレ率が上昇すると、国債の実質価値が低下します。これは、国債保有者にインフレという税をかけて、政府が実質債務負担を引き下げたことを意味します。そこで、これを「インフレ税」と呼びます。

Sims（二〇一六）が「政府債務の一部はインフレにより返済される」というのは、いま述べたように、インフレ税によって政府の実質債務負担が軽くなることを指しています。

結局、政府は消費増税を延期するために必要になった国債発行額よりも少ない額の国債（つまり一部の国債）を将来の消費増税によって償還する一方で、残りの国債をインフレ税によって償還することになります。

しかし、読者は、政府が「延期された消費増税の一部は、恒久的に延期され、結局は増税されないままに終わる」と宣言し、それを国民が信用するならば「政府は初めから、恒久的に延期される部分を差し引いた消費増税をインフレ目標が達成されたら実施する」といえばよいのではないか、と思われるのではないでしょうか。私もそのように思います。そうだとすれば結局、シムズの提案は、金融政策と協調したうえで、財政を使って家計の恒常所得を引き上げることによって、インフレ率を引き上げるということですから、基本的にはバーナンキの提案と同じであると、私は解釈しています。

日銀エコノミストのQQEが物価安定目標を達成するメカニズム分析

右では、「金融政策と協調したうえで、財政を使って家計の恒常所得を引き上げることによって、インフレ率を引き上げる」というバーナンキやシムズのデフレ脱却政策を説明しましたが、日銀のエコノミストがより興味深い研究を発表しています。

それは、二〇一六年に公表されたS. Kaihatsu, K. Kamada, and M. Katagiri（二〇一六）による「QQEが物価安定目標を達成できるとしたら、どういうメカニズムが働けばよいか」を研究した論文です。その骨子は次のようなものです。

まず、中央銀行が国債買い入れを通じて恒久的にマネタリーベースを増やす政策を採用すると宣言します。この恒久的マネタリーベース（図4-3-Cの負債欄の日銀券と日銀当座預金の合計）の増加は、政府にとって税収でカバーすべき実質政府債務の減少を意味します。図4-3-Cに即していえば、同図表の負債欄のマネタリーベースである日銀券と日銀当座預金（これらは、実質的には統合政府の債務ではありません）の合計が増えて、政府の債務である民間保有の国債が減少します。

その結果、民間部門では、政府は恒久的に税負担を軽減する政策（あとに述べるように、恒久的に財政支出を増やす場合も同じ結論が得られます）を採用するだろうという予想が生まれます。すなわち、人びとは「政府は将来、恒久的に減税を実施する」と予想するようになる、ということです。人びとがこのように予想すると、彼らの可処分所得は恒久的に増えるので、人びとは消費を増やそうとします。消費が増えれば、インフレ率は上昇します。

あるいは、政府は税収でカバーすべき実質政府債務が減少するため、財政支出を恒久的に増やす可能性もあります。この場合も、物やサービスに対する需要が恒久的に増えますから、インフレ率は上昇します。

しかし人びとの予想が外れて、いつまでも減税も財政支出増も実施されなければ、物やサービスに対する需要は増加せず、したがって、インフレ率も上昇しません。

この研究では、政府は政府の実質政府資産の現在価値が実質政府債務に等しくなるように行動すると仮定しています。このように財政を運営することを「リカーディアン的に財政を運営する」といいます。

それに対して、右に述べたSims（二〇一六）の政府は、消費増税を延期するために発行した国債の一部しか償還しないため、政府の実質資産の現在価値は実質政府債務よりも小さくなり、政府のバランスシートは実質債務超過になります。このように財政を運営することを「非リカーディアン的に財政を運営する」といいます。Sims（二〇一六）の理論では、この政府の実質債務超過は、インフレ税によって帳消しになります。

さて、Kaihatsuほか（二〇一六）が前提としているように、政府がリカーディアン的に財政を運営すれば、恒久的マネタリーベースの増加によって、税収でカバーすべき実質政府債務が減少し、政府は必ず減税か財政支出増か、あるいは両方を実施します。したがって財・サービスへの需要が増加し、インフレ率は上昇します。

ここまでの議論は、Bernanke（一九九九）の「財政政策と金融政策の組み合わせで、貨幣発行による減税を実施する」ことによって、インフレ率を引き上げる政策と基本的に同じです。

しかし、Kaihatsuほか（二〇一六）の研究によると、中央銀行は実際にはマネタリーベースを恒久的に増やす必要はない、という点でBernanke（一九九九）とは異なっています。政府と中央銀行は「デフレになったら、マネタリーベースを恒久的に増やすとともに、税収でカバーすべき実質政府債務の減少に見合っただけ減税する（あるいは、財政支出を増やす）と事前に約束しておけば、デフレに陥ることはない」というのがこの研究のポイントです。

これは、人びとが「デフレに陥っているかぎりは、中央銀行は国債購入によってマネタリーベースを増やし続ける一方で、政府は減税する（または財政支出を増やす）」という「政府と中央銀行の共同声明」を信じさえすれば、インフレ率を中央銀行の物価安定目標まで引き上げ、そこで安定化させることができるということです。

言い換えると、いま述べた「政府と中央銀行の共同声明」で述べられている約束を政府と中央銀行が守る、と人びとが信じれば、そもそもデフレ予想が生まれることはなく、したがって経済がデフレ均衡のワナにはまることもない、ということです。

私はこのアイディアをたいへん高く評価しており、Bernanke（一九九九）やSims（二〇一六）よりも優れたデフレ脱却政策だと思います。

私はこの研究の概要を鎌田、開発両氏から一五年三月に聞きましたが、一三年中に聞くことができれば、一四年度消費増税延期の理論武装ができたのに、と残念に思っています。

五―二　米中央銀行はリーマン・ショック後の財政政策をどう評価していたか

バーナンキFRB議長の財政政策に対する不満

ここでは一九年三月現在、デフレから完全に脱却していない状況にある日本で、財政政策はいかにあるべきかを考えるために、リーマン・ショック後のFRB、とくに当時FRB議長だったバーナンキが、アメリカやユーロ圏諸国の財政政策をどのように見ていたかを紹介しておきましょう。

四―一で引用したダッドレイ・ニューヨーク連銀総裁の講演当時（二〇一三年三月末）、アメリカは「財政の崖」と呼ばれる問題を抱えていました。それは次のような問題です。

アメリカでは、二〇〇〇年代初めのITバブル崩壊による景気の悪化を防止するために、当時のジョージ・W・ブッシュ大統領は史上最大規模の超大型減税を実施しました。この減税は二〇一〇年末に期限を迎えることになっていましたが、バラク・オバマ大統領はリーマン・ショック後の景気後退に直面して、ブッシュ減税を二〇一二年一二月三十一日まで延長する法案に署名しました。

しかしアメリカ政府の財政赤字が拡大して、二〇一一年五月には米連邦債務が法定上限額に達したため、米財務省は国債の償還不能を避けるため、特別措置を実施しました。この特別措置の期限日は二〇一一年八月二日でしたが、連邦議会は二〇一一年七月三十一日に、ようやく歳出削減を含んだ債務上限引き上げ案に合意しました。この合意では以後、具体的な歳出削減案の合意に至らなかった場合は、ブッシュ減税の延長措置が切れる一三年一月一日から九年間かけて、政府のすべての分野の歳出を合計一・二兆ドル分強制的に削減することになりました。

Bernanke（二〇一五）は、この債務上限引き上げ案の合意に対して「危機が回避されたことには安心したが、連邦議会が強制しようとしているように見える緊縮財政に、この脆弱《ぜいじゃく》な景気回復が耐えられるのだろうかと私は憂慮していた」（三一〇ページ）と述べています。

仮に、右に述べた歳出削減が実施されれば、ブッシュ減税の終了と強制的な歳出削減とが重なって、アメリカの景気は崖から転げ落ちるように悪化すると懸念されました。そこで、この懸念は「財政の崖」と呼ばれました。

連邦議会と政府はもめにもめましたが、最後の最後になんとか最悪の事態の一部を避けることができました。オバマ大統領は一三年一月二日に予算執行停止を三月一日まで延期し、高額所得者以外にはブッシュ減税を延長する法律に署名しました。一方、米国人が過去二年間享受してきた社会保障給与税の一時的な減税（二%幅）は失効することになりました。

他方、歳出の強制的削減は一三年二月二十八日まで凍結することになりましたが、強制歳出削減凍結の期限日になっても、民主・共和両党は具体的な歳出削減案について合意できませんでした。そのため、一三年三月一日にオバマ大統領は強制歳出削減措置に署名したのです。

この点について、Bernanke（二〇一五）は「最悪の事態は避けられたが、諸々の予算の瀬戸際政策がもたらしたのは、実質的には財政の逆風の大幅な強化だけだった。実際に行われることになった増税や政府の支出削減は需要を大幅に抑制することになりそうだったし、膠着《こうちゃく》状態の間に生まれた不確実要素は（瀬戸際政策がさらに続くという見通しとともども）、企業や消費者の信頼を圧迫する重しとなっていった。無党派の議会予算局は後に、二〇一三年の財政措置は二〇一三年の――削る余裕などないはずの――経済成長を一・五%削ることになるという見積もりを出すことになった」（三四四ページ）と不満を述べています。

こうした状況の下で、四―一で紹介したDudley（二〇一三）は財政政策について、FRBを代表して次のように述べています。

「財政政策が適切であることは決定的に重要です。これは次のことを意味します。すなわち、短期的には、経済環境の現状に合わせて適切に設計された経済刺激策が必要です。一方、長期的な予算の経路は財政の持続可能性と整合的で信頼できるものである必要があります」。ダッドレイ・ニューヨーク連銀総裁はこのように財政の基本的あり方に触れたうえで、歳出削減がすでに決定していた一三年三月末時点で「今後数カ月間は、アメリカ経済が現在のかなり大きな財政緊縮をどのように切り抜けることができるかどうかが、資産購入による追加緩和のペースを落とすべきかどうかを判断するうえで、重要になるでしょう」（Dudley、二〇一三）と述べています。

バーナンキFRB議長の財政の逆風に対する不満

バーナンキ議長はリーマン・ショック後の〇九年の財政政策も金融政策に対する逆風であるとして、次のように述べています。

「財政政策も――州レベルでも、地方レベルでも、連邦レベルでも――間違った方向に向かっていた。二〇〇九年二月にオバマ大統領の景気刺激策が成立した後、連邦議会はヨーロッパの動向を受けて緊縮財政モードにシフトした。一方、健全財政の要件を満たすためには、州政府も地方政府も税収が下がれば人員や建設費を削減せざるを得なくなる。この逆風はそよ風ではなかった。政府の雇用は経済が回復すると上がるのが普通だが、今回公共部門の雇用は（国勢調査員を除いて）上昇に転ずるまでにピークの時から七五万人以上も減ることになった（中略）。財政が逆風になっているのと公言するのは実に大変なことだった。政府の支出や税収はＦＲＢの管轄外なのだ。一方、景気回復や雇用創出を妨げ、私たちの実務の能力に挑戦状を突きつけているのも財政政策なのだ」（Bernanke、二〇一五、三〇一ページ）。

右のようなバーナンキ議長の「財政政策が金融政策の効果を低下させる逆風になっている」という不満には、暗黙のうちに「財政政策の逆風がなければ、量的緩和の効果はもっと大きかったはずで、量的緩和を始めてから四年たっても、失業率が八％台半ばまでしか低下しなかったのは、財政の逆風が吹き続けているからだ」という思いが込められていると思われます。

リーマン・ショック後の米財政政策は緊縮的だったのか

それでは、リーマン・ショック後のアメリカの財政政策は、バーナンキ議長が大いなる不満を抱くほど緊縮的だったのでしょうか。

ここでは、財政が緊縮的だったかどうかを、第三章と同様に、当該年の財政赤字の前年のそれとの差で測ることにし、この差を財政緊縮度と呼びます。この尺度では、当該年の財政赤字が前年のそれよりも大きくなれば、当該年の財政赤字の前年との差はマイナス額が大きくなることになり、財政は緩和的になった、すなわち、財政緊縮度は低下したと判断します。逆に、

図表5-1　リーマン・ショック後の米国の財政緊縮度の推移

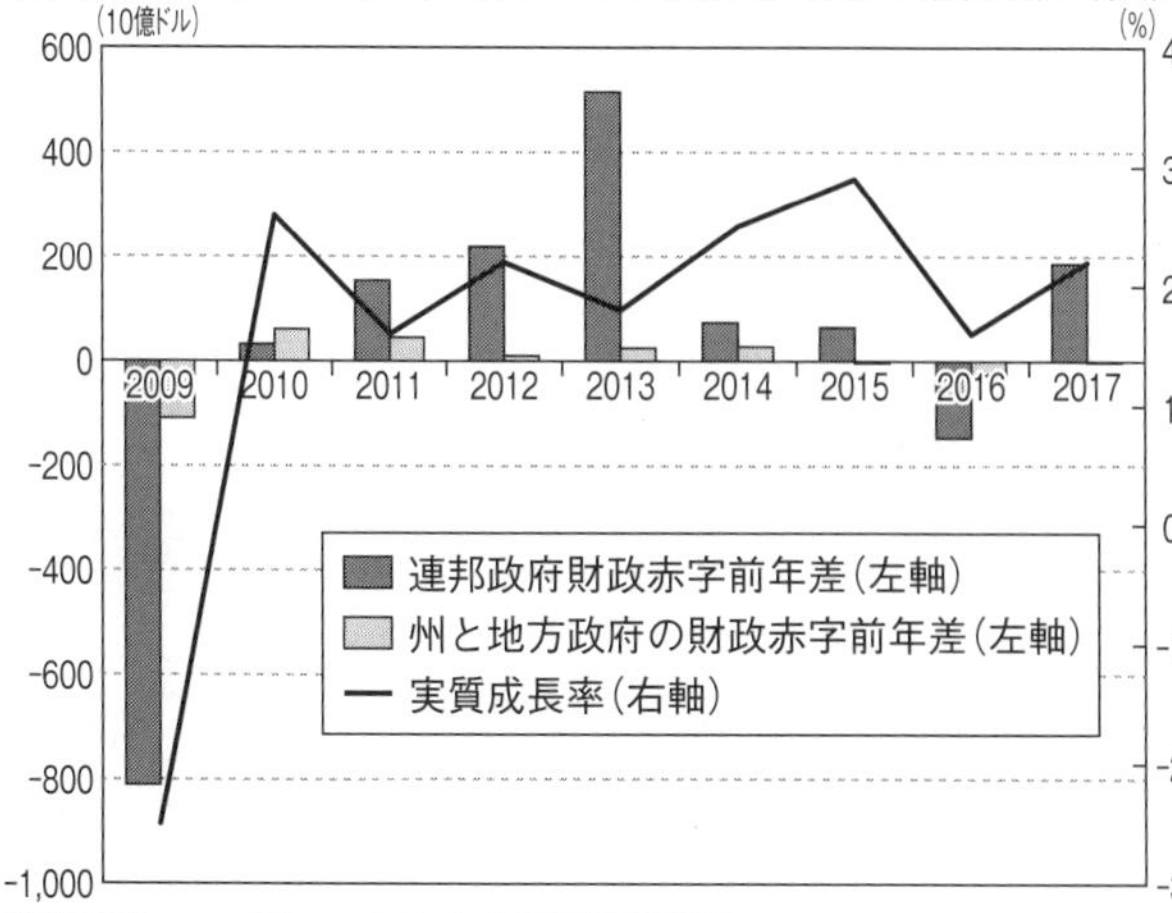

出所：US Bureau of Economic Analysis（2019年2月28日）

当該年の財政赤字が前年よりも小さくなれば、当該年の財政赤字の前年との差は、マイナス額が小さくなり、財政は緊縮的になった、すなわち財政緊縮度は上昇した、と判断します。

図表5–1は、リーマン・ショック直後の〇九年は、連邦政府も州・地方政府も財政を緩和的に運営しました。とくに、連邦政府の財政緩和の大きさが目立っています。しかし、一〇年以降一三年までは、連邦政府も州・地方政府も財政は年を追うごとに緊縮的になっており、バーナンキ議長が「逆風」と不満を抱いていたのも無理からぬことがわかります。

〇九年のアメリカの州と地方政府の財政緩和は小さく、その後も緊縮的です。この緊縮財政が、バーナンキが嘆いたように、公共部門の雇用（国勢調査員を除いて）を、ピークのときから七五万人（失職者のうち三〇万人以上が教師）以上も減らすことになったのです。

とくに財政が緊縮的になったのは、オバマ大統領が強制歳出削減措置に署名した一三年で、財政緊縮度は前年の二・四倍に達しました。その結果、アメリカの一三年の実質成長率は一・八％と、一二年の二・二％から〇・四％ポイント低下しました。FRBの物価安定目標は個人消費支出デフレーター（PCEデフレーター）前年比二％ですが、一三年は一％台前半に下がりました。しかし一三年の雇用は改善し、失業率は一二年の七％台から六％台まで下がりました。

こうした財政緊縮度が大幅に上昇し、実質成長率が低下するなかで、雇用が改善したのは一二年九月から開始した、QE3と呼ばれる、終了期限を設定しないという意味でオープンエンドの量的緩和（従来の月額四五〇億ドルの国債買い取りに加えて、連邦住宅抵当公庫等が発行する住宅ローン担保証券を月額四〇〇億ドル購入。合計月額八五〇億ドルの資産買い入れ）が大きく貢献していると思われます。

QE3は、一二年になっても失業率が八％台と高い水準に留まっていたために実施されたもので、FRBは失業率が六・五％まで下がらないかぎり、金利引き上げを検討すらしないことを決めています。すなわち、このときから、FRBは雇用の最大化という責務の達成に重きを置くようになったといえます。

FRBは一四年末から量的緩和から出口へ

アメリカの実質成長率は、一四年には二・五％へと回復し、失業率も低下し続け、一四年一二月には五・六％まで下がりました。

こうした雇用の改善を受けて、FRBは一四年一〇月二九日にQE3終了を決定しました。さらに一五年一二月一六日には、PCEデフレーター前年比は一％を割っていましたが、一時的なエネルギーと輸入品の価格の低下が次第に消失するにつれて、強い雇用市場を背景にインフレ率は二％に近づくと判断し、利上げに踏み切りました。

このように、FRBが足元のインフレ率が目標よりもかなり低くても利上げに踏み切れるのは、**図表5-2**に示されているように、アメリカでは、予想インフレ率がFRBの目標とするインフレ率二％近辺（二％から上下〇・五％の範囲）で安定している（アンカーされているといいます）からです。このように、予想インフレ率が二％近辺にアンカーされているのは、FRBが長期にわたって、中長期的に、実際のインフレ率を二％近辺に維持してきたという実績があるからです。この実績によって、人びとは「FRBは中長期的にインフレ率を二％近辺に維持する能力をもっている」とFRBを信頼するようになったのです。

そのアメリカでも、〇八年九月にリーマン・ショックが起きたときには、今後五年間の予想

図表5-2　米国の予想インフレ率は2%近辺でアンカーされている

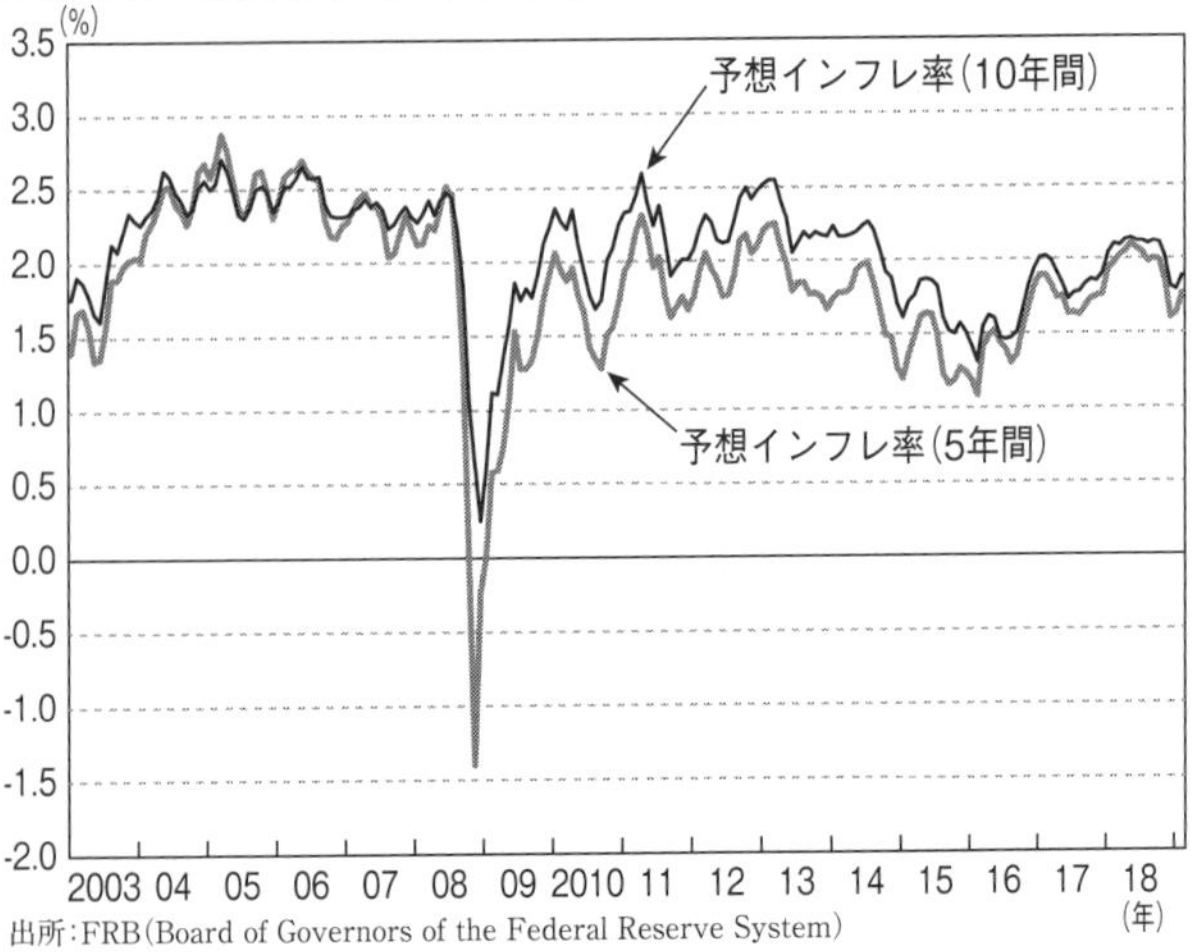

出所：FRB（Board of Governors of the Federal Reserve System）

インフレ率は一時マイナスになり、今後十年間の予想インフレ率はマイナスにこそなりませんでしたが、〇八年十二月には〇・二五%まで低下しました。

しかし、FRBがリーマン・ショック直後から大規模な量的緩和を採用したため、予想インフレ率は順調に二%に向かって上昇しました。

なお、一五年に予想インフレ率が二%からやや低下しているのは、一時、原油価格がピークから七〇%以上も急落し、エネルギー価格が大幅に低下したことを反映しています。

バーナンキによるユーロ圏諸国の財政緊縮批判

日本の今後の財政政策のあり方を考えるうえで、Bernanke（二〇一五）がユーロ圏諸国の一〇年から一二年頃にかけての財政政策に対して大きな不満を抱いていたことは、重要な示唆に富んでいます。たとえば「他の国より大きな問題を抱えている国が緊縮財政を取るのはおそらく避けられなかっただろう。だが抱えている負債の大きさを考えれば、そのような国が緊縮財政を取れば、さらなる不況に落ち込むことは予測できることだった」（三〇二ページ）。ところが、「欧州の人びとは弱い国が必要に迫られて取っている緊縮財政を、ドイツのように余力のある国々が支出を増やしたり減税したりすることで相殺する意思を見せなかった」ばかりか「予算を削減したのだ」（三〇三ページ）と、かなり大きな怒りを示しています。バーナンキがこのようにドイツの緊縮財政に批判的だったのは、ユーロ圏経済の停滞がアメリカ経済だけでなく、世界経済にも悪影響をもたらしていると考えたからです。

五―三　デフレ脱却までは財政緊縮度の引き下げが有効

デフレ脱却には金融と財政の協力が必要

第三章で述べたように、成長率や技術進歩率を引き上げるためには、デフレから完全に脱却して、人びとのデフレマインドを一掃することが優先されるべきです。なお技術進歩率を引き上げるためには、Dudley（二〇一三）が指摘するように構造改革も重要ですが、それについては次章で検討します。

第四章では、デフレに陥らないための、あるいはデフレに陥ってしまった場合の望ましい金融政策について、Dudley（二〇一三）に即して検討し、五―一で中長期的に財政の持続可能性を維持しつつ、景気回復と物価安定目標達成のための財政政策と金融政策はどのようなものであるべきかについて、Bernanke（一九九九）、Sims（二〇一六）およびKaihatsuほか（二〇一六）の考え方を紹介しました。

そこでこの節では、これらの研究（とくにKaihatsuほか、二〇一六）を参考にしながら、物価が下がり続けるデフレではないものの、ＱＱＥを開始してから六年経過したいま（一九年三月現在）も二％の物価安定目標からは遠い状態にある日本経済において、どのような政策を採用すれば、二％の物価安定目標を持続的に達成できるかを考えましょう。

私は今後、日本経済の景気後退リスクが高まり、物価上昇のモメンタムも現在（一九年三月）よりも弱まれば、一六年九月二一日の政策会合の公表文に書かれている追加緩和手段のうちから、政策委員会が最適と考える手段を躊躇《ちゅうちょ》なく選択すべきであると考えます。その公表文には「具体的な追加緩和の手段としては、『イールドカーブ・コントロール』の二つの要素である①短期政策金利の引き下げと②長期金利操作目標の引き下げを行うほか、『量的・質的金融緩和』以来実施してきた③資産買入れの拡大が考えられる。また、状況に応じて、④マネタリーベース拡大ペースの加速を手段とすることもある」と書かれています。

しかしこれらのいずれの手段も、二％の物価安定目標をできるだけ早く達成して、デフレから脱却するためには力不足だ、と考えます。

右に挙げられた手段のうち、①は、金融庁が地方銀行や信用金庫などの地域金融機関の効率化をめざした金融再編成を進めて、金融システムの安定化を図る政策を早急に実施することが条件です。金融システムの安定化が進めば、日銀は金融システムの不安定化を心配せずに、現在よりも十年満期までの国債金利を引き下げることが可能になると考えます。しかしここでは、地域金融機関の効率化をめざした金融再編成はほとんど進まないことを前提に、財政金融政策を考えましょう。

いま述べたことを前提とし、右に追加緩和手段として挙げたものは、どれも二％の物価安定目標を達成するうえでは力不足だとすれば、デフレ脱却のためには、財政の協力が必要です。この点は第三章で明らかにしたように、一四年度の消費増税による財政緊縮度の大幅上昇が金融政策の「リフレ・レジーム」を毀損したため、予想インフレ率の大幅な低下を招き、いまだに二％物価安定目標から遠い状態に陥ったという事実から明らかだと考えます。

また、五―一で紹介した諸研究は、ゼロ金利に陥った日本経済がデフレを脱却するためには、金融政策と財政政策の協力が必要であるという点で一致しています。

一四年度の消費増税によって、金融政策の「リフレ・レジーム」が毀損され、予想インフレ率の低下を招いたことは、Dudley（二〇一三）が金融政策運営において最も重要な第一のキーポイントとして挙げた「予想の管理」に失敗したことを意味します。

したがって、今後の金融政策と財政政策の組み合わせにとって重要なことは、いかにして、できるだけ早く予想インフレ率を物価安定目標である二％近辺にアンカーさせることができるかです。

なぜ二％の物価安定目標達成にこだわるのか

しかし読者は、なぜ物価安定目標として二％にこだわるのか、と思われるかもしれません。物価が下落しなければよいなら、なぜ〇％以上ではいけないのか。なぜ一％では駄目なのか、といった疑問をもつ読者は少なくないかもしれません。

最近は、二％にこだわる必要はないという声が大きくなったようですが、二％の達成にこだわる理由は次の四つです。

第一に、実際の消費者物価指数には上方バイアスがあります。これは、消費者は相対的に安くなったものをより多く買うようになるからです。しかし、消費者物価指数はある年を基準

（現在は、二〇一五年が基準年です）にして、その年の家計の平均的な消費の構成要素（これを消費バスケットといいます）がその後も変化しないものとして算出されます。

ところがいま述べたように、消費の構成要素は相対的に安くなったもののウェイトが大きくなるため、年とともに、実際の消費バスケットは基準年のそれと異なってきます。このように消費バスケットが変化すると、基準年のバスケットで算出された消費者物価指数は、年とともに変化した消費バスケットで算出した消費者物価指数（これが、真の消費者物価指数です）よりも大きくなってしまいます。

右に述べた理由により、基準年から時間がたつほど、基準年のバスケットで算出した消費者物価指数は、真の消費者物価指数よりも大きくなるという「上方バイアス」をもつことになります。

第三章で述べたように、福井総裁時代の二〇〇六年三月に「消費者物価前年比は、政策委員会メンバーが理解する物価安定である〇％以上になった」という理由で、量的緩和を解除しました。しかし量的緩和解除から六カ月後に、新たな年を基準にした消費者物価前年比が発表され、解除当時は〇％未満だったことが判明します。福井日銀は「消費者物価指数の上方バイアス」を無視するという過ちを犯したのです。

この上方バイアスを考慮すると、物価安定目標は少なくとも〇％を上方バイアス分だけ上回るものに設定しなければ、デフレが続いているにもかかわらず、金融引き締めに舵を切ってしまうという過ちを犯すことになります。

第二の理由は、日本の経験が示しているように、いったんデフレに陥ってしまうと、デフレから脱却することはきわめて困難である、という点への配慮です。この点に配慮すると、物価安定目標は〇％より高めに設定したほうが、デフレに陥るリスクを引き下げることができます。いわゆる「デフレに陥らないためののりしろ」が必要だということです。

第三の理由は、日本では過去のフィリップス曲線の推測結果から見て、消費者物価前年比が二％程度であればほぼ完全雇用状態にある、と考えられるという点です。

第四の理由は、日本以外の多くの先進国が物価安定目標を二％程度に設定している、ということです。この場合、もし日本が物価安定目標を一％に設定すると、名目為替レートは長期的に見ると購買力平価に近づく傾向があるため、「日本は円高をめざす」と宣言するに等しいことになります。

日本の製造業は、長期的に円高傾向が続くと予想すれば、生産拠点を海外に移したほうが有利だと考えて、実際にも海外移転を促進させます。生産性が非製造業よりも高い製造業の海外移転は、日本の生産性低下を招きます。とくに製造業が生産拠点を置いている地方は、製造業が海外移転してしまうと、それに取って代わる生産性の高い産業が存在しないため、人口も東京などの大都市へ流出し、経済は停滞してしまいます。長期的円高により、いわゆる「国内空洞化」と呼ばれる現象が促進されるわけです。

今後、インフラ維持費用の増大などを考えると、人口が小都市から地方の中核都市へ移動することはやむをえませんが、人為的に円高を引き起こして「国内空洞化」を進めることは、資源の地域配分をゆがめ、日本全体の生産性の低下を招くことになるので、避けるべきです。

さらにアベノミクス開始以降、外国人観光客が大幅に増加し、それが日本の家計の消費の弱さをある程度カバーして、全国的な景気回復（たとえば全都道府県で有効求人倍率が一を上回っていますが、これは統計を取り始めてから初めての現象です）の推進力の一つになっています。外国人観光客の大幅増には、観光ビザ取得条件緩和がかなり貢献していると思われますが、アベノミクス開始以降の円安傾向もかなり貢献しているでしょう。もし物価安定目標を先進国の標準である二％よりも低い、たとえば〇％～一％程度に設定すれば、長期的に円高になり、外国人観光客の減少を招く可能性が大きくなります。

一三年以降のユーロ圏の財政緊縮縮小と金融緩和に学べ

達成すべき物価安定目標が二％である理由がわかったところで、これまで述べてきたことを念頭に置きながら、最初に参考になる例として、リーマン・ショック後のユーロ圏の金融政策

図表5-3　ユーロ圏の財政金融政策と成長率およびインフレ率

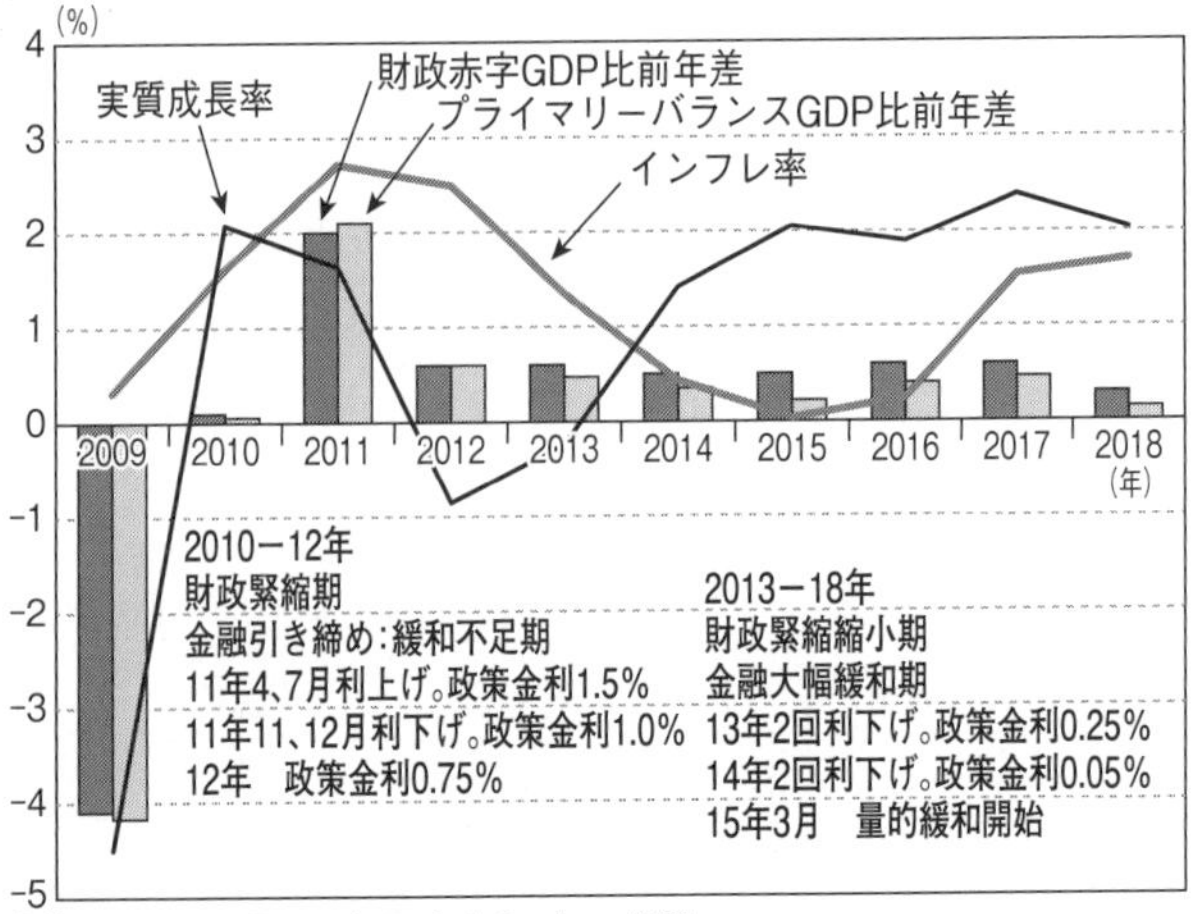

出所：IMF　World Economic Outlook Database, 2018

と財政政策の組み合わせの変遷を見ておきましょう（図表5-3参照）。

ユーロ圏は、リーマン・ショック後の景気の落ち込みを防ぐために、〇九年こそ財政赤字を拡大するとともに利下げと量的緩和を実施しましたが、インフレ率が一〇年三月から三カ月連続で一・七％まで上昇すると、欧州中央銀行は「二％以下で、かつ二％に近いインフレ率」を物価安定目標にしているため、インフレ率がその目標を超えることを事前に防ごうとしてマネタリーベースを一〇年六月をピークに減らし始め、一一年四月と七月には利上げに踏み切り、一一年には、欧州諸国は財政緊縮度を大幅に上げました。

こうした財政と金融の同時引き締めにより、一二年と一三年はマイナス成長に陥り、インフ

図表5-4　ユーロ圏における「金融超緩和と財政緊縮度の緩和」により、健全化した財政

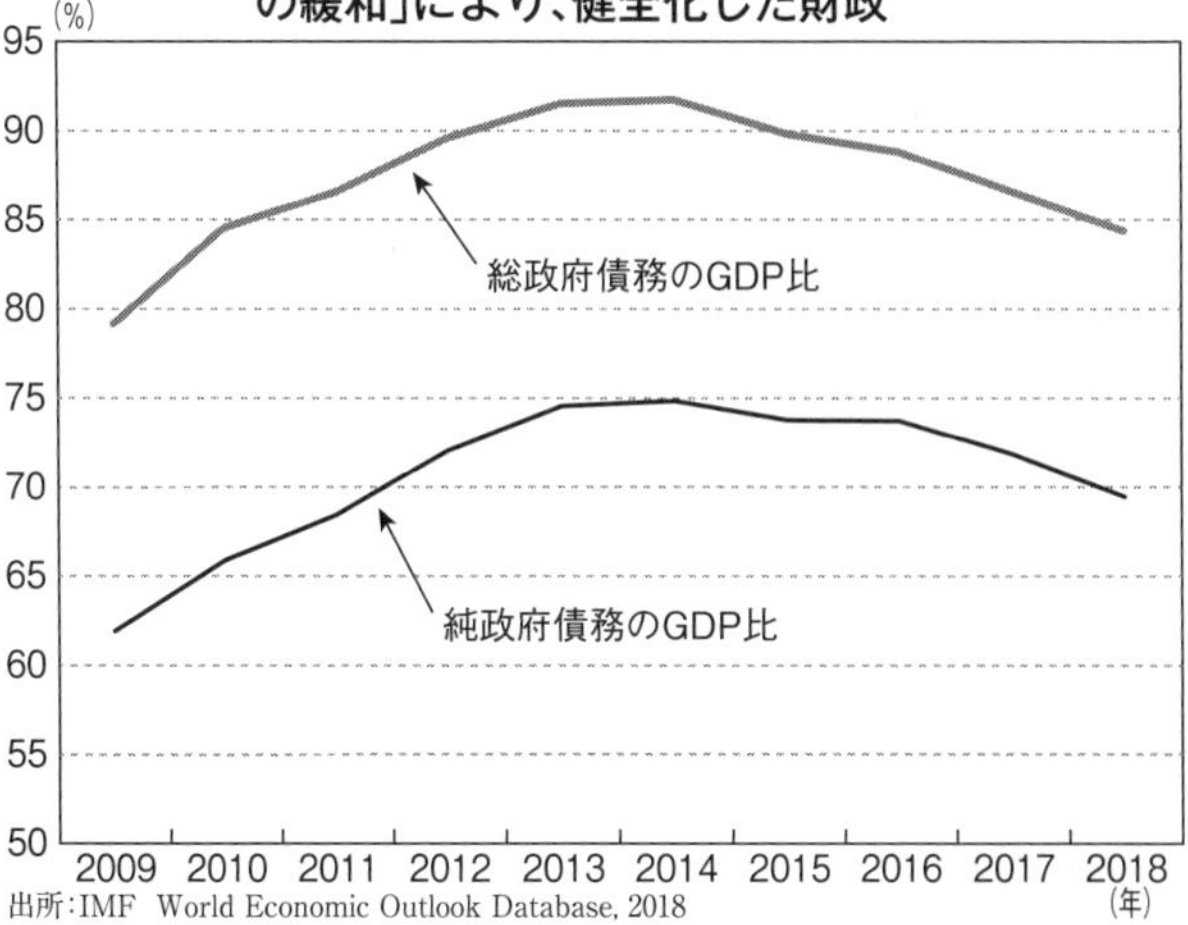

(年)

出所：IMF　World Economic Outlook Database, 2018

レ率も大きく低下し始めました。

ユーロ圏の政府はこうした状況の経験を踏まえて、一三年から財政緊縮度を緩める政策に転換し、同時に、ＥＣＢは次々に金融緩和の程度を拡大する政策を取り始め、一五年にはドイツの反対を押し切って量的緩和も導入しました。

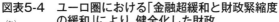

一四年は、低成長のもとでインフレ率が〇%台前半まで低下したため、「ユーロ圏もデフレに陥り、日本化するのではないか」と心配されましたが、一三年以降の財政と金融の同時緩和、とくに一五年初めに導入した量的緩和が功を奏して、一八年には実質成長率が二%まで上昇する一方で、インフレ率も一・七%と物価安定目標近くまで上昇し、ユーロ圏が「日本化」することは回避されました。

そのため、欧州中央銀行は一八年十二月の定例理事会で量的緩和策を十二月末で終了することを決めました。現在（一九年三月）は景気の先行きを懸念して、〇％の政策金利の引き上げを見送っている段階です。

図表5－4は、ユーロ圏で、一〇年からの金融引き締めと財政健全化を目指す財政緊縮度の引き上げにより、財政健全化の目的とは正反対に、政府債務のGDP比（総政府債務GDP比も純政府債務のGDP比も）が上昇したことを示しています。この図表から一三年以降、金融の大幅緩和と財政緊縮度の引き下げの組み合わせに舵を切り替えると、政府債務のGDP比は一四年をピークに、着実に低下し続けていることがわかります。

デフレ脱却までは財政緊縮度を下げよ

第三章で述べたように、一四年四月から始まった消費増税による財政緊縮度が大幅かつ急激に上昇したため「リフレ・レジーム」が毀損され、その後、予想インフレ率の低下を招き、最近（一九年一月）は各種指標で若干の違いはありますが、およそ一％程度です（第三章**図表3－14**参照）。

実際の消費者物価前年比も、一四年四月には総合で一・七％、生鮮食品を除く総合は一・五％まで上昇しましたが、その後、低下傾向が続き、一九年二月の総合は〇・二％とほとんどゼロ％です。一時的に変動しやすい生鮮食品とエネルギーを除いた総合は、一八年一〇月頃から一九年二月にかけて、〇・三%から〇・四%で推移しています。いずれの指数で見ても、物価安定目標二%から遠い水準であることに変わりはありません。

一四年四月の消費増税後の家計消費支出も弱い状況が続いており、一八年七―九月期の家計消費支出は一三年七―九月期よりも〇・四%低い水準に留まっており、消費増税から三年半たっても、消費増税前の水準を下回っています。

これだけ予想インフレ率が低く、かつ消費が弱い状況が長く続くようでは、消費者物価前年比（総合）が現在（一九年二月）の〇・二%から物価安定目標の二%に近づくことは、金融政策だけではほとんど不可能と考えられます。

実際に、このあとで言及する内閣府の二つの推計のうちのより現実的と考えられる「ベースラインケース」では、二八年度になっても、消費者物価前年比は一・一%に留まっています。

二%の物価安定目標をできるだけ早く達成するためには、「リフレ・レジーム」を毀損して、予想インフレ率の低下を招いた一四年度の消費増税のような「急激な財政緊縮」を避けなければなりません。

五―一で紹介した諸研究はどれも、デフレ脱却を可能にする望ましい財政政策は一九年十月に予定されているような消費増税ではなく、むしろ減税か財政支出拡大か、あるいはこれら両方を実施して財政を緩和すべきである、という結論を導いています。

しかし日本の財政状況を考えると、政府が減税を実施することは考えられません。したがって、デフレ脱却のためには、**図表5-3**に示されているユーロ圏諸国のように、デフレ脱却までは財政緊縮度を引き下げ、その引き下げた水準を維持する財政政策が現実的だと考えます。これが、本書でいう「財政のリフレ・レジーム」への転換です。

デフレ脱却のためには、金融超緩和政策に加えて、財政緊縮度を引き下げる財政政策を採用することにより、両者がともに物価安定目標をめざす「リフレ・レジーム」であることが有効だ、ということです。

金融政策が「リフレ・レジーム」により二%の物価安定を達成しようとする一方で、財政が増税を主たる手段とする財政緊縮によって財政再建をめざすという「財政緊縮レジーム」では、金融政策と財政政策の整合性が取れません。一三年四月以降の日銀の金融政策と整合的な財政政策は、名目GDPの引き上げ（これは名目成長率の引き上げと同じです）を主たる手段とする財政再建です。

この意味で、政府の「二〇二〇年頃に六〇〇兆円台の名目GDPをめざす」という政策は、二%の物価安定目標の達成をめざす日銀の金融政策と整合的です。

基礎的収支赤字のGDP比の低下は、財政再建を困難にした

日本では、小泉純一郎政権以来、財政再建や財政の持続可能性の尺度としてプライマリーバランス（以下、基礎的財政収支といいます。税・税外収入から国債費〈国債の利払い・償還費〉を除いた歳出を差し引いた収支のことで、これがゼロを超えていれば、必要な経費をそのときの税・税外収入でまかなえることになります）が取り上げられ、その黒字化が目標になっています。

しかし財政の持続可能性は、政府債務の（名目）GDP比が発散傾向にあるかどうかで判断するのが、世界や海外の経済学者のスタンダードです。発散傾向にあれば財政の持続可能性は低く、安定化させるか、もしくは一定の水準まで引き下げる政策を採用することが必要になります。

そこで、いま述べた意味での財政の持続可能性と政府が黒字化をめざしている基礎的財政収支の対GDP比とがどのような関係をもっているかを、最近の基礎的財政収支の対GDP比と政府債務の対GDP比の関係を調べることによって見てみましょう。

図表5-5は、基礎的財政収支のGDP比が大きくなる（基礎的収支は赤字ですから、そのGDP比のマイナス幅が小さくなります。図表では、横軸の値が右に移動します）と、政府債務のGDP比は上昇するという関係が見られます。両者の相関係数は〇・九と、かなり高い値を示しています。

政府も含めて、一般的に基礎的財政収支のGDP比のマイナス幅が小さくなることを、基礎

図表5-5　基礎的財政収支のGDP比と政府債務のGDP比の関係（09年度〜17年度）

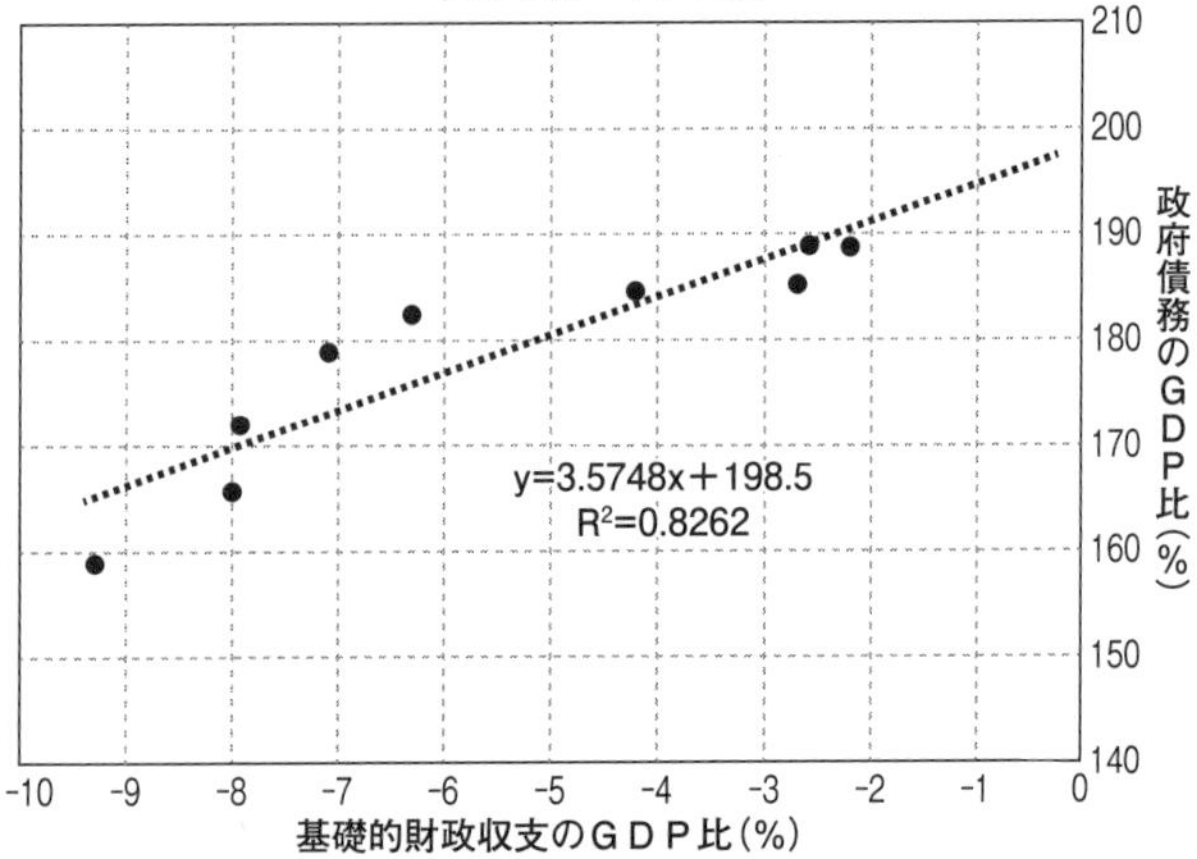

出所：政府債務等は、財務省「わが国の財政状況。財政関係基礎データ」。GDPは、内閣府「国民経済計算」

的財政収支が改善した、と表現しています。しかし、〇九年度から一九年三月現在、データが得られる一七年度までについては、「基礎的財政収支のＧＤＰ比が改善すると、政府債務のＧＤＰ比は上昇し、財政の持続可能性は低下する」という、一見、矛盾した関係が見られます。

　こうした矛盾したことが生ずるのはなぜかを知るために、基礎的財政収支のＧＤＰ比がどのようにして改善されてきたのかを調べてみましょう。

　図表5-6は、一〇年度から一七年度までの基礎的財政収支改善の要因を分解したものです。この図表の第四列は、基礎的財政収支のＧＤＰ比の前年度差を％ポイントで示したもので、基礎的財政収支要因と名目ＧＤＰ要因の合

図表5-6　基礎的財政収支改善の要因分解（10年度～17年度）

年度	基礎的収支要因（%）	名目GDP要因（%）	基礎的収支のGDP比の改善（%ポイント）	基礎的収支要因の改善に占める割合（%）
10	1.17	0.13	1.3	89.7
11	0.19	-0.09	0.1	185.2
12	0.79	0.01	0.8	99.1
13	0.62	0.18	0.8	77.7
14	1.96	0.14	2.1	93.5
15	1.38	0.12	1.5	91.9
16	0.07	0.03	0.1	72.6
17	0.36	0.04	0.4	89.0

出所：政府債務等は、財務省「わが国の財政状況。財政関係基礎データ」。GDPは、内閣府「国民経済計算」

計に等しくなります。

第二列は、基礎的財政収支のGDP比の改善に占める基礎的財政収支要因（**図表5－6**では、基礎的収支要因と略称しています）の割合を示しています。これから、基礎的財政収支のGDP比の改善は、主として基礎的財政収支の赤字を減らしてきたことによることがわかります。

このように、基礎的財政収支の改善を、主として基礎的財政収支の赤字を減らすことによって達成しようとすると、税収入を増やす（たとえば消費増税）か、国債費以外の歳出を減らすしかありませんから、財政は総需要を減らすことを通じて、名目GDPに対して下押し圧力をかけます。このようにして名目GDPの増加が抑制されると、名目GDPは基礎的財政収支のGDP比の分母ですから、基礎的財政収支のG

ＤＰ比改善効果は低下してしまうのです。

以上から、基礎的財政収支のＧＤＰ比が改善しているにもかかわらず、政策当局の意図に反して政府債務のＧＤＰ比が上昇してしまうのは、名目ＧＤＰを増やすことではなく、基礎的財政収支の赤字減らしにもっぱら頼って政府債務のＧＤＰ比を引き下げようとしてきたからだ、ということがわかります。

一九年度以降の基礎的財政収支のＧＤＰ比はどうなるか

それでは、一九年十月に予定されている消費増税が実施された場合、日本の財政はどのようになるでしょうか。ここでは、内閣府（二〇一九）が政府の財政経済諮問会議に提出した二つのシナリオのうち、より現実的と考えられるベースラインケースの予測を紹介します。

図表5‐7に示されているように、一九年度の消費増税は半年間であるため、基礎的財政収支のＧＤＰ改善ポイントは〇・二％ポイントに留まっています。一九年度の基礎的財政収支要因の改善に占める割合は六六・四％と過去に比べて小さくなっています。これは内閣府が一九年度の名目ＧＤＰ下押し圧力を小さいと予測しているためです。

なお、二六年度と二七年度の基礎的財政収支要因の改善に占める割合が空欄になっていますが、両年度はともに基礎的財政収支改善要因がマイナス〇・二％ポイントで、プラス〇・二％

図表5-7　基礎的財政収支改善の要因分解

年度	基礎的収支要因(%)	名目GDP要因(%)	基礎的収支のGDP比の改善(%ポイント)	基礎的収支要因の改善に占める割合(%)
19	0.13	0.07	0.2	66.4
20	0.74	0.06	0.8	92.7
21	0.27	0.03	0.3	91.0
22	0.17	0.03	0.2	87.5
23	0.08	0.02	0.1	78.6
24	0.08	0.02	0.1	80.2
25	0.08	0.02	0.1	82.3
26	-0.02	0.02	0	
27	-0.02	0.02	0	
28	0.09	0.01	0.1	85.4

出所：内閣府「中長期の経済財政に関する試算」(2019年1月30日)のベースライン

ポイントの名目GDP要因と相殺されて、基礎的収支のGDP比が変化しない（二五年度から二七年度まで、基礎的収支のGDP比はマイナス一％で変化しません）からです。

一九年度以降も、基礎的財政収支のGDP比の改善は、一〇年度から一七年度と同じように、主として基礎的財政収支の改善に頼っています。

ただし、アベノミクスの期間である一三年度から一七年度と、一九年度から二五年度まで（二六年度と二七年度は計算できないため、二五年度までとします）とを比較すると、名目GDP要因が基礎的収支のGDP比の改善に占める割合は、年度平均で見て前者が一五・一％だったのに対して、後者は一七・三％へと、わずかですが上昇しています。

図表5-8　内閣府の基礎的財政収支GDP比と政府債務GDP比の予測（19年度〜28年度、ベースライン）

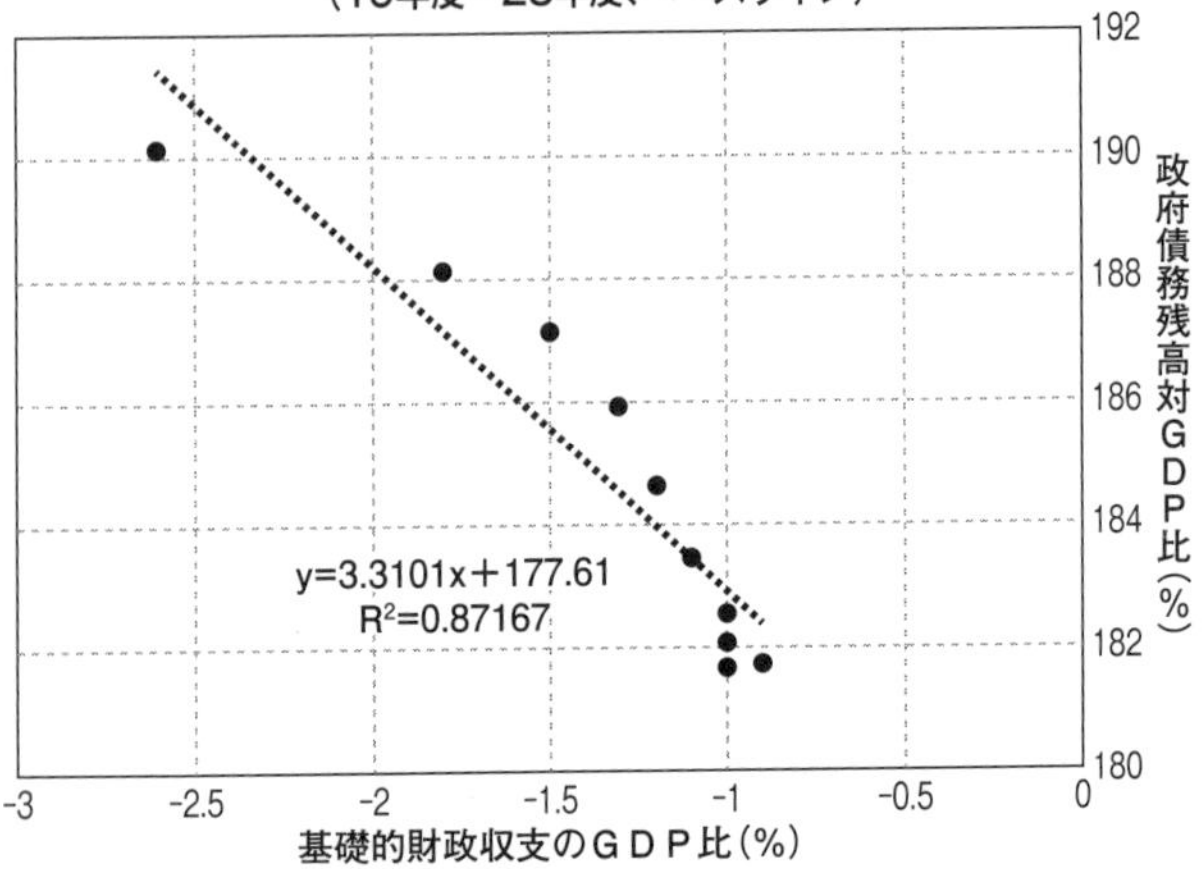

出所：内閣府「中長期の経済財政に関する試算」（2019年1月30日）より筆者作成

内閣府は一九年度以降の政府債務ＧＤＰ比の低下を予測

それでは、内閣府（二〇一九）は一九年度以降の政府債務のＧＤＰ比をどのように推計しているでしょうか。

図表5−8によると、内閣府（二〇一九）は、基礎的財政収支のＧＤＰ比が改善するにつれて政府債務のＧＤＰ比は低下する、と予測していることがわかります。これは理想的な姿ですが、**図表5−5**に示されている、〇九年度から一七年度の「基礎的財政収支のＧＤＰ比と政府債務のＧＤＰ比の関係」とは正反対の関係です。

なぜ一九年度を境に、それまでとは逆に「基礎的財政収支のＧＤＰ比が改善すれば、政府債

図表5-9　財政緊縮度と成長率（18年度以降は内閣府予測のベースラインケース）

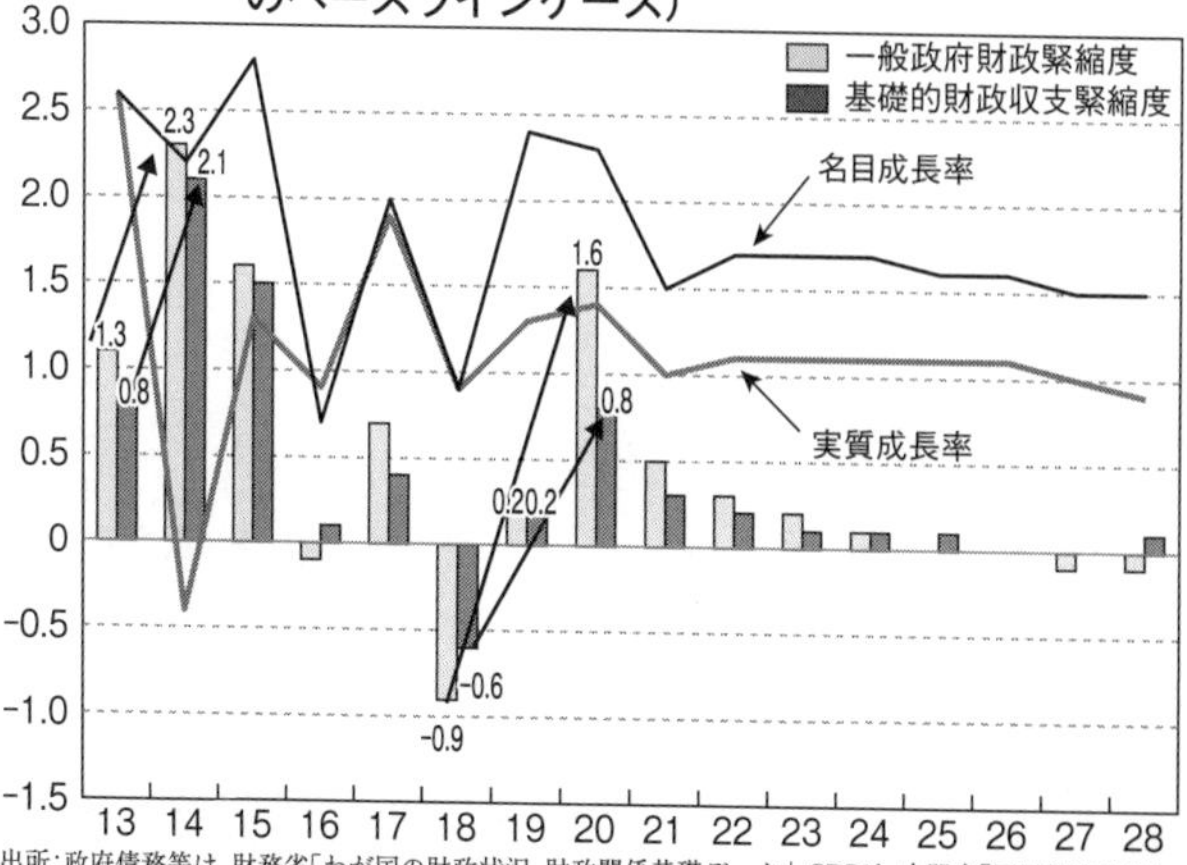

出所：政府債務等は、財務省「わが国の財政状況。財政関係基礎データ」。GDPは、内閣府「国民経済計算」。内閣府「中長期の経済財政に関する試算」（2019年1月30日）

務のGDP比は低下する」ようになると予測されているのでしょうか。

一九年度から二〇年度には急勾配の坂が待っている

この謎解きは難しそうですが、**図表5－9**を見ながら考えていきましょう。

図表5－9に示されているように、一九年度の財政緊縮度は財政収支のGDP比で測っても、基礎的財政収支のGDP比で測っても〇・二％ポイントで、一四年度の財政収支のGDP比で測った財政緊縮度二・三％ポイント（あるいは一四年度の基礎的財政収支のGDP比で測った二・一％ポイント）に比べれば、景気下押し効果はかなり小さくて済みそうに見えます。政府もそのように考えています。

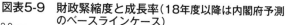

しかし、景気への影響を見るためには、財政緊縮度の変化が重要です。一九年度の財政緊縮度は、一八年度のマイナス〇・九％ポイント（財政収支のＧＤＰ比で測った場合）から、内閣府推計のベースラインケースでは〇・二％ポイントへと、一・一％ポイントも上昇します。これがどの程度の財政緊縮度の上昇であるかを知るために、一四年度消費増税のときと比較してみましょう。同年度の財政緊縮度は、一三年度の一・三％ポイントから二・三％ポイントへと一・〇ポイント上昇しました。この程度の財政緊縮度の上昇で、一四年度の実質成長率は一三年度の二・六％からマイナス〇・四％へと大きく落ち込み、家計消費支出は未だに低迷しています。

二〇年度の財政緊縮度は、前年度よりもベースラインケースで一・四％ポイントも上昇します。つまり、二〇年度の財政緊縮度の上昇は一四年度よりも大きくなるのです。

一九年度消費増税の影響を見るためには、一九年度から二〇年度までの累積財政緊縮度が一八年度の財政緊縮度に比べてどれだけ大きくなるかで測ることが合理的です。一九年度から二〇年度にかけての累積財政緊縮度（財政収支のＧＤＰ比前年度差で測る。以下同じ。以下の結論は、累積財政緊縮度を基礎的財政収支のＧＤＰ比の前年度差で測った場合にも当てはまります）は一・八％ポイントですから、一八年度の財政緊縮度であるマイナス〇・九％ポイントから、一年半かけて二・七％ポイントも上昇することになります。

それに対して、一四年度消費増税時の財政緊縮度は前年度よりも一・二%ポイントの上昇でしたから、一九年度後半から二〇年度にかけての累積財政緊縮度の上昇のほうが、二倍以上も大きくなってしまいます。

内閣府の楽観的予測の根拠は堅調な外需予測か

一四年度消費増税よりも二倍以上も急勾配の坂道をどう登り切れるかが、二一年度以降の道のりがどうなるかにも影響します。

図表5-9からわかるように、内閣府（二〇一九）は一九年度も二〇年度も、一四年度のような景気悪化が起きるとは予測しておらず、むしろ一九年度と二〇年度の実質成長率は一八年度の〇・九%よりも高く、それぞれ一・三%と一・四%へと上昇します。それ以降は低下して、一%程度で安定的に推移します。なお内閣府（二〇一九）は、技術進歩率がより高くなる「成長実現ケース」も試算しており、このケースでは二一年度以降、実質成長率は二%に向かって順調に上昇すると予測しています。

名目成長率も、一九年度と二〇年度は消費増税による物価上昇により、一八年度の〇・九%からそれぞれ二・四%と二・三%に大きくジャンプしたあとに、一%台半ばから後半で、二八年度まで安定的に推移すると予測されています（もっとも十年先まで予測できる人はいませんから、そのように想定したということでしょう）。こうした安定的な名目成長率（一九年度から二八年度の年度平均の名目成長率は一・八％と想定されています）の持続により、二三年度には名目GDPは六〇八兆円になり、政府の名目GDP六〇〇兆円が達成される、と予測されています（成長実現ケースでは、二二年度に六一九兆円になります）。

このような予測により、政府債務のGDP比の分母の名目GDPが大きくなるため、一九年度以降はそれ以前と違って、基礎的財政収支の改善という財政緊縮のもとで、政府債務のGDP比は、ベースラインケースでは緩やかに、成長実現ケースでは急速に低下していく、と予測されるわけです。

このような内閣府の楽観的予測の根拠は明示されていませんが、私は海外の日本の財・サービスに対する超過需要を示す「経常収支黒字のGDP比」を高く見積もっていることにあると考えます。右に示した内閣府の試算では、経常収支黒字のGDP比は、海外部門収支の赤字のGDP比に相当します。

海外部門の赤字のGDP比は、世界貿易が大きく拡大した〇三年から〇七年までは年平均マイナス三・八％（日本の経常収支黒字のGDP比で見ると平均三・八％）でした。一三年から一八年は、一五年から一六年半ばにかけて世界貿易が停滞したこともあって、平均マイナス二・七％へとマイナス幅が縮小しました。つまり、経常収支黒字のGDP比が低下したのです。

内閣府は一九年度〜二三年度まで、海外部門の赤字のGDP比の年度平均をマイナス四・一%と予測しています。つまり、経常収支黒字のGDP比の年度平均を四・一%と想定しているわけです。この経常収支黒字のGDP比の年度平均は、世界貿易が大きく拡大して、世界同時好況をもたらした〇三年から〇七年（平均三・八%）よりも〇・三%ポイント大きい、と想定していることを意味します。

内閣府が一九年度〜二三年度の日本の経常収支黒字のGDP比の年度平均を四・一%と想定しているのは、IMFの「世界経済見通し（World Economic Outlook、二〇一九年九月）がそのように予測しているからである、と思われます。しかし過去の経験から、IMFの予測の的中率はよくありません。まして二三年度は現在から五年後ですから、ほとんど当たらないと考えたほうが無難です。

経常収支黒字や輸出の増加を当てにした楽観的予測は危険

右では、内閣府が今後、予想される財政緊縮度の急上昇にもかかわらず、高めの実質成長率を予測しているのは、今後の日本の経常収支黒字のGDP比を高めに想定しているためである、と述べました。

そこで重要になるポイントは、九〇年代以降、日本の輸出依存度を表す指標である実質輸出の実質GDP比が上昇傾向にあることです。九四年度に八・一%だった日本の輸出依存度はその後上昇傾向にあり、一七年度は一六%へと倍になっています。

九四年度から一七年度まで、輸出が好調（不調）であれば実質成長率も高く（低く）なる、という状況が続いています。この期間の輸出の成長寄与度と実質成長率の相関係数は〇・七と高い水準です。このような関係は、輸出が増加（減少）すれば、その乗数効果を通じてGDPも増加（減少）するという関係があることが一因ですが、この乗数効果は、輸出増加（減少）→所得の増加（減少）→家計消費の増加（減少）という経路によるものです。

しかし輸出は右の効果だけでなく、輸出が増加（減少）すると民間企業設備投資が増加（減少）する、という関係が観察されます。九四年度から一七年度までの両者の相関係数は〇・八と高くなっています。相関係数は因果関係を示すものではありませんが、民間企業設備投資が増加したため、輸出が増加したとは考えられません。

輸出は、円の為替相場や海外経済の状況に依存して決まると考えられます。したがって、輸出と民間企業設備投資の相関係数が高いのは、輸出が増加すると、輸出産業である製造業がその増加に応じて生産能力を高めようとして設備投資を増やす（いわゆる能力増強投資）からである、と考えられます。

右に述べた点を踏まえると、家計消費が弱い一方で、民間企業設備投資が輸出に依存する程度が高い日本では、輸出の動向が成長を大きく左右すると考えられます。したがって、消費増税の景気への影響は輸出の動向に大きく依存して変化します。ここで注意すべきは、日本の輸出は円の為替相場以上に、海外景気の影響を強く受けるようになっている点です。

右の議論から、今後の海外経済の動向を楽観的に見れば今後、輸出増に頼った成長を当てにすることができるかもしれません。しかしそうした楽観論に立って、消費増税を代表とする財政緊縮政策を進めることは危険です。

海外の経済動向に左右される輸出に頼ることなく、財政金融政策を「リフレ・レジーム」の枠組みに沿って運営することによって、長く続いたデフレのためにすっかり弱くなってしまった内需（家計消費支出、住宅投資、民間企業設備投資）を高める政策に転換することが、結果として将来、増税や歳出削減などによる財政緊縮に耐えられる経済を築くことにつながる、と考えられます。そのような経済になってこそ、現在よりも公平な税・財政のもとでの財政再建と社会保障制度改革が可能になるでしょう。

基礎的財政収支の黒字化は日付ベースでなく結果ベースで

政府債務のＧＤＰ比の上昇を止め、さらに低下させるための最善の方法は、実質成長率ではなく、名目成長率を引き上げて名目ＧＤＰを大きくすることです。ここでは証明は省きますが、名目ＧＤＰが大きくなれば、「基礎的財政収支の赤字の増加率が名目成長率を上回らないかぎり」基礎的財政収支の赤字の（名目）ＧＤＰ比の絶対値は低下しますから、ＱＱＥ開始後続いている、名目成長率が国債金利よりも高いという条件が満たされているあいだは、政府債務の名目ＧＤＰ比は低下します（岩田・飯田泰之〈二〇〇六、三三九〜三四二ページ参照〉）。

政府は、二五年度頃を目標に基礎的収支を黒字化しようとしていますが、内閣府（二〇一九）の試算では、「成長実現ケース」において二六年度に達成されます。より現実的と思われる「ベースラインケース」では、二八年度になっても達成されません。そのことが、マスメディアなどで「また先送りした」などと批判されています。

しかし、このようにカレンダー（日付）ベースで目標達成日を決めることは妥当ではありません。金融政策も財政政策も、経済や物価の状況に応じて対応しなければ、一四年度四月の消費増税と同じ過ちを犯すことになります。一四年四月の消費増税のときは、それまで少なく見積もっても十五年もデフレが続いており、金融政策が「リフレ・レジーム」に転換してからたった一年しかたっておらず、予想インフレ率も二％でアンカーされていない状況でした。消費増税の結果は、マイナス成長と予想インフレ率および実際のインフレ率の低下でした。

一四年四月の日本経済は、ＱＱＥが始まって株価が上がり、円安も進みましたから、資産効果により家計の消費支出がかなり増加し、加えて消費増税前の駆け込み需要があり、順調な景気回復に見えました。しかし実際は、たとえていえば、入院治療中の患者だったのです。その患者を少しよくなったからといって無理やり退院させ、ランニングなどのリハビリに励め、といえば、患者は再び入院せざるをえなくなります。

経済政策は基本的に、日付ベースではなく、経済・物価の結果ベースで対応すべきものです。一三年四月以降の金融緩和政策は、いったん消費者物価前年比二％を超えてから二％に戻る状況で、その二％が持続的になったと判断されるまで継続することになっており、結果ベースの政策です。

以上から、デフレ脱却と財政再建のためには「財政の緊縮レジーム」から、一三年四月から日銀が実施している「リフレ・レジーム」の金融政策と整合的な、結果ベースの「財政のリフレ・レジーム」への転換が求められているのです。

政府の消費増税対策で一九年度から二〇年度の急な坂道を登り切れるか

これまで述べてきたように、金融政策と財政政策が協調してデフレ脱却を進めることは、名目ＧＤＰを引き上げることによって税収を増加させて財政に余裕をもたせるとともに、政府債務のＧＤＰ比を引き下げることにもつながります。この観点からは、デフレに戻るリスクのある一九年十月実施予定の消費増税は、デフレ脱却という結果が出るまで延期するほうが賢明だと考えられます。

それに対して、政府は一九年十月に予定している消費増税の実施のために、さまざまな政策を打ち出しています。

その一つは全世代型社会保障制度への転換で、もう一つは、消費増税による景気の悪化を防止する政策です。

全世代型社会保障制度への転換の内容は、子育て世代と低所得者に消費増税分の一部を分配することによって、これまでの年金世代に厚い社会保障制度を改革しようとするもので、その具体的な内容は、①幼児教育・保育の無償化（一九年十月～）、②介護人材の処遇改善（一九年十月～）、③年金生活者支援給付金の支給および、④低所得高齢者の介護保険料の負担軽減化などです。

私はこれらの政策は有意義であると思いますから、たとえ一九年度に実施予定の消費増税を延期することになっても、国債発行で資金を調達して実施すべきだと考えます。その場合は、五―一で紹介したBernanke（一九九九）やKaihatsuほか（二〇一六）が示しているように、発行された国債額と同額の国債を日銀が市場から買い入れることが財政と金融の協力になり、デフレ脱却の効果を発揮します。

政府は一四年度消費増税後のような景気の悪化を防ぐために、次のような「臨時・特別の措置」を採用する予定です。その内容は、①中小小売事業者に関する消費者へのポイント還元、②低所得・子育て世帯向けプレミアム商品券、③住宅購入者への支援、④防災・減災、国土強靭《きょうじん》化対策です。

今回の消費増税では食料の軽減税率が導入されますが、右に示した「臨時・特別の措置」のうちの①と③はともに高所得者を有利にする制度で、公平性を欠くとか、複雑すぎて現場が混乱するのではないか、といった問題が山積しています。本書の課題はデフレ脱却による長期経済停滞からの脱出ですので、これらの問題はこれ以上追及しません。

ここでは「臨時・特別の措置」と呼ばれる経済対策で、一九年度から二〇年度にかけての急な坂道を登り切って景気の悪化を避けられるかを問題にします。まだこの措置は確定的ではないようですが、①は九カ月程度を、②は半年程度を、③は二一年末までを予定しているようで、いずれも一時的な予算措置です。また、補正予算も景気対策として計画されています。これらはいずれも短期的な政策ですが、それによって景気の悪化を回避できると考えるのは、消費増税の景気への影響を駆け込み需要とその反動減という短期的な現象と捉えているからです。

しかし消費増税の負担増は恒久的なものですから、こうした短期的な措置によって、どれだけ増税後の消費の減少と長期的な停滞を防げるか、一四年度増税の経験を踏まえると、安心してはいられません。

家計は一九年度から二〇年度にかけて、急激な財政緊縮度の上昇という急な坂道を登らなければなりません。たしかに政府はこの急な坂道を登るために、無償で電動自転車を貸し出してくれます。しかし、電動自転車は借りた家計が急な坂道を登っている最中に回収されてしまいます。すなわち「臨時・特別」措置は二〇年度の中頃、つまり東京五輪が始まる頃に終わります。まだ、急な坂道が続いている最中です。急な坂道を登り切れずに、疲労困憊《こんぱい》して坂を転げ落ちる人が出てくるかもしれません。

タイミングの悪い消費税増税の時期

一九年度から二〇年度にかけての財政緊縮度の急上昇は、急な坂道を登るようなものだという話をしてきましたが、一九年度十月は増税のタイミングとしても難しい時期と予想されます。

第一に、設備投資が循環的に一九年度は減速の局面を迎える可能性が高いことです。実際に、民間設備投資の先行指標である「船舶・電力を除く民需」は、一八年十二月は〇・三％減で、その後、一九年一月は五・四％減になりました。同指標の一九年一―三月期見通しも前期比〇・九％減です。

第二に、東京五輪関連需要が一九年度半ば以降は大きく減少する、と予想されることです。さらに最近は、景気後退が懸念される、次のようないくつかの経済指標が出てきました。

第一は、鉱工業生産指数が一九年一月現在、三カ月連続で前月比マイナスで、一九年一月は三・四％減と大きな低下です。この鉱工業生産指数の動向はＧＤＰの動向を見るうえで重要な指標です。

製造業稼働率も一九年一月現在、二カ月連続で前月比マイナスで、一九年一月は四・七％減と大きく低下しました。

第二は、日本経済の頼みの綱の輸出が、一八年十一月以降、減少傾向にあり、一九年一月は前月比五・三％減と大きく落ち込んだことです。アジア向けの減少が大きく、一九年一月の前月比の中味をみると、アジア向け全体が前月比六・二％減で、そのうち、中国向けとＮＩＥＳ・ＡＳＥＡＮ向けが、それぞれ七・七％減と四・八％減でした。中国向け輸出の減少が目立っていますが、米中貿易戦争による中国の景気悪化を反映していると思われます。

輸出の陰りは、機械受注統計の外需にも現れています。すなわち、外需は十二月一八・一％減ののち、一月は鉄道車両、工作機械で増加しましたが、電子・通信機械、原動機等で減少したため、一八・一八％減になりました。一九年一—三月見通しも、前期比一二・九％減と大幅な減少が予測されています。

第三は、景気動向指数のうちの一八年一月の一致指数が、前月と比較して二・七ポイント低下し、三カ月連続の低下となったことです。同指数の三カ月後方移動平均も一・九四ポイント低下し、三カ月連続の低下です。七カ月後方移動平均も〇・七三ポイント低下し、三カ月連続の低下です。

内閣府の景気動向指数の判断基準と定義によると、一致指数が原則として三カ月以上連続して下降し、かつ三カ月後方移動平均が下降するとともに、当月の前月差の符号がマイナスであると、景気判断基準は「悪化」になり、その定義は「景気後退の可能性が高い」となっています。この定義からいえば、一九年三月は「景気後退の可能性が高い」状態です。

消費増税をするなら低所得者に消費税の還付措置を

政府は、リーマン・ショック級の危機が発生しないかぎり、一九年一〇月に消費増税を実施すると決めているようです。

消費増税は増税時の足元の経済・物価状況だけでなく、先行きの経済・物価動向を慎重に予測したうえで実施されるべきである、と考えます。しかし、どうしてもリーマン・ショック級の危機が発生しないかぎり実施するのであれば、給付付き税額控除制度を導入して、低所得者を中心に消費税の全部、または所得に応じて一部を還付する措置をとることが、強く望まれます。

給付付き税額控除制度のよいところは、低所得者に対して恒久的に消費増税負担を引き下げることができ、かつ所得に対して逆進的でない点にあります。

それに対して、「給付付き税額控除制度を使って低所得者へ消費税負担の全部または一部を還付しようとすると、消費者が消費するときよりも還付が遅れるため、強い流動性制約（所得も現金・預金も少ないという状態）の状況に置かれている低所得者の消費を助けることにならない」という批判があります。

この批判を回避するためには、前年度の課税所得（ゼロも含む）を基準にして、その所得階級の平均消費性向から消費を推計し、その消費に対応する消費税の全部または所得に応じた額を還付することが考えられます。これは、前年度所得に対して課税される地方税と方式は同じで、低所得者は地方税納付と同じように、三カ月おきに還付を受けられます。

この還付方式は、カナダが実施している「基礎的生活費に課せられる消費税額を推計し、その分を所得税額から控除・還付する方式」と似ています。異なる点は、前年度に所得税を納めていない低所得者に対しても、負担したと推定される消費税額を還付する点です。

給付付き税額控除制度を一九年度中に実施することは事実上、困難かもしれませんが、二〇年度の財政緊縮度の大幅上昇による消費の減少とその後の停滞を避け、かつ中長期的課題である公平な所得再分配政策構築の観点からも、二〇年度までには実施できる制度の整備が望まれます。

第六章　成長戦略の基本原則とは

本章まで、デフレこそが「失われた二十年」をもたらした原因であり、一三年四月から開始された金融大規模緩和政策にもかかわらず、デフレを脱却できない現在（一九年三月）、日付べースで基礎的財政収支の黒字化を達成しようとして財政緊縮政策をとることは、名目成長率の低下を招き、かえって、財政再建（政府債務のＧＤＰ比の安定化または緩やかな引き下げ）を遅らせることを述べてきました。

財政再建の前提条件は、できるだけ早くデフレを脱却することであり、デフレ脱却のためには、財政政策が金融超緩和政策と整合的な「リフレ・レジーム」に転換して、両者が協調することが必要です。

このような私の考え方に対して、社会保障制度と税の一体改革を進めるとともに、成長戦略や構造改革こそが、デフレ脱却だけでなく、日本の生産性をも引き上げ、成長率を引き上げる最適な政策である、という主張があります。むしろ、この主張のほうが財界や日本の経済学界では多数を占めているように思われます。

そこでこの章では初めに、成長戦略や構造改革を重視するエコノミストがその根拠とする「失われた十年」あるいは「失われた二十年」の真因は、九〇年代以降の技術進歩率低下にあるという考え方を検討します。

その検討ののちに、私が考える成長戦略・構造改革および税・財政と社会保障の一体改革を進めるうえでの基本原則を説明します。

六―一　技術進歩率の低下が九〇年代以降の長期経済停滞の原因か

異端だった筆者の「失われた十年の真因」論

私は本書で述べてきたように、九〇年代の「失われた十年」あるいは「失われた二十年」の原因は、九〇年代に入ってからのバブルの崩壊による家計・個人・金融機関等のバランスシートの悪化という「資産デフレーション」（以下、資産デフレと略す）とその「資産デフレ」が引き起こした物価の持続的下落、すなわち「デフレーション」（以下、デフレと略す）であり、資産デフレとデフレを引き起こしたのは日本銀行の不適切な金融政策とストップ・アンド・ゴーを繰り返した財政政策である、と考えています。

この私の考えは、主流の経済学（マルクス経済学は除く）からすれば、ごく標準的なものであり、疑う余地がないものと思っていました。

ところが日本の経済学界では、私のこの考え方は少数派であり、私は異端者のようでした。

経済学者が作る商業雑誌『エコノミックス』の誕生

九九年の春先ごろだったと思いますが、八田達夫氏（当時、東京大学空間情報科学研究センター教授。現在、アジア成長研究所所長）から、経済学者が編集する雑誌を作らないか、というお誘いを受けました。八田氏も、九〇年代の経済停滞を何とかしたい、という気持ちが強かったのです。

八田氏の提案に、私が「そんなことできますか」というと、八田氏はすでに東洋経済新報社の何人かの編集者に当たりを付け、その可能性は大きいという感触をもっていたようです。

ショックだった林論文

雑誌『エコノミックス』の各号を見ればわかるように、「失われた十年」の原因を経済の供給面に求め、日本経済を再生させるためには、構造改革や財政再建を優先すべきであるという主旨の論文や意見が比較的多いようです。創刊第一号の特集も「21世紀へのシステム転換」であり、私自身もその当時、関心を強めていた「デフレと金融政策」ではなく、「九〇年代に入って土地神話に支えられた土地本位制は崩壊した。しかし、土地を有効に利用する制度インフラの整備は遅れたままだ」という意識から「土地市場のインフラ整備」という「土地市場における構造改革」の重要性を主張した論文を寄稿したくらいです。

『エコノミックス』の創刊に、スポンサーの東洋経済新報社出版局の編集者として強く関わった中山英貴氏は、『エコノミックス』シリーズの一つとして「失われた十年」の原因を、異なる立場の経済学研究者が徹底的に議論するまとまった本が必要であると考えました。彼の発案で誕生したのが、岩田・宮川編（二〇〇三）です。

この本の冒頭を飾ったのは、林文夫東京大学大学院経済学研究科教授（当時）の「構造改革なくして成長なし」（林、二〇〇三）という論文でした。この論文によると、九〇年代に、実質成長率が長期にわたって低下した原因の第一は、全生産要素生産性（TFP。以下では、読者に馴染みが深いと思われる技術進歩率を同義語として使用します）の成長率が低下したことで、第二は、一人当たり労働時間が九〇年代を通じて約一〇％低下したことです。このように一人当たり労働時間が低下したのは、「一九八八年に労働基準法が改正され、それ以来週あたりの労働時間を四〇時間以下にするよう、土曜日を休日にするとか、祝日を増やすなどの政策が導入されたことによると考えられる」（七ページ）と述べています。

林（二〇〇三）では、なぜ九〇年代に入って技術進歩率が急低下したのかは示されていません。しかし、その理由はわからないが、技術進歩率が九〇年代に八〇年代に比べて突然、大きく低下したことが、九〇年代の実質成長率を八〇年代の四分の一へと大きく低下させた主因であるというのです。

林（二〇〇三）のもとになったHayashi & Prescott（二〇〇二）では、八〇年代のＴＦＰ（技術進歩）は二・三六％上昇しましたが、九〇年代は〇・一八％とほぼゼロに低下したというから、驚きです。

これほどの大きな低下が九〇年代に急に起きたというなら、その原因を明らかにすべきですが、右のどちらの論文も原因については何も語っていません。それにもかかわらず「日本の長期停滞は、トレンドからの下方乖離《かいり》ではなく、トレンドそのものの低下による。このような現状を認識すると、取るべき政策は旧来型のマクロ安定化政策ではなく、ＴＦＰの成長を回復させる構造改革だという結論になる」（一三ページ）と断定しています。

しかし、ＴＦＰを計測するどの経済学者にも共通しますが、具体的にどういう構造改革が必要かはほとんど語っていません。それは彼らの多くが、実際にどのような規制等が企業行動を制約しているかをよく知らないからです。

私は、この林論文の分析結果に大きなショックを受けました。林論文によると、「総需要を強調するケインズ経済学でさえも、需要不足は長期的には価格の調整を通じて解消される。ケインズ経済学は、景気循環のような短期の経済変動を説明するには有効かもしれないが、九〇年代の日本のような長期の停滞を説明するには無理がある」（岩田・宮川編、二〇〇三、三ページ）と述べています。

林（二〇〇三）では、貨幣量や株式や土地などの資産価格の変動は、実物経済（生産や消費、設備投資など）には何らの影響も与えません。というよりも、そもそもそういう結論が出るように、初めから実証分析するための基礎理論が構成されているのです。

しかし八〇年代と九〇年代の最大の違いは、八〇年代がバブルの時代であるのに対して、九〇年代はバブルの崩壊の時代だという点です。この違いこそが、八〇年代と九〇年代の成長に差をもたらしたに違いないと考えるのが、経済学の素人か玄人とかにかかわらず、常識というものではないでしょうか。

第三章で述べたように、九〇年代初頭から十年間、実際に起きたことはバブルの崩壊による莫大な富の喪失でした。長期にわたって生じた富の莫大な喪失が、消費や住宅投資や設備投資にいっさい影響しない、という結論を導き出すHayashi & Prescott（二〇〇二）や林（二〇〇三）が依拠するリアル・ビジネス・サイクル理論（ＲＢＣ）には驚かされました。

とくにバブル期当時、大量に借金して不動産、株式、設備などに投資したのは企業でしたから、バブル崩壊は企業行動に大きく影響したはずだと考えるのが、経済学に精通していなくても常識でしょう。こうした企業行動の変化が生産、所得、雇用、物価などにどのような影響を及ぼしていくかについては、すでに第三章で説明したとおりです。

技術進歩率を計測残差で測るという摩訶不思議

林（二〇〇三）が依拠している技術進歩率を計測する手法は、「ソロー残差」アプローチと呼ばれるものです。これは、財・サービスの産出量は、労働投入量と資本（工場、建物、機械設備など）投入量および生産主体がもっている技術（ＴＦＰ）に依存する、と考える「生産関数」を利用して、技術進歩率を推計しようとするものです。

労働投入量と資本投入量は工夫すれば、何とかデータが得られます。しかし、生産主体がもっている技術は観測できません。そこで、ノーベル経済学賞受賞者であるロバート・ソロー（一九二四年〜）は、実際の生産量と、労働と資本の投入量だけで推計された生産量との差は「技術」の状態を表すと考えることができる、というアイディアを思いつきました。

この考え方を変化率に適用すると、実際の生産量の変化率（マクロ経済では実質ＧＤＰ成長率）と、労働と資本の投入量の変化率を用いて計測された生産の変化率との差は、技術進歩率を示すと考えることができます。つまり、労働や資本の投入量の増加だけでは説明できない生産量の増加を「技術進歩」の寄与分と考えるのです。これが、技術進歩率を計測する「ソロー残差」アプローチです。

以下に示すように、Solow（一九五七）の分析手法に比較的忠実な林論文や林論文の基礎と

図表6-1　ソロー残差と実際の付加価値成長率

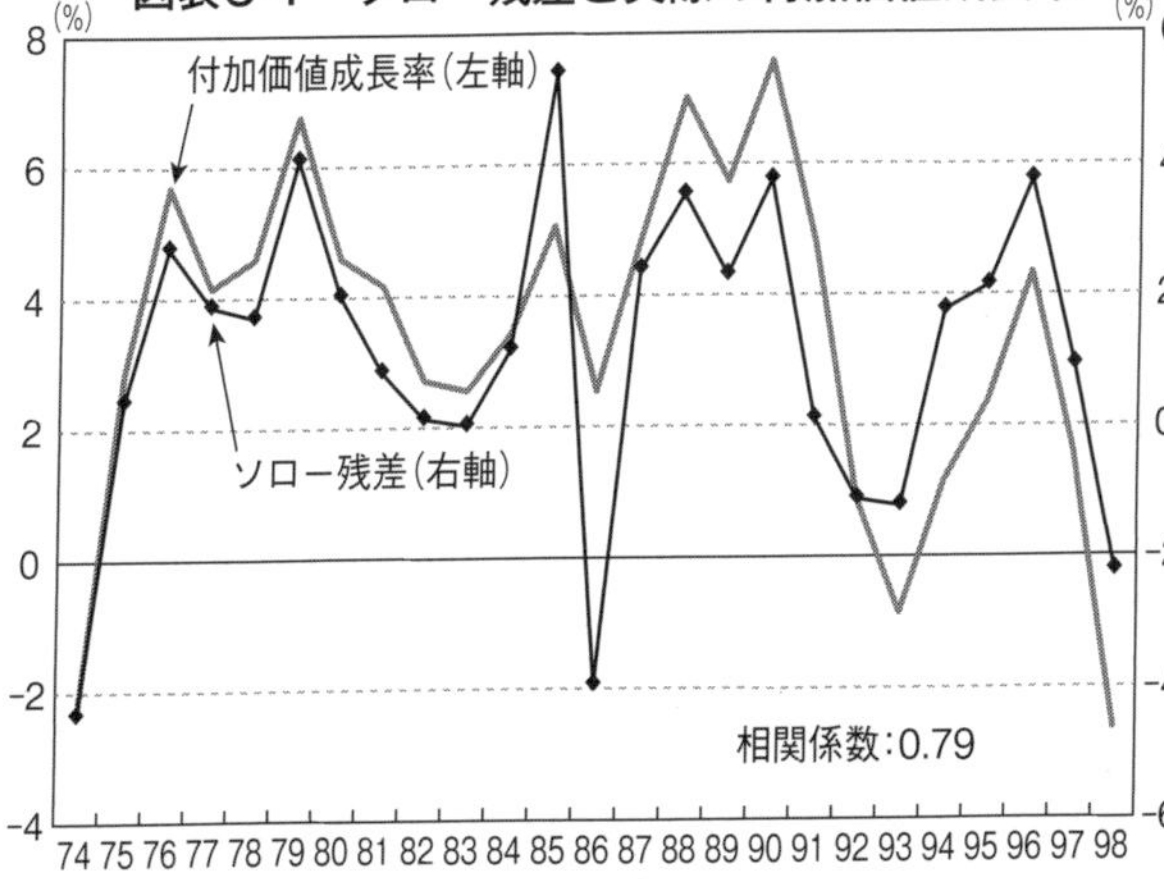

備考：民間部門54産業の集計。JIPデータベースを使用
出所：川本（2004）の図2

なったHayashi & Prescott（二〇〇二）はナイーブにすぎ、たんなる計測誤差でしかない可能性があります。次に、その理由を示しましょう。

ソロー残差は単に景気変動を示すだけ

川本（二〇〇四）は、**図表6－1**に示されているように、労働と資本の稼働率やそれらの質の違いを考慮せずにソロー残差アプローチ（これをナイーブなソロー残差と呼ぶ）によって推計したＴＦＰ（以下、このように推計されたＴＦＰをナイーブなＴＦＰあるいはナイーブな技術進歩率と呼びます）は、景気がよくなれば（**図表6－1**では、付加価値成長率が高くなれば）高くなり、悪くなれば（**図表6－1**では、付加価値成長率が低くなれば）低くなることを示しています。

すなわち、ナイーブなＴＦＰと景気とのあいだには正の相関（正循環的）があります。**図表6－1**における両者の相関係数は〇・七九です。

図表6－1は一九七四年から一九九八年までですが、川本（二〇一七）は、一九九五年から二〇一五年の期間のナイーブなＴＦＰと実質ＧＤＰ前年比の相関係数も〇・九六と高いことを示しています。つまり景気がよくなり実質成長率が上昇するときには、ナイーブなＴＦＰの伸び率も上昇し、景気が悪化して実質成長率が低下するときには、ナイーブなＴＦＰ伸び率も低下する、ということです。

それではなぜ、ナイーブなＴＦＰの伸び率（以下に示すように、じつは偽りの技術進歩率）と実質成長率とのあいだには密接な相関関係があるのでしょうか。この問いに対する回答は二つあります。

一つは、技術進歩率が高まるときには、それによって実質成長率が高まって景気がよくなる、という考え方です。これは生産性ショックが景気循環を生み出すという考え方で、「リアル・ビジネス・サイクル理論（Real Business Cycle 理論、略してＲＢＣ）」と呼ばれます。林論文はこの理論に基礎を置いています。

もう一つの考え方は、技術進歩とは無関係に生ずる景気変動（あるいは景気循環）に伴って、労働と資本という生産要素の稼働率が変動するために、ＴＦＰと実際の実質成長率とのあいだに高い相関が生ずるというものです。

たとえば、デパートの店員と売上高の関係を考えてみましょう。景気が悪くなって、デパートが売ろうとする商品に対する需要が減ったとします。店員は顧客がほとんど来ないので、暇を持て余しますが、店員の労働時間は変わらず、労働時間に店員数を掛けた労働投入量も変わりません。一方、店員の売上量は減少しています。すると減少した売上量から、労働投入量に基づいて推計された売上量を差し引いて求められるTFPは、売上量が減少するため、低下します。このようにして、減少した売上量と低下したTFPが併存することになります。

しかし、売上量が減少したのは、技術進歩率が低下したためではありません。来店する顧客が減り、来店したとしても、見るだけで買わなかったからです。店員はいつものように、決められた労働時間（たとえば八時間）、店に立っていました。しかし、顧客を相手にする時間は減少し、ただ立って顧客が来るのを待っていただけなのです。

この状況は、店員の数に一人当たり労働時間を掛けて労働投入量を求めることが不適切であり、何らかのかたちで店員の稼働率を測る必要があることを示しています。店員の稼働率を求める一つの方法は、店員が実際に売った金額を店に立っていた時間で割ったもの、すなわち、売上高を労働時間で割った一時間当たりの売上高でしょう。これは店員の時間当たりの生産性の低下を示しますが、生産性が低下したのは、店員の売る技術が低下したためではなく、たんに顧客が買いに来てくれなかったためです。

　これが八〇年代後半のバブル期のように、ワンランク上のものを買おうとデパートに顧客が殺到してくれれば、店員の労働時間は変わらなくても、店員は一日中、忙しく顧客を相手に働くしかありません。その結果、店員の売る技術に関係なく、時間当たり労働生産性は大きく上昇します。

　稼働率の問題は、資本にも当てはまります。需要が減って売れ行きが悪くなれば、生産を落とすしかありませんから、それに伴って工場や機械設備などの資本の稼働率も低下します。この稼働率の低下により、真の資本投入量は減少します。それにもかかわらず、資本稼働率の低下を考慮せずに、資本投入量を計算してソロー残差を求めると、減少した生産量から、真の資本投入量よりも大きな資本投入量の生産への貢献分を差し引くことになってしまうため、TFPは低下した、と推計されてしまいます。

　稼働率以外にも、景気変動が「ナイーブなTFP」の変動をもたらす要因として、規模の経済（収穫逓増ともいう）の存在があります。

　規模の経済とは、技術進歩がなくても、生産量が増えると生産効率が上がる、ということを指しています。規模の経済は、半導体や自動車などの製造業における耐久財生産に特徴的に見られる現象です。これらの生産では、生産量が多くなるほど、製品の歩留《ぶどまり》率が上がったり、生産ラインを休むことなく、速度を上げて動かせるようになったりするため、生産効率が上がります。

しかし、規模の経済による生産効率の上昇は、景気が悪化して生産量が落ちれば失われてしまいますから、生産効率を恒久的に引き上げる技術進歩ではありません。

労働や資本の質も景気循環とともに変化する

さらに、労働や資本といっても、同質ではないという問題があります。川本（二〇〇四、二〇一七）では指摘されていませんが、労働と資本の質も景気循環とともに変動する可能性があります。

たとえば、九〇年代のバブル崩壊後の日本の労働市場を振り返ってみましょう。この時期に起きたことは、新卒の就職難と、正規社員の減少および非正規社員の急増です。このような雇用状況では、生産性の高い社員は減少したと考えられます。非正規社員はほとんど職業訓練を受けたことがないため、その技術（スキル）水準は低いと考えられます。また、新卒の採用が減ることは、高い技術を持った社員が退職しても、将来性のある新入社員に置き換えられる機会が減少することを意味します。

したがって、どの労働者の生産性（質）も同じと考えて、労働投入量を測って求められる

「ナイーブなＴＦＰ」は、景気が悪化しているときには、低下します。景気の悪化に伴って新卒が減り、非正規社員が増えるときには、労働の質を考慮すれば、労働投入量は減少したと考えるべきです。このように、労働投入量を労働の質を考慮して測れば、景気が悪化して生産量が減ったときには、労働投入量も減っているから、推計される「ソロー残差＝ＴＦＰ」は低下しません。

同じことは、資本にも当てはまります。景気が悪くなると、生産しても売れませんから、企業は生産能力の高い設備を導入することなく、古い設備を更新もせずに使い続けます。第二章で示しましたが、デフレ下の企業の純投資はマイナスの年が多く、企業は古くなった設備を使い続けたのです。このように、資本の質（生産能力）を考慮して資本投入量を測れば、景気が悪いときには、資本投入量は減少したと考えるべきです。資本投入量を資本の質を考慮せずに測って、「ナイーブなＴＦＰ」を求めると、労働の質を考慮しなかった場合と同じように、ＴＦＰは低く推定され、あたかも、技術進歩が停滞したかのような誤解を生みます。

林（二〇〇三）やHayashi & Prescott（二〇〇二）は、以上に述べたような労働の稼働率も資本の稼働率も、規模の経済も、労働や資本の質も考慮せずにＴＦＰを計測しているため、真の技術進歩率を捉えることができておらず、誤ったメッセージを送ったと考えられます。

さまざまな結論をもたらすＴＦＰ推計の諸研究

ここで、日本経済のＴＦＰが八〇年代と九〇年代とでどう変化したかを研究したいくつかの論文の結論を、乾友彦・権赫旭（二〇〇五）と宮川（二〇〇六）を参照して紹介しておきましょう。

九〇年代（研究者によって、八〇年代と九〇年代の期間の取り方が異なるという本来、無視できない問題がありますが、ここではこの問題は不問に付します）に、日本経済全体のＴＦＰが八〇年代に比べて一％ポイント以上低下したという研究に、Hayashi & Prescott（二〇〇二、二・一七％ポイント低下）、内閣府（二〇〇二、一・四％ポイント低下）、吉川洋・松本和幸（二〇〇一、二・一％ポイント低下）があります。これらの研究では、資本と労働の質が考慮されていません。すなわち、すべての資本と労働は同じ生産能力をもつと仮定して、それぞれの生産要素が集計されています。

また、Hayashi & Prescott（二〇〇二）と吉川・松本（二〇〇一）では、資本（設備）の稼働率が考慮されていません。以上から、これらの研究は「ナイーブなＴＦＰ」を推計しているといえ、真の技術進歩率を計測したとはいえません。

九〇年代のＴＦＰが八〇年代よりも〇％以上、一％未満低下したという研究には、深尾京司ほか（二〇〇六、〇・七一％ポイント低下）、Jorgenson & Motohashi（二〇〇五、〇・六七％ポイント低下）、Hayashi & Nomura（二〇〇五、〇・九％ポイントの低下）、宮川（二〇〇六、〇・九五％ポイント低下）があります。これらの研究のうち、資本（設備）の稼働率を考慮した研究は、深尾ほか（二〇〇六）だけです。深尾ほか（二〇〇六）、Jorgenson & Motohashi（二〇〇五）およびHayashi & Nomura（二〇〇五）は、資本と労働の質（労働の質は年齢、性別、教育水準などを考慮しています）の変化を考慮して、それぞれの生産要素を集計しています。

以上から、これらの研究のなかでは、資本の稼働率および資本と労働の質の変化を考慮した深尾ほか（二〇〇六）が最も信頼が置ける推計といえるでしょう。

しかし、深尾ほか（二〇〇六）でも、労働の質は年齢、性別、教育水準（高卒か大卒かといった基準）などで評価されているだけで、八〇年代のバブル崩壊後に高まった非正規社員の存在を考慮していません。彼らは仕事しながらの訓練（On the Job Training＝ＯＪＴ）や研修（Off the Job Training）を受けることができないため、たとえ彼らが大卒であったとしても、技術（スキル）水準は正規社員よりも低いと考えられます。この意味で、深尾（二〇〇六）も実際の労働投入量を過大に捉えることになってしまうため、推計されるＴＦＰは真のそれよりも低く計測されてしまいます。

以上のように、のちに述べる川本（二〇〇四、二〇一七）以外のＴＦＰに関する諸研究はどれも欠点を克服しておらず、しかも、九〇年代のＴＦＰの八〇年代に比べた低下幅は、〇・六七％ポイントから二・一七％ポイントという広い範囲に広がっています。推計幅がこれだけ広いと、ＴＦＰ実証研究を信頼することは困難です。しかも、同じ研究者が一、二年後に推計したＴＦＰがその前の推計値と大きく異なることもあります。

この章の冒頭で述べたように、日本の年平均実質成長率は八〇年代（一九八〇年〜一九九〇年）の四・七％から、九〇年代（一九九〇年〜二〇〇〇年）に一・一％へと、三・六％ポイント低下しました。Hayashi & Prescott（二〇〇二）は、九〇年代のＴＦＰは八〇年代よりも二・一七％ポイント低下したと推計していますから、九〇年代の実質成長率低下（三・六％ポイント）のうち六〇％は九〇年代に突如として、ＴＦＰ＝技術進歩率が大きく低下したためであることになります。

それに対して、Jorgenson & Motohashi（二〇〇五）と深尾ほか（二〇〇六）によると、九〇年代の実質成長率低下のうち、技術進歩の低下による割合は一九〜二〇％にすぎません。

生産要素の産業間の再配分の低下が九〇年代の労働生産性低下の要因か

宮川（二〇〇三、二〇〇六）は「ＴＦＰの変化率には、純粋な技術進歩率だけでなく、生産要素の再配分効果も含まれている」（宮川〈２００６〉）と考えて、ＴＦＰから労働力と資本の産業間の再配分効果の部分を抜き出して、労働生産性の要因分解を試みています。宮川（二〇〇三）は「一九八〇年代後半のバブル期には、資金移動が活発化し」ているが、「九〇年代には」「資金市場の流動性が大きく低下し、ここ三十年間では最低の水準で推移している」（三六ページ）と述べ、この資金市場の流動性の低下を資金配分機能（すなわち、資本再配分効果）の低下と解釈して、九〇年代の労働生産性の低下要因の一つであると述べています。

ところが、宮川（二〇〇六）では、資本の再配分効果は九〇年代（一九九〇年〜二〇〇〇年）のほうが八〇年代（一九八〇年〜一九九〇年）よりもわずかに高くなった（八〇年代はマイナス〇・〇三％、九〇年代は〇％）という、宮川（二〇〇三）とは逆の結論が導かれています。

宮川（二〇〇六）では、労働の再配分効果は九〇年代に八〇年代よりも〇・五五％ポイント低下したと計測されています。宮川（二〇〇六）によると、九〇年代の労働生産性は八〇年代よりも二・〇四％ポイント低下しましたから、九〇年代の労働の再配分効果の低下は、九〇年代の労働生産性低下の二七％を説明することになります。この実証結果から、宮川（二〇〇六）は「労働市場での資源配分の歪みが、労働生産性の低下要因になっていることがわかる」と述べています。

宮川（二〇〇六）でいう「労働市場での資源配分の歪み」とは、九〇年代に就業者が生産性の低い産業に留まり続けて、生産性の高い産業に移動しなかったり、生産性の高い産業における新卒採用が減少したりした、ということです。

しかし、二―一（四六～六一ページ）で示したように、デフレ下で失業率が急上昇し、「経済・生活問題」を動機とする自殺者が急増するほど悪化した雇用状況で、就業者の産業間の移動が低下したのは、当然のことです。この点については、**図表6―6**（三二一ページ）に関する議論も参照して下さい。

九〇年代に技術進歩率は低下しなかった

これまでに取り上げたＴＦＰや労働生産性に関する諸論文は、どれも「九〇年代の技術進歩率は八〇年代に比べて低下した」と述べています。

それに対して、川本（二〇〇四）は、正攻法でソロー残差の推定を修正して「九〇年代に技術進歩率は低下しなかった」ことを明らかにしました。すなわち、資本と労働の稼働率、資本と労働の質の変化を考慮し、さらに、生産物市場での完全競争（企業は市場で決まった価格を受け入れるだけで、自ら価格を設定しないという意味で、価格支配力をまったくもっていない市場のこと）を仮定せず、規模の経済の存在と、規模の経済が異なるセクター間での循環的な生産要素の再配分をも考慮したうえで、ソロー残差＝ＴＦＰを推定しました。

そこで、川本（二〇〇四）はこのようにして推定されたソロー残差＝ＴＦＰを「修正ソロー残差」と命名し、これこそが「真の技術進歩率である」と述べています。

この研究によると、民間部門全体（マクロ経済全体）の八〇年代（一九八〇〜一九九〇年）の（平均）技術進歩率が二・三％であったのに対して、九〇年代（一九九〇年〜一九九八年）は二・一％で、ほとんど変わりません。深刻な不況の影響を受けた九八年を除くと、九〇年代の平均マクロ技術進歩率は二・六％と、八〇年代を上回ります。「これらの結果を見る限り、一九九〇年代に技術進歩のペースが落ち込んだという証拠はほとんど見いだされない」（川本、二〇〇四）という結論が得られます。

次に、川本（二〇〇四）の部門別推計結果を紹介しましょう。非製造業の技術進歩率は、八〇年代の二・〇％（宮川、二〇〇三では一・一八％）から九〇年代の二・一％にわずかに上昇しました（宮川、二〇〇三では〇・六五％の低下）。非製造業は民間経済全体の約七〇％を占めますから、非製造業で九〇年代に技術進歩率がわずかながら上昇したことは、マクロ経済全体の技術進歩率のペースを下支えしました。製造業・非耐久財部門の技術進歩率も、八〇年代の二・〇％から九〇年代の二・一％にわずかに上昇しました。

一方、製造業耐久財部門の技術進歩率は、八〇年代の三・五％から九〇年代の二・一％へと一・四％ポイント減速しました。

九〇年代には、情報通信機器の生産技術が飛躍的に向上し、アメリカの製造業・耐久財部門の技術進歩率が大きく加速したのに対して、日本では一・四％ポイントも減速したことはパズル（謎）です。

川本（二〇〇四）はこのパズルについて、二つの説明を提示しています。第一は、耐久財の価格指数の上方バイアスが拡大し続けたため、川本（二〇〇四）で使用したデータにおける九〇年代の製造業・耐久財部門の実質成長率が過小推定されている可能性です。この過小推定は推計される技術進歩率の過小推定をもたらします。第二に、日本の耐久財部門は、九〇年代、継続的に生じた円高のため海外直接投資を大幅に増加させました。そのため、情報通信機器の大部分が海外に移転した可能性があります。

以上から、川本（二〇〇四）は「一九九〇年代に観察された生産性低下（実質経済成長率の低下でもある——引用者注）は、技術進歩率の低下によってもたらされたものではないという頑健な結論を得た。本稿の結果は、日本経済の『失われた一〇年』はＲＢＣ理論的なロジックで説明しようとする考え方に疑問を投げかけるものである」と述べています。

要するに、九〇年代初めに起きたマネーストックの急減少が引き金となって起きたバブル崩壊がもたらした需要不足を、その後も放置し続けた金融政策によって、経済がデフレに陥れば、労働も資本も稼動率が大きく低下するため、技術進歩率が変わらなくても、成長が鈍化するのは、当然の帰結だということです。

以上の川本（二〇〇四）の結論が意味することを、宮川（二〇〇六）は、「ソロー残差の変動は、需要要因にしたがっていることになり、需要側の管理を間違えなければ日本経済は本来の技術力を発揮できるという解釈になる」（二八ページ）と総括しています。

川本（二〇一七）は、二〇〇〇年代についても「真の技術進歩率」を推計しています。この推計で興味深いのは次の結論です。「通常のTFPでは、リーマン・ショック後の二〇〇九年に、マイナス五％ものマイナスの技術進歩（技術退歩！）が生じたことになっている。つまり、TFPを信ずる限り、同年の深刻な不況は、金融危機ではなく、技術退歩が原因ということになる。しかし、推計した（真の：引用者注）技術進歩率をみると、二〇〇九年でも、大きなマイナスの値は観察されておらず、技術ショックではなく、金融危機に伴う総需要の急減によってもたらされた可能性が高いことが示唆される」。この結論は、RBC論者以外の人にとっては当たり前のことでしょう。

ところで、川本（二〇〇四）の参考文献には「Kawamoto, Takuji, "Monetary Policy Matters in Japan," unpublished manuscript, University of Michigan, 2002」という未公表論文が示されています。邦訳すれば「金融政策は日本において重要である」という題名で、これほど「金融政策は重要だ」と言い切った論文は、黒田日銀以前の日銀が公表した日銀エコノミストの論文のなかにはないと思われる（日銀が公表した日銀エコノミストの論文をすべて調べ上げることはできないので、断言はできませんが）だけに、この論文が未公表のままであるのはきわめて残念です。

六―二　構造改革論者の主張する九〇年代以降の長期経済停滞論

九〇年代以降の「失われた十年」あるいは「失われた二十年」の「真因」をめぐっては、経済構造に真因を求める構造説と、デフレーションに真因を求めるデフレ説とが対立しました。第五章までで、私が取る立場はデフレ説であることを説明しましたので、ここでは、構造説を取り上げて、その妥当性を検討します。

構造説論者の長期経済停滞の原因とは何か

構造説とは、「失われた十年」の真因は日本経済の構造に問題があるからだ、という仮説です。以下に示すように、構造説は多岐にわたっていますが、九〇年代に構造要因によって潜在成長率と労働生産性が低下した、という点では、共通しています。ここでは代表的な構造説を取り上げ、その妥当性を検討します。

「日本的経営」不適合説の妥当性

「日本的経営」不適合説とは、九〇年代以降、急速に進んだグローバル化に対して日本的経営が不適合になったため、日本が長期経済停滞に陥ったというものです。

そこで初めに、この説を取る人びとがいう日本的経営とは何かを明らかにしておきましょう。

「失われた十年の真因」論争当時、日本的経営の特徴としてしばしば指摘された点は、日本的雇用慣行です。日本的雇用慣行とは、終身雇用制、年功賃金制、企業内組合から構成され、相互に補完し合う慣行です。

終身雇用制とは、正規社員として就職した労働者は、定年までよほどのことがないかぎり解雇されずに勤め上げる、という慣行です。

年功賃金制とは、会社に勤めている期間が長くなるにつれて、賃金が上がる慣行です。

最後に、企業内組合とは、労働組合が会社単位に組織されている労働組合のことです。

三つの慣行は、一つが崩れると他も崩れるという意味で、相互補完関係にあります。企業が終身雇用制を採用したのは、労働者は企業内での仕事を通じて熟練していきますが、そうした熟練労働者が途中退社せず、定年まで勤めるようにして、熟練労働者を確保しようとしたからです。

労働者が途中退社せず、定年まで勤め上げるようにするためには、労働者にとってそうすることが有利になるようにしなければなりません。その有利にする制度が、同じ会社に長く勤めるほど有利になる年功賃金制です。この年功賃金制には、退職金が長く勤めたほうが高くなるという制度も含まれます。

終身雇用制と年功賃金制とを組み合わせて、会社での仕事を通じて、あるいは研修を通じて、熟練度を増した労働者を会社に定年までつなぎ止めるためには、労働者が他の職種や他の企業の労働者と組合を形成することは阻止しなければなりません。アメリカでは、同一の産業に属する労働者が組合を形成するという産業別組合制度が採用されています。仮に日本でも産業別労働組合が形成されると、賃金は産業単位で決まることになり、個々の会社の終身雇用制と結びついた年功賃金制を採用できなくなります。

以上からわかるように、日本の正規社員は終身雇用制により、雇用面では安定した存在であるというメリットを享受する傍ら、いったん就職した会社を自分に向いていなかったという理由で定年前に辞め、より自分に合った他の会社に転職することが難しい、というデメリットを抱えることになります。しかも、同じ会社での勤続年数が二十五年を超えると、退職金にかかる税金が安くなります。国家までが、長期勤続を奨励しているのです。

会社のほうも、熟練した正規社員を定年までつなぎ止めることができるというメリットを享受する代わりに、いつまでたっても熟練しない正規社員を解雇することが難しい、というデメリットを抱えています。

九〇年代の経済停滞は、日本的経営が時代にマッチしなくなったためであるという構造説を採る人は、九〇年代になって、急にいま述べた日本的雇用慣行のデメリットがメリットを上回るようになった、と主張していることになります。

しかし、なぜ九〇年代に入って、急に日本的雇用慣行のデメリットがメリットを上回るようになったのでしょうか。その理由として、経済のグローバル化を挙げる人がいます。グローバル化が進むと、今まで会社が育てた人材とは、全く異なる能力をもった人が必要になります。しかし日本的雇用慣行では、会社内でそうした新しい能力をもった人材を育てなくてはならず、時間がかかりすぎて生産性が上がらず、グローバル化の波に遅れた、というのです。

九〇年代に入って急にグローバル化が進んだのか

それでは、九〇年代に入って、日本的雇用慣行のデメリットがメリットを上回るようになるほど、急激にグローバル化が進んだのでしょうか。グローバル化をどのような指標で見るかは難しい問題ですが、ここでは、世界の輸出額と直接投資額およびそれらの対GDP比で見てみ

図表6-2　財サービスの日本と世界の輸出金額

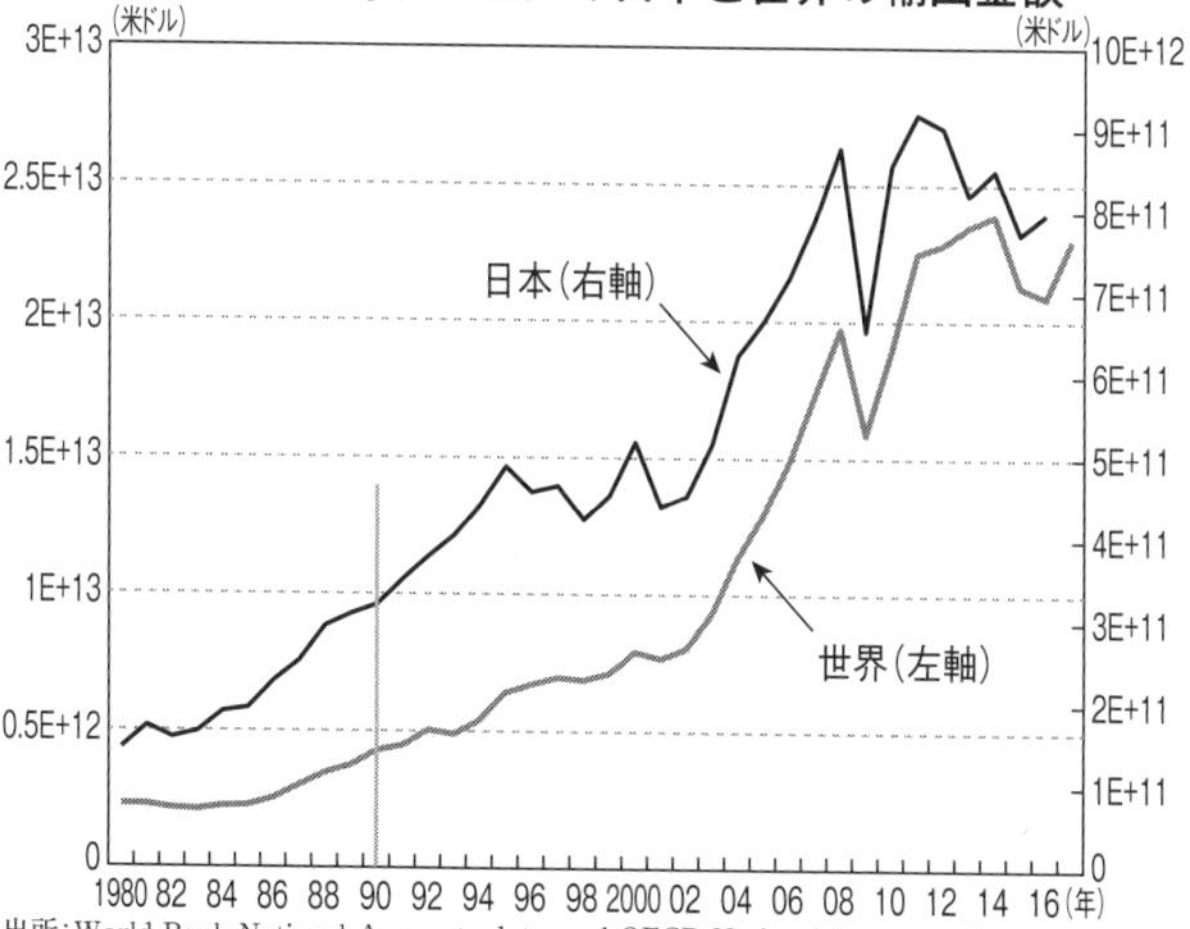

出所：World Bank National Accounts data, and OECD National Accounts data files, 2018

ましょう。

図表6－2は、九〇年代の世界の輸出額は八五年以降の趨勢《すうせい》線上に沿って増加しており、九〇年代に入って急激に増加し始めたわけではないことを示しています。世界の輸出額がそれまでの趨勢線を離れて急激な増加に転ずるのは、〇二年以降で、日本の輸出額も同年以降、急増しています。

図表6－3は、九〇年代に入って、世界の輸出額の世界全体のGDPに対する比率は八〇年代よりもかなり上昇しましたが、九〇年代前半の日本の輸出額の対日本のGDP比率は八〇年代よりも低下したことを示しています。この低下が生じたのは、GDPデフレーターの前年比が九四年まで低下しつつもプラスを維持したのに対して、輸出デフレーターの前年比は九一年

図表6-3　世界と日本の輸出額のGDP比

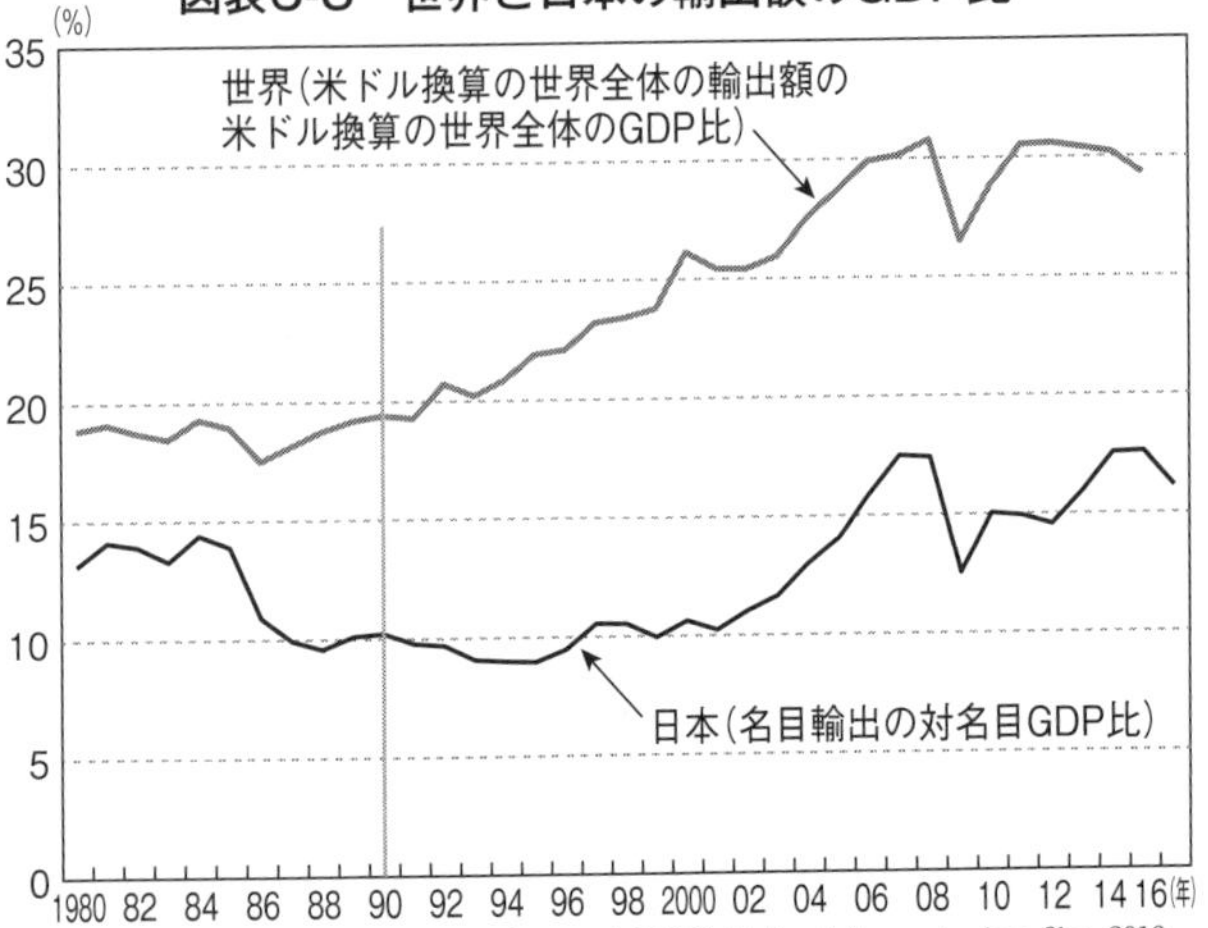

出所：World Bank National Accounts data, and OECD National Accounts data files, 2018

から九四年までマイナスが続いたためです。

このように、九一年以降九四年まで輸出デフレーターの前年比がマイナスになったのは、**図表6-4**に示されているように、九一年~九五年まで急速な円の名目実質実効為替レートが上昇した（円高になった）ため、日本の輸出企業が円建て輸出価格を引き下げることによって実質実効為替レートを低位に安定化させようと努力し、名目の円高によって引き起こされる輸出の減少を食い止めようとしたからです。

次に、九〇年代に入って、直接投資がどのように変化したかを見てみましょう。**図表6-5**は、九〇年代前半の直接投資のGDP比は、世界についても、日本についても、八〇年代とそれほどの差がないことを示しています。

以上から、九〇年代前半に、日本企業が、日

図表6-4　1980年代から2009年までの円の名目実質実効為替レート指数

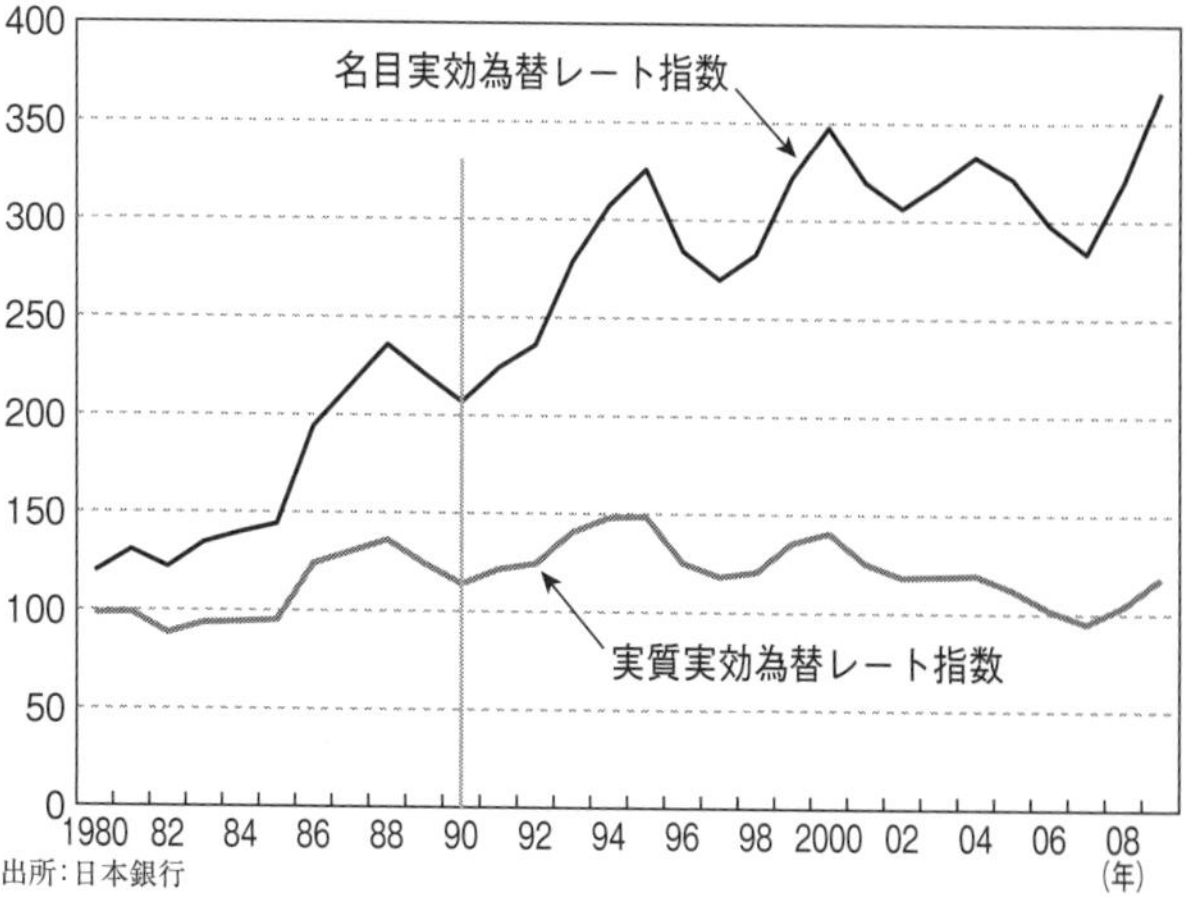

出所：日本銀行

図表6-5　世界と日本の直接投資の対GDP比の推移

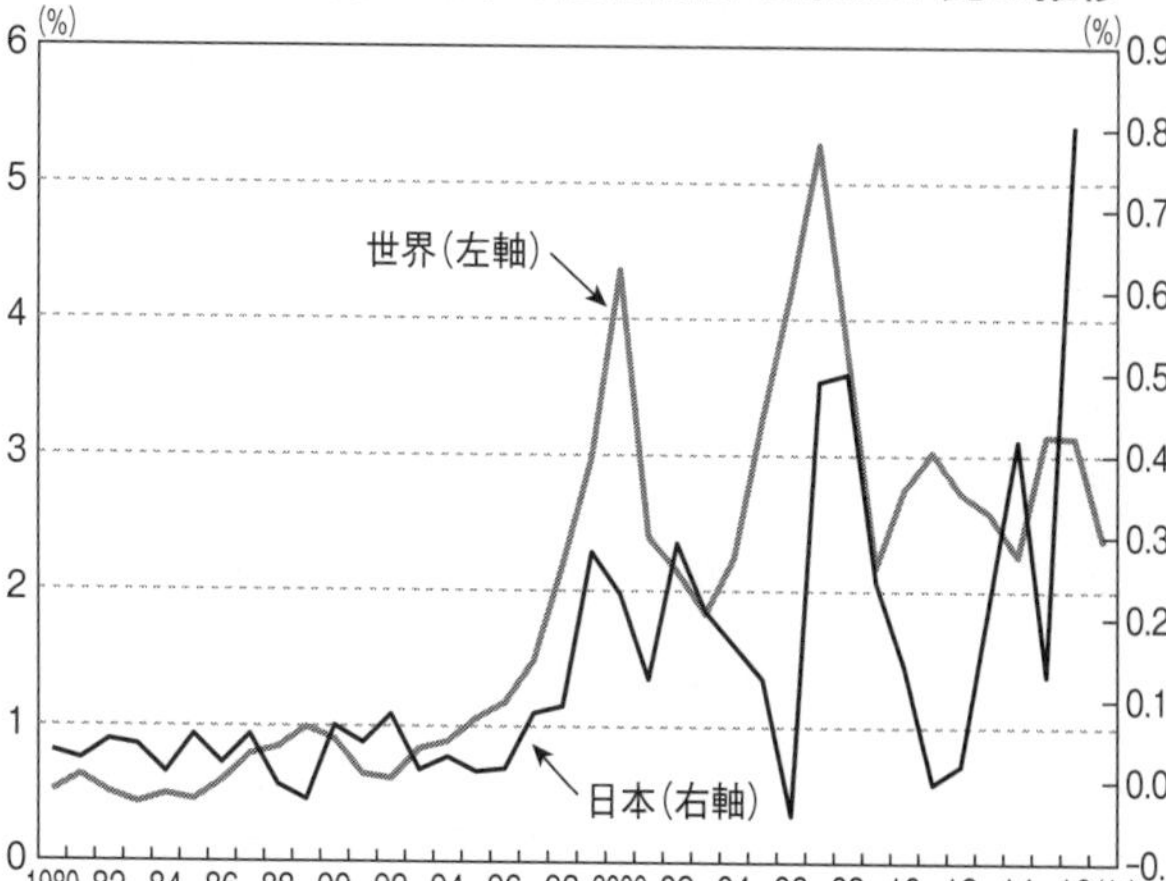

出所：World Bank National Accounts data, and OECD National Accounts data files, 2018

本的雇用慣行が原因でグローバル競争から脱落し始めたという説は妥当ではない、と考えられます。

図表6―5からわかるように、八〇年代以降、企業の対外直接投資のＧＤＰ比は、世界の直接投資のＧＤＰ比とほぼ同じペースで変動しつつ、上昇傾向を示しており、日本的経営が世界のグローバル化に遅れをとっているようには見えません。

デフレ下では日本的経営を守れない

しかし、九〇年代終わりから二〇〇〇年代に入る頃には、日本的経営は、特に、大企業にとっては、成長の足かせになり始めたと考えられます。しかし、それはグローバル化に対応できなくなったというよりも、デフレに対応することが困難になったことのほうが大きな要因であると思われます。

デフレが続くなかで、日本的経営は次のように変化していきます。

第二章で述べましたが、ＧＤＰデフレーターだけでなく、九八年からは消費者物価で見てもデフレになり、同年末には、山一證券などの大型金融機関の破綻が相次ぎ、〇一年にはＩＴバブルが崩壊し、三期連続のマイナス成長という厳しい経済環境に直面しました。

日本的経営では、正規社員を終身雇用するといっても、定年前に子会社などの関連会社に転出させるという方法で、雇用を保障することが行われていました。子会社は、親会社ほど高い賃金を払えませんが、それでも子会社の収益性から見れば、高い賃金を払うのが普通です。これは、子会社に転出した人の給与が大きく低下しないようにするためです。親会社が子会社の費用の一部を負担することを意味し、内部補助と呼ばれます。

しかしデフレが続けば、こうした内部補助は難しくなりますので、子会社に転出した人の賃金を引き下げたり、子会社の規模を縮小したり、最後には、廃業させたりせざるを得なくなりました。これは、企業の「選択と集中」戦略と呼ばれ、企業が収益率を上げる主要な手段の一つとして流行しました。

さらに二〇〇〇年代に入ると、大企業でも、子会社への転出だけでは間に合わなくなり、正規社員の希望退職を募ったり、名目賃金を引き下げたりしなければならない状況に追い込まれました。

日本的経営は、正規社員の雇用をできるだけ定年まで守ろうとするものですが、デフレが長期にわたると、過剰正規社員（これらの人を企業内失業者といいます）を抱えることになり、彼らの雇用を守るためには賃金カットに踏み切るしかありません。正規社員の所定内給与は〇二年～〇九年まで八年間、前年よりもカットされ（厚生労働省『賃金構造基本統計調査』二〇一八年十一月）、〇〇年代には、ベースアップ（基本給が一律に上がることをいいます）をする企業もほとんどなくなりました。

従来、年功賃金制のもとで年齢とともに上昇した賃金も、次第に成果主義が取り入れられるようになり、年功賃金制も崩れる傾向にあります。

第三章で述べましたが、日本では法的に、正規社員を解雇することは困難ですから、正規社員を減らす方法の一つは、新卒の採用を減らすことです。これも、新卒を年度初めに一括採用して、社内で熟練労働者に育てるという日本的経営が崩れることを意味します。

このように、新卒採用が減少すると、企業内高齢化が進みます。年功賃金制（退職金を含めて考えます）は、生産性の高い若い世代の労働者が生産性以下の賃金を受け入れ、生産性の低下した高齢労働者の賃金に回すという意味で、賦課方式の年金と同じです。したがって、年功賃金制は企業内高齢化が進むと維持が困難になります。この企業内高齢化も年功賃金制を崩していく要因です。

以上のようにして、デフレが長引くにつれて、日本的経営自体が維持できない制度になりつつあります。これがいま、企業（とくに大企業）が正規社員の「解雇の金銭解決制度」の導入という規制改革を求める所以《ゆえん》です。

なお、デフレ下で余剰になった正規社員の解雇が困難であることは、正規社員でも解雇が困難でなく、好不況に応じて雇用調整がしやすい国へ、製造業が生産拠点を移動させる誘因の一つになったと思われます。T. Hatta & S. Ouchi eds.（二〇一八）は「九〇年代以降、日本のIT産業の生産拠点が台湾に移動した要因の一つとして、台湾が日本よりも正規社員の解雇（金銭的解決型解雇）が容易である」点を挙げています。

「銀行の追い貸し説」の妥当性

銀行の追い貸しが九〇年代の「失われた十年」の真因であることを強調したのは、R. Caballero, T. Hoshi, and A. Kashyap（二〇〇六、以下、CHKと引用）です。

彼らは、長短プライムレートや社債の五年間の発行実績の最低クーポン等を用いて、期初の有利子負債残高から「最低限支払うはずの利息（以下、最低支払利息という）の理論値」を求め、実際の支払利息がそれを下回っている企業は金利減免を受けている企業と仮定し、その企業を「ゾンビ企業」と名付けました。

ＣＨＫは、このように定義された「ゾンビ企業」は生産性や収益性が低く本来、市場から退出すべきであるにもかかわらず、債権者や政府からの支援により事業を継続し、こうしたゾンビ企業が九〇年代以降、大量に存在し続けたことが生産性の高い企業への労働配分を妨げ、健全な企業成長を抑制し、経済全体の生産性の伸びを低下させ、その結果、九〇年代から二〇〇〇年代にかけて日本は長期経済停滞に陥った、と主張しています。

それに対して、中村純一・福田慎一（二〇〇八）は、ゾンビ企業をCHKの金融支援尺度に加えて、収益性尺度（最低支払い利息さえカバーできない収益状況）も満たす企業と定義し直して、ゾンビ企業比率を推定し直しました。

その結果は、「ゾンビ企業」比率と景気循環との間には、明確な正の相関があることが判明します。すなわち、CHKでは九〇年代以降、〇五年度まで、ゾンビ企業は一貫して増加し続けますが、中村・福田（二〇〇八）の定義によるゾンビ企業比率は、景気後退期には急上昇していますが、景気回復期には大きく低下しています。

さらに、中村・福田（二〇〇八）によると、「ゾンビ企業」の多くは、金融支援を受けて生き延びながら、健全企業として復活しています。復活の最大の要因は「売上高の増加」で示される景気回復です。

このことは、景気の悪化さらに長期経済停滞が「ゾンビ企業」を発生させたのであり、CHKが主張する、「ゾンビ企業」の大量の存在が九〇年代から二〇〇〇年代前半にかけての長期経済停滞の原因ではないことを示しています。つまり、CHKは因果関係を逆に捉えていると考えられます。

このように、ゾンビ企業もナイーブなTFPと同様に、景気循環と明確な相関をもっています。

そもそも、日本の企業は景気が悪化したからといって、すぐに正規社員を解雇せず、正規社員との間に暗黙の長期雇用契約関係を維持し（すなわち日本的経営）、日本の金融機関（銀行）も企業の収益が悪化したからといって、ただちに貸出を回収したり、追加の貸出に応じなくなったりせずに、貸出先の企業とのあいだに暗黙のうちに長期契約関係（すなわち、企業の長期的な収益性を重視した融資）を維持しようとする点が、八〇年代にはアメリカ経済との比較で日本経済の強みである、と強調されたのです。

すなわち、アメリカの企業は景気が悪化すれば労働者をただちに解雇し、金融機関も貸出先企業の収益が悪化するとただちに貸出を回収する、というように、短期的な視野で行動するから経済が停滞するのだ、という主張です。

こうした日本の経営や企業金融の特徴はアメリカのそれらよりも優れている、という見方が多かったのに、日本で八〇年代後半にバブルが崩壊し、その後、経済成長率が大きく低下すると、たちまちそうした特徴こそが経済停滞をもたらす「構造的要因だ」と主張する人が急増したのです。

資本主義経済はどこでも構造問題を抱えていますが、なかでも日本の未熟な資本主義は、日本特殊的構造的問題（たとえば、日本経済は「近代的」な大企業と「前近代的」な小企業から構成されるという二重構造問題）を抱えている、というのは、日本のマルクス経済学者のオハコでした。どうやら、日本の主流派経済学者（かつて近代経済学者と呼ばれた）も、景気が悪くなるとマルクス経済学者になるようです。じつは構造問題はどこの国でも、景気が良かろうが悪かろうが、存在するのです。

「規制改革と政府企業の民営化の遅れ説」の妥当性

この説は、規制改革や政府企業の民営化が遅れたため、効率的な産業構造への転換が遅れたというものです。

しかし、以下に示すように、九〇年代以降は八〇年代よりも規制改革が進んだ時期です。八〇年代よりも規制緩和が進んだ九〇年代以降のほうが、成長率が落ちたのですから、九〇年代以降の成長率低下の要因を、規制改革と政府企業の民営化の遅れに求めることには無理があります。

六―三　九〇年代半ば以降の規制緩和・規制改革

九〇年代半ば以降の規制改革の原点になった「規制緩和小委員会」

八〇年代に進められた電信電話や国有鉄道の民営化といった規制緩和は、バブル景気でいったん頓挫しますが、バブル崩壊後の経済停滞に危機感を抱いた人たちによって、九〇年代半ばから八〇年代よりも速度を上げ、多岐にわたって進められました。

この時期に規制緩和を進めたのは、総理府（現内閣府）に設置された行政改革委員会が、九五年四月に、規制緩和を専門的に検討するために設置した「規制緩和小委員会」です。この委員会は九五年から九七年の三年間で三回にわたり、報告書を提出しました。私はこの委員会の委員の一人で、土地・住宅問題と公共工事の規制のあり方を担当しました。

「規制緩和小委員会」は、各省庁に設置された審議会とは次の点で決定的に異なります。各省庁に設置された審議会の委員は、各省庁が選びます。したがって、各省庁の意向に沿わない人は委員には選ばれません。審議会は当該問題の所管省庁が問題提起し、資料を提出し、その提出された資料に基づいて委員が議論します。そのため、審議会の議論と結論はどうしても当該問題の利害関係者である当該省庁の意向に沿ったものになりがちです。

それに対して、「規制緩和小委員会」の委員の選択に、規制緩和に利害関係をもつ各省庁は関与できません。規制緩和小委員会の場合は、総理府に設置された行政改革委員会が委員を選びました。

各省庁と政治家または政党と利益団体の間には、「鉄の三角関係」という「もちつもたれつ」

の関係があります。この関係を維持したままでは、規制緩和はできません。
「規制緩和小委員会」では、当該官庁と利益団体は、規制緩和小委員会の委員に対して、規制の根拠を問われる側に回ります。規制緩和を進める方式は、従来の官庁の審議会のような非公開（したがって発言者の名前は伏せられます）とは異なるもので、原則公開制を取りました。したがって、政治家や当該官庁が利益団体の意向を「規制緩和小委員会」の委員に個別に説明し、賛成を得ようとしても、説明を受けた委員が、議事録が公開される委員会の場で、利益団体の立場に立って発言するわけがありません。

　これが、まさに政策決定の「政治主導」です。この「政治主導」を進めるためには、官庁の規制の根拠が合理的であるかどうかを、理論的・客観的に判断できるだけの能力をもった人が委員会のメンバーにならなければなりません。「政治主導」といっても、政治家は経済と経済学の専門家ではありませんから、政治家自身が官僚と対峙《たいじ》するのはどだい無理な話です。したがって「政治主導」で重要なことは、誰を委員会のメンバーに選ぶかが決定的に重要です。

　以上の点について、九七年十二月十二日に「規制緩和小委員会」の親《おや》委員会である行政改革委員会は、「行政改革委員会　最終意見」として、次のように述べています。

「当委員会は、九三回の規制緩和小委員会における検討、四二回の公開ディスカッションの実施、規制緩和に関する論点の公開（全七次　一一五項目）とそれに関する意見・要望の聴取、全国各地における一八回にわたる規制緩和に関する意見交換（一日行革委員会、規制緩和フォーラム）など、内外の意見をもとに議論を積み重ねてきた。

こうした検討を踏まえ、これまで『規制緩和の推進に関する意見』を二次にわたり内閣総理大臣へ提出し、今回で三次目の意見提出となる。本意見は、国民各層との双方向の真摯な検討の結果である。政府においては、本意見の指摘内容の実現を図り、規制緩和を強力に推進されることを期待する」

規制緩和小委員会がとくに力を入れたのは、「規制が必要である」と主張する規制担当官庁との集中的な議論と、規制を守ろうとする業界団体との討論を公開した点です。公開討論は毎週木曜日か金曜日だったと記憶しますが、三時間からそれ以上も費やす討論会で、加えて各メンバーは担当ごとに規制官庁との議論や現場への視察がありますから、委員会のメンバーは委員会の仕事に相当の時間を割かなければならず、私にとっては正直、かなりの負担でした。

「最終意見」は「規制緩和小委員会」のめざしたもの、および基本的な考え方を次のように述べています。

「市場経済下での世界規模の激しい競争、そして国内の少子高齢化の急速な進行の中、我が国の前途は決して楽観できない。内外の厳しい環境の下、我が国が健全に発展していくためには、真に効率的で世界に通用する経済社会の構築、民間主体による創造的な経済活動の活性化が不可欠である。行政全般に見られる深刻な制度疲労や財政の困難な状況にも鑑みれば、規制の緩和・撤廃とそれを通じたシステム改革が実現できるか否かが、日本の構造改革のうえで極めて重要な課題である。

規制緩和・撤廃の意図するところは、国民の自由な活動の基盤を整え、『民でできるものは民に任せる』ことにある。これは、国民生活や経済活動について、行政が一律かつ事前に、参入を規制したり、価格・数量や供給の方法などを管理し決定するのではなく、国民の自由な選択を第一に尊重し、それに合致したものが評価されるという考え方に基本的に変更しようというものである。このように国民・消費者の市場における評価を通じることで、真に合理的で効率的な日本の経済社会を築くことを狙いとしている。同時に、その過程で、弱者への対策など必要な施策を十分に検討・措置し、我が国全体としてより活力のある経済社会システムを創ろうとするものである。

具体的には、参入・価格規制などの緩和・撤廃、時代に合わなくなった硬直的な諸規制の合理的見直し、規制により構築されている既存システムの見直しを総合的に行うことによって、自己責任に基づく自由な活動の実現と市場機能の最大限の発揮、高コスト構造の是正や国民経済の持続的な生産性の向上を図り、自由な個々人の創造性が活きる、創意と活力に溢《あふ》れる国造りを目指している。

規制緩和・撤廃という言葉には、求める改革の内容として様々なものが含まれている。例えば、①参入・価格規制などの民間活動に対する制約の緩和・撤廃、②既存規制システムの、時代の要請に即した再構築、③裁量の排除による行政システムの透明化、④基準・規格のグローバル・スタンダード化、⑤行政手続の簡素化・合理化、などである。それぞれの課題に応じて適切に議論を整理し、規制緩和を進めていくべきであることは言うまでもないが、個々の規制緩和の課題を巡ってこれらの要素が重層的に存在しており、横断的な検討と関連事項の一体的な措置が必要であることについて、国民の理解を望みたい」

以上の「規制緩和小委員会」の委員の選出方法と規制緩和に関する考え方は、その後の政府の規制緩和や規制改革の委員会でも、規制緩和・規制改革の原点として引き継がれていきます。

「規制緩和小委員会」後の規制改革

規制緩和小委員会は九七年末にいったん終了しますが、九八年から「規制緩和委員会」と名を変えて発足しました。私を含めて五名の「規制緩和小委員会」のメンバーが引き続き残りました。

規制緩和という仕事は、すでに述べた「規制緩和小委員会」の議論の回数と時間の長さ、規制官庁に対する説得などに多くの時間を取られる仕事です。たんなる「思いつき」で進められるものではなく、規制の内容を熟知しなければできない仕事です。

九〇年代に技術進歩率が急低下した、と主張したTFP計測研究者が、こぞって「構造改革・規制緩和」の必要性を主張したにもかかわらず、具体的な構造改革・規制緩和政策を提言できなかったのは、彼らが規制の内容をほとんど知らなかったからです。

規制緩和を専門にしている研究者にとっては、「規制緩和小委員会」の委員になることは「こんな規制があるのか」という発見があり、規制の内容に詳しくなるといったメリットがありますが、私のように、デフレからの脱却のためのマクロ経済政策の研究に集中したいと思う者にとっては、重荷になる仕事です。

そのため、私は九九年四月から「規制改革委員会」と名を変えた委員会への参加を辞退し、規制改革が専門の八代尚宏氏（当時、上智大学国際関係研究所教授）が私に代わって委員に就任されました。

このときから、規制緩和の代わりに、規制は緩和するだけでなく、分野によっては規制強化したほうがよい場合もあるという理由から、規制改革という呼称が使われるようになりました。

「規制緩和小委員会」の後継委員会である「総合規制改革会議」や第二次安倍内閣の下に設置

された「規制改革会議」などは、「規制緩和小委員会」が定めた改革の原則・目的に従って「規制緩和小委員会」が提言した規制緩和や、その後に追加された規制改革を進めています。その結果、経済的規制改革はかなり進展したため、最近では、安全など情報の非対称性が存在する分野のサービスの質を確保するという名目で設けられた「社会的規制」（医療、保育、介護、教育などの分野）や日本的経営を維持するために設けられた慣行、判例および法律（労働分野）などが、改革の中心課題になっています。

六―四　成長戦略と財政再建・社会保障制度改革の原則

重視すべき経済政策の割り当て問題と「政策パッケージ」

どのような経済政策を取るべきかを考えるときに、最も重要なことは「経済政策の割り当て問題」の原則に沿っているかどうかに注意を払うことです。経済政策は大きく「ミクロ経済政策」「マクロ経済安定化政策」「所得再分配政策」に分けられます。

①「ミクロ経済政策」とは、市場の決定に任せておくと、資源（労働や機械のような資本）配分が不適切（経済学では、非効率といいます）になり、外部経済や外部不経済が発生する場合

（これを市場の失敗が起きるといいます）を除き、市場における家計や企業の行動を制約しないことを原理とする政策です。この原理から、規制改革や外部不経済を防ぐ規制や税制のあり方が導かれます。

なお、外部経済とは次のようなケースをいいます。たとえば、ノーベル生理学・医学賞受賞者の山中伸弥教授のｉＰＳ細胞のような基礎研究は、すべての研究者に無料で公開することによってさらに研究が進み、実際に、医療治療に応用できるようになります。しかし、民間企業はその研究結果を無料で公開したのでは、採算がとれません。

それに対して、基礎研究は無料で公開したほうが国民の福祉は増大します。この意味で、ｉＰＳ細胞のような基礎研究の成果は公共財です。このような無料公開という公共財は民間企業では供給できませんから、その供給に対しては、国が補助金や研究資金の配分などで支援する必要があります。

他方、外部不経済とは、高速道路と住宅との距離が短すぎて、住民が騒音に悩むといったケースで、政府は騒音を防止する対策を講ずる必要があります。

以上から、成長戦略とは、市場の決定に任せておくと、資源配分が不適切になる場合以外は、家計や企業が自由に行動することができるようにすることによって、家計や企業で働く人の能力を最大限引き出そうとする政策といえます。

それに対して、「今後ますます、無形資産投資、ＩＴ投資、ＩｏＴ投資、ＡＩ投資などが国家の盛衰を左右するから、政府はこれらの投資を優遇し、補助金を支給すべきだ」という主張があります。しかし、そうした産業政策は、政府のほうが民間よりも将来を見る目がある、という根拠なき信念に基づいています。基礎的研究のような外部経済が存在しない限り、どういう投資を実施するかは、企業が自主的に決めるべきものです。自ら費用を負担して、リスクをとるからこそ、成果が期待できるのです。返す必要のない他人のお金で、投資するようでは、お金は無駄に使われるだけで終わる可能性が大きくなります。

②「マクロ経済安定化政策」とは、財政金融政策を使って経済変動を小さくし、雇用や物価の安定を図る政策です。経済がデフレに陥らないようにし、二％程度の緩やかな物価上昇をめざす政策は、マクロ経済安定化政策に分類されます。

③「所得再分配政策」とは、市場の失敗が起きる場合以外は、家計や企業が自由に行動することができるようにするミクロ経済政策の結果として、生ずる可能性がある所得分配の不平等化や格差を是正する政策です。

所得再分配政策は、二つの難しい問題を抱える政策です。第一は、所得分配の平等・不平等を客観的に定義することはできない、という問題です。第二は、所得格差を縮小するにつれて、ミクロ経済政策との間で矛盾が生じ、再分配するための財源がなくなってしまうという問題です。

第一の問題は、国民が人びとのあいだにどの程度の所得の差が生ずるかを許容するかという価値観の問題になり、最終的には、国民が選挙を通じて、どのような所得再分配政策を提案する人や政党を選択するかという問題に帰着します。

成長戦略のようなミクロ経済政策とマクロ経済安定化政策とのあいだにも、考慮すべき問題があります。成長戦略の一つである規制改革（あるいは構造改革）は、市場での競争を強化する政策ですから、生産性の低い企業は淘汰されます。たとえば現在（一九年三月現在）、大企業を中心に求められている、正規社員の金銭的解雇を可能にする規制緩和を、景気の悪いときに実施したらどうなるでしょうか。この点を、**図表6-6**を参照しながら考えてみましょう。

図表6-6からは、どの経済指標についても、安倍政権の一八年のほうが〇二年の小泉政権よりも大きく改善していることがわかります。何よりも、〇二年は〇〇年のＩＴバブル崩壊後の年で、デフレが深まる真っ最中でした。この年、政権についた小泉首相は「痛みなくして改革なし。改革なくして成長なし」といって、構造改革を進めると宣言します。

小泉首相は、不良債権が増えたことがデフレを深刻化させたと因果関係を捉えたため、デフレ脱却の手段として不良債権処理を優先しました。しかし不良債権を処理しても、デフレが続く（とくにＧＤＰデフレーターで見たデフレは、小泉政権下で悪化し続けます）一方、〇六年九月

図表6-6　2002年と2018年の経済指標の比較

	2002年	2018年	18年と02年の差
失業者数	359万人	166万人	193万人減少
失業率	5.4%	2.4%	3%ポイント低下
15歳から24歳失業率	35万人	10万人	25万人減少
有効求人倍率	0.54倍	1.6倍	3倍改善
勤め先・事業都合による非自発的転職数	108万人	22万人	86万人減少
企業倒産件数	19,087件	8,235件	10, 852件減少
実質成長率	0.1%	0.7%	0.6%ポイント上昇
消費者物価前年比	-0.9%	0.9%	1.8%ポイント上昇
政権	小泉純一郎	安倍晋三	

出所：総務省「労働力調査」「消費者物価指数」、内閣府「国民経済計算」、厚生労働省「一般職業紹介状況」、東京商工リサーチ「倒産件数・負債総額推移」

に退陣する頃の失業率は四・二％と高く、〇六年四―六月期の実質成長率も一・一％（年率換算）に留まっていました。

図表6-6に示されているように、二〇〇二年当時の失業者は三五九万人、会社や事業の都合で失職したため、転職活動をしている人が一〇八万人、有効求人倍率が〇・五四倍という状況で、正規社員の金銭的解雇を可能にする規制改革をすれば、どうなったでしょうか。解雇された人は転職先が見つからず、失業保険で生活費をまかなわなければなりません。会社都合で失業者になった人の失業保険の受給期間は、被保険期間とその人の年齢によって異なります。たとえば被保険期間が一年以上五年未満で、三十歳未満の人の場合、九十日しかありません。

このような経済環境の下では、そもそも正規社員の金銭的解雇を可能にする規制改革を実施することは無理でしょう。

結局、デフレ下の構造改革（後述する都市再生のような需要創出型構造改革は別です）には成長率を引き上げる効果はなく、雇用を改善する力もないのです。

このように見てくれば、**図表6-6**からわかるように、現在のような経済環境こそ、規制改革が資源配分の効率化を進め、成長率を引き上げることができる経済環境であることが理解できるでしょう。低失業率と高有効求人倍率に示されているような「人手不足経済」であれば、構造改革は生産性の低い企業から高い企業への労働者の移動を可能にします。

デフレによる需要不足の下で、企業が倒産すると、それに伴って失業する人は転職先を見つけることができません。それに対して、現在のように労働市場が「人手不足」の売り手市場になると、生産性の低い企業は賃金を上げられないために労働者を集めることができず、廃業や倒産に追い込まれる可能性があります。しかしその場合でも、その企業で働いていた労働者には、生産性の高い企業に転職するチャンスがあります。

以上からわかるように、デフレ経済では、デフレ脱却こそ優先すべき政策で、構造改革を実施するのであれば、その改革によって、設備投資が誘発されるような（需要創出型）ものでなければなりません。岩田・八田（二〇〇三）が、「都心の住居系ビルの容積率規制の大幅緩和」や「容積売買制度の創設」といった規制緩和による都市再生政策を提案したのは、この規制緩和により、都心のマンション建設や事務所建設といった投資が進み、デフレ脱却に資すると考えたからです。八田大阪大学社会研究所所長（〇三年当時は東京大学空間情報科学研究センター教授）と私は、九〇年代後半頃から、右に述べたような提案をし続けましたが、私たちの提案に沿った制度は、九〇年代の終わりから二〇〇〇年代にかけて実現します。

たとえば、東京駅・丸の内側の赤レンガ駅舎は戦前の三階建てに復元され、改修されましたが、その際、指定容積率に達しなかったため、残った容積率を新丸ビル・丸の内パークビルディング等に売却して、建設と改修のための資金を獲得しました。一方、ＪＲ東日本から容積率を買い取った新丸ビルなどは従来の容積率より大きなビルを建設できるようになったため、東京駅丸の内周辺は超高層ビル地帯に変貌しています。これは、隣接地への容積率移転を可能にした「特例容積率適用区域制度」を利用したもので、岩田・八田（二〇〇三）が提案した「容積売買制度の創設」と同じ制度です。

次に、構造改革と所得再分配制度の関係について説明しておきましょう。すでに例として挙げましたが、正規社員解雇の金銭的解決のような、失業が発生する可能性のある規制改革に備えて、セーフティー・ネットを整備しておくことが重要です。日本ではセーフティー・ネットの整備が不十分で、生活保護の対象にはならないワーキング・プアと呼ばれる人が増えています。

この状況を改善するためには、第五章でも言及しましたが、アメリカ、イギリス、オランダ、韓国およびカナダなどですでに実施されている「給付付き税額控除制度」の導入を前向きに検討する時期に来ていると考えます。これは次のような制度です。

納税額＝税率×（所得－所得控除）－税額控除

右の式で、税率×（所得－所得控除）は通常の納税額（以下、税額控除前納税額と呼びます）ですが、給付付き税額控除制度では、この税額控除前納税額よりも税額控除のほうが大きくなると、左辺の納税額がマイナスになり、このマイナスになった分の支給を受けることができます。マイナスの税＝給付ですから、この考えは、ミルトン・フリードマンが提案した「負の所得税」による所得再分配制度といえます。

この制度はいろいろなかたちで応用が利きます。たとえば、税額控除を負担した消費税の全額に等しくすると、納税額は負担した消費税分だけ減少します。税額控除前納税額よりも負担した消費税のほうが大きい人は、負担した消費税全額の還付給付を受けることができます。実際には、家計の消費支出を正確に知ることはできませんから、当該家計の消費支出は当該家計の可処分所得にその家計が属する所得階級の平均消費性向を乗じたものとする、といった近似が必要になるでしょう。そのようにして近似した消費に消費税率を乗じた値が、近似した消費税負担額になります。

右の例は消費税額控除制度になりますが、控除する割合を家計の所得に逆比例するように設定すると、消費税の逆進性を緩和したり、完全に解消したりすることも可能です。

「パッケージ型経済政策」のすすめ

以上、述べたことをまとめると次のようになります。

①政府は「将来の日本の姿について明確なビジョン」をもって、パッケージ型経済政策」を立案し、首相の強いリーダーシップの下に推進すべきです。つまり、政治主導です。

②ミクロ経済政策としての構造改革（成長戦略）の基本は、外部経済・不経済が存在しない分野では、競争を制限せず、家計や企業がその力を最大限発揮できるようにすることです。

③デフレ経済では、マクロ経済安定化政策によりデフレ脱却を優先し、増税など財政の緊縮度を大きく引き上げる需要下押し圧力の強い政策は控えることが必要です。

④デフレ下での構造改革は、需要創出型の改革から進めることが、デフレ脱却と両立する構造改革です。

⑤構造改革（成長戦略）を本格的に進める時期は、デフレではない状態になってからとするのが賢明です。財政金融政策が「リフレ・レジーム」を維持しており、雇用状況が現在の

ように改善されていれば、デフレ完全脱却前に構造改革を進めても、デフレに戻る可能性は低いと考えられます。

⑥構造改革に伴う失業者など弱者の増加に備えて、給付付き税額控除制度を導入してセーフティー・ネットを整備することが急がれます。この制度は、消費税の逆進性を緩和ないし解消する手段としても使えます。

⑦以上のように、経済政策は、それぞれの役割に応じて、ミクロ経済政策、マクロ経済安定化政策および所得再分配政策が「パッケージ」として実施されるべきです。

アベノミクスの成長戦略＝岩盤規制への挑戦とその躓き

アベノミクスは、歴代政権に比べれば「パッケージ型経済政策」で、右に述べた経済政策の原理に即した諸条件を比較的満たした経済政策です。惜しむらくは、デフレ脱却の政策を始めたばかりの時期に消費増税を実施してしまい、デフレ脱却に向けた推進力を削いでしまったことで、右の③の条件を満たさなかったことです。ここでは、アベノミクスの成長戦略（規制改革）について、基本的な点に絞って私の考えを述べておきます。

アベノミクスの「成長戦略」も、「規制緩和小委員会」の方式を踏襲した「政治主導」です。八田（二〇一七）は、「安倍首相は就任早々に、経済成長を図るため、すべての分野での岩盤規制に穴を開けることを指示した。岩盤規制をいきなり全国でなくすことが政治的に難しい場合にも、せめて特定の地域で参入制限をなくし岩盤に穴を開けることを目的として、二〇一三年に国家戦略特区制度が設置された。

国家戦略特区の指定プロセスは、事業者や地方自治体の提案を起点に、最終的には総理が決裁する仕組みである。まず、地方自治体や事業者の規制改革提案を受けて、ワーキンググループ（WG）でヒアリングを行う。提案された規制緩和に合理性があると判断されれば、すぐに規制官庁にヒアリングを行い、規制が加えられている合理性を問う。規制緩和に納得しない規制官庁には、WG会議に出て反論してもらう」（一ページ）と、アベノミクスの成長戦略の進め方の原則を述べています。

この原則と仕組みからして、官僚個人が、どの法人などが「国家戦略特区」の指定企業になるかの決定に関与することはできません。候補になる企業を「国家戦略特別地域諮問会議」に推薦するのは、当該問題の専門家で構成される「ワーキンググループ」です。官僚個人が文科省の官僚に「首相案件だ」などといっても、何の役にも立ちません。ましてや、首相がワーキンググループのメンバーに「〇〇法人をよろしく」などと頼むことなどありえません。首相がそんなことをしたら、当該問題の専門家であることを自負しているワーキンググループのメンバーは全員辞任するでしょう。

ところが「加計《かけ》学園」のケースでは、内閣府が文科省に対して送ったといわれる「官邸の最高レベルがいっている」というメール文書が見つかったりして、野党は「首相のお友達である加計学園理事長を有利に扱った」と追及し、国会が「加計学園問題」一色になるという事態が発生しました。「権限のない官僚が忖度《そんたく》して、余計なことをしてくれた」というのが安倍首相の本音でしょう。

「加計学園」の問題は、八田（二〇一七）が詳細に示しているように、一部の官僚が「官邸の最高レベルがいっている」とか「首相案件だ」とかいったとしても、何ら「ワーキンググループ」の決定に影響を与えるものではなく、その本質は「文科省が法律に基づくことなく、告示で獣医学部の新設を何年にもわたって、大学設置審にかけることを阻止してきた」という、政策決定に関する裁量権を文科省に与えてきたという点にあります。

マスメディアはいま述べた「問題の本質」を国民に知らせようとしませんでしたから、今でも、多くの国民が「首相のお友達だから」と信じ、問題の本質を知らずにいるようです。国民のレベルがこれでは、いつまでも「官僚主導の政治」が続くでしょう。岩盤規制に「ドリルで穴を開ける」政治決定は、このようにして、最初から、躓《つまず》いてしまいました。

今後必須の岩盤規制と女性の就業を妨げている税制改革

岩盤規制に「ドリルで穴を開ける」作業は、「加計学園」のケースでは国民の理解が得られずに終わりましたが、それに懲りず、次のような岩盤規制や税制の改革が不可欠です。これから述べるような岩盤規制改革等は、金融超緩和政策によって、雇用市場が売り手市場になった今こそ実施しやすいときです。

今後、必要な構造改革は多数に上りますが、それらを全部取り上げると一冊の本でも足りないくらいですから、この章では、私がとくに重要だと思う改革に絞り、基本的な点だけお話しします。構造改革については、私が信頼を置く専門家の文献を最後に示しておきますので、それらを参照してください。

私が考える第一の構造改革（成長戦略）は、正規社員の解雇の金銭的解決です。正規社員の解雇の金銭的解決制度の導入が難しいのは、正規社員の既得権益が大きいためです。それは、規制改革に反対する力は、その改革によって失う一人当たりの既得権益の大きさに比例するからです。

しかし、すでに述べたように、会社の従業員の高齢化の進行は（デフレ下ではなおさらですが）、終身雇用制と年功賃金制の維持を困難にし、企業の生産性を低下させる要因です。したがって、この両制度を維持し続ける企業が生き残ることは次第に難しくなりますから、企業は正規社員の賃金を下げたり、少なくとも上げずに、生産拠点を正規社員の雇用調整がより柔軟にできる海外に移すようになるでしょう（Hatta & Ouchi eds、二〇一八参照）。そうなれば、正規社員にとってもいつまでも同じ企業に勤め続けることは有利でなくなります。その前に金銭補償をしてもらって、より自分に合った企業に転職するほうが有利になります。現在（一九年三月）のように、失業率が低く、有効求人倍率が高く、正規社員の有効求人倍率も一倍を超えた経済環境こそ、正規社員の転職を比較的容易にする環境です。

このように「人手不足経済」を作ることこそ、経済政策の要諦です。生産年齢人口が減少している経済は本来、雇用は売り手市場になるはずです。それにもかかわらず、失業率が五％台に上昇したり、有効求人倍率が〇・五倍を割ったりしたのは、経済政策の失敗のせいです。

なお、正規社員の金銭的解雇の際には、企業に再就職支援義務を課すことも、この制度の導入に対する抵抗を和らげると思われます（八代、二〇一三）。

第二は、定年制の禁止です。高齢化社会では、健康で働ける人には、できるだけ長く（最低でも七十歳まで）働ける環境を整備すべきです。六十歳で定年退職し、六十五歳まで一年契約の雇用を繰り返していくといういまの制度では、高齢者の技術や熟練度を十分に発揮させることはできません。

元気な高齢者が働き続けることは、税収を増やし、財政再建に貢献します。働く期間が長くなれば、年金給付支給開始年齢も徐々に引き上げていくことも可能になり、社会保障改革にも資します。さらに、高齢者の就業参加により、所得が増えれば、医療費の自己負担率を引き上げて、医療費への公費投入を減らすことも可能になるでしょう。これは財政再建を助けます。

第三は、女性の就業を妨げている税制や社会保険制度を改革することです。女性の就業を妨げている税制としては、「一〇三万円の壁」と「一三〇万円の壁」と呼ばれている税制と社会保障制度が存在しています。

「一〇三万円の壁」とは、次のような壁です。すなわち、納税者の配偶者の年収が一〇三万円以下であれば、納税者は一定金額の配偶者控除を利用して、納税額を減らすことができます。さらに、配偶者の年収が一〇三万円を超えると、配偶者自身も所得税を負担しなければならなくなります。そのため配偶者が、年収が一〇三万円を超えないように労働時間を調整するという意味で、女性の就業時間の壁になっています。

さらに、多くの企業が配偶者手当を支給するときの配偶者の最高所得を一〇三万円に設定していることも、一〇三万円の壁を作る要因になっています。

一方、「一三〇万円の壁」とは、被扶養の配偶者の年収が一三〇万円を超えると、健康保険料と年金保険料を負担しなければならなくなるために生ずる就業時間の壁です。この壁があるため、一〇三万円を超えて働く配偶者も年収が一三〇万円を超えない範囲で働く時間を調整しようとする傾向があります。

日本には、このような配偶者の就業を妨げる税制と社会保障制度が存在しますが、福祉大国のスウェーデンでは、日本とはまったく逆に、働かないかぎり健康保険にも年金保険にも加入できません。

日本政府も一〇三万円や一三〇万円の壁をなくす方向で改革を進めようとしていますが、この改革に賛成する過半数の国会議員を確保できない状況で、岩盤規制になっています。

この岩盤規制を改革できれば、女性の就業者数が増え、就業時間も長くなると予想されますから、税収と保険料収入も増えるでしょう。したがって、財政再建と社会保障改革が進展します。女性が単純作業以上の業務に就くようになると、男性にないアイディアが生まれて、新製品の開発につながるといった例も少なくありません。これは多様性により、付加価値労働生産性が向上する例です。

働き方改革は企業の責任で

しかし、一〇三万円と一三〇万円の壁がなくなっても、女性の就業にはまだまだ解決しなければならない問題が山積しています。その一つが、配偶者や母親などの家事の助けがあってようやく成り立っている日本男性の働き方を根本から変える必要性です。

現在の日本男性の働き方は、国が残業時間の上限規制をしたくらいでは解決できない問題を抱えています。現在のような長時間労働が普通の働き方では、家事・育児の大部分をこなさなければならない女性が男性のように働いて、キャリア・アップするのは無理な話で、結局は、単純作業に従事することになります。

長時間労働をなくすためには、会議の上限時間を一時間とすることや事前の「ご説明」を省略するなど、工夫すべき点はたくさんあると思いますが、最も重要なことは、「そもそも、これはみんなが一堂に会して議論しなければならないか」という仕分けです。

もう一つ重要な点は、顧客が供給者に対する要求水準を下げることです。これは、日本では、人が人らしく働くための必須の条件です。日本の宅配便に代表されるように、顧客が注文してから配達までの時間は信じられないくらい早く、かつ正確です。さらに、日本のサービスには「ただ」という意味が込められています。顧客の要求水準が高すぎれば、供給者の長時間労働はなくなりません。これは企業間の取引でも、供給者と顧客の関係がありますから、顧客に回ったときの企業も要求水準を下げなければなりません。

顧客の高い要求水準に応えないことは、個々の企業ではなかなかできません。それは、他社が高い要求水準に応えるときに、自社が応えなければ、顧客を失うからです。このディレンマを解決するには、業界ぐるみで取り組み、協定を結ぶ必要があるでしょう。あるいは、業界のリーダー格の企業が率先して応えないようにすると、他の企業も追随する可能性があります。

いちばんよいのは、顧客の高すぎる要求に応えて長時間、働かなければならない企業には就職しようとする人がいなくなることです。その原動力になるのは「もっともっと人手不足になる経済」です。この観点からは、業界の要求を聞いて、移民を増やして人手不足に対応しようとする政策は原則（例外はあると思いますが）として望ましくありません。

保育の規制改革は待ったなし

女性の就業を妨げないためには、育児と介護の超過需要を解消することが必要です。ここでは、紙幅の関係で、保育に的を絞りますが、基本的な点は介護にも当てはまります。

保育所の待機児童は潜在的には約八五万人に達すると推測されています。政府は一九年一〇月に消費増税を実施する場合は、保育を無償化しようとしています。これ自体はよいのですが、保育が無償化されれば保育需要が急増し、ますます待機児童が増え、結局は無償利用できない家庭が増えるでしょう。

待機児童が増える一方でいつまでたってもなくならないのは、市場機能が働いていないためです。一部の保育所に補助金を与えながら、参入規制と価格規制を導入すれば需要超過、供給不足になるのは、経済の基本原則です。毎日、スーパーに食品が納入され、棚から食品がなくなることがないのは、市場が機能しているためです。

一部の保育サービス供給者を優遇する公費投入をやめて、価格規制を撤廃し、参入規制を緩和すれば、供給は増えます。価格規制が撤廃されると、当初は、保育料金は上がる可能性があります。すると消費増税だけでは、保育の無償化は難しくなる可能性があります。その場合は完全無償化を断念して、所得が低い人のほうが補助金額が増える「保育バウチャー」(保育サービス利用券)を保育サービス利用者に配給することです。保育バウチャーの配布は公費投入ですが、現在、認可保育園に投入されている額に比べれば、はるかに少額で済み、社会保障関係費の削減につながります。

保育サービスの供給者を補助するのではなく、保育サービスの利用者を補助すると、保育サービス供給者が利用者を集めて、保育バウチャーを獲得しようとする競争が始まります。この競争を通じて、質の悪いサービスの供給者は淘汰されます。また、供給者はできるだけよいサービスをできるだけ安く供給しようとして、ロボットなどを導入することによって労働生産性の向上に取り組むようになるでしょう。

保育サービスが過不足なく供給されるようになり、低所得者に保育バウチャーが厚めに配布されれば、女性も働きやすくなり、公平な所得再分配効果を発揮します。

少子高齢化社会を乗り切るには女性と高齢者の就業率引き上げが必要

今後、少子高齢化がさらに進み、生産年齢人口が減少することを考えると、女性と高齢者の就業率を引き上げることにより、生産年齢人口の減少を補うことが、潜在成長率と財政の長期的持続可能性を高め、社会保障制度を充実させるために不可欠です。

日本では、女性の大学学部進学率は四七・四％（一六年度。文部科学省「学校基本調査」）に達し、男性の五五・四％に引けをとらない水準に達していますが、多くの大卒女性は専業主婦になるか、仕事についてもパートなどの短時間の比較的単純な労働に携わっているケースが多いようです。これは、国と家計が多額の教育費を負担した割には、彼女らの生産能力が発揮されずに終わっていることを意味します。

生産年齢人口は、一八年には一〇年に比べて、九・二％減少しましたが、就業人口はアベノミクスの効果で五・八％増加しました。就業人口をさらに増やすためには、女性の就業率を高めるだけでは足りません。右で提案した、今後、年金支給開始年齢の七十歳引き上げを可能にするためには、六十五歳から七十歳の高齢者の就業率を高めることも必要です。この年齢層の高齢者人口のうち、就業していない人の割合（一八年。総務省『労働力調査』、以下も同じ）は、男女計五三％、男性四二％、女性六三％で、半数以上の人が就業していません。

仮にこれらの人が就業したとすると、生産年齢人口が六・七％、就業者人口が七・四％、それぞれ増えことになりますから、九・二％減少した生産年齢人口（一八年の対一〇年比）のかなりの部分を補うことができます。

女性や高齢者（六十五歳〜七十歳）が就業しない理由、あるいは就業しても短時間労働を選択する理由としては「家事・育児・介護等と両立するから」が全体の一七％を占めています。したがって、家事については長時間労働が当たり前の男性正規社員の働き方改革が、育児・介護についてはすでに述べたような規制改革が、それぞれ必要です。

短時間労働を選択する理由として、最も多いのは「自分の時間の都合のよい時間に働きたいから」で、全体の三一％を占めています。

総務省「労働力調査」（一八年）は、「一〇三万円」の壁や「一三〇万円」の壁を「短時間労働」の選択肢に挙げて質問していないため、これらの理由による「短時間労働」を選択する人の割合はわかりませんが、こうした壁を取り払い、かつ、すでに述べた方向で保育や介護の規制改革を進めれば、厳しいようですが「自分の時間の都合のよい時間の働き先がないから、働かない」という理由で就業しない人は相当減少すると考えられます。

財政と金融が協調するデフレ脱却政策に加えて、ここで指摘したような規制改革と税制改革が進めば、女性もフルタイムで働ける環境が整備されます。その結果、家計の所得が増えるため、出生率も上昇すると期待されます。

以上、本書で述べたように、日本経済を活性化させて少子高齢化社会を乗り切るためにはデフレ脱却が最優先課題ですが、この節で述べたような規制改革と税制改革も必要です。そして、それらの規制改革や税制改革は、アベノミクスによってもたらされた「人手不足経済」という環境の下でこそ、実現が容易になります。

おわりに

本書では、デフレは経済停滞と所得・資産格差をもたらす元凶であることを示してきました。ところが最近は、二％の物価安定目標の達成にこだわる必要はないのでは、といった主張が、政治家やマスメディアで語られるようになりました。なかには、「デフレといっても物価上昇率はマイナス一％にもならず、ほぼ横ばいです。見事に物価が安定した社会のように見えますが」（竹中平蔵・東洋大学国際学部国際地域学科教授に対するインタビュー記事におけるインタビュアー・原真人氏の発言。『朝日新聞』二〇一九年四月十三日）といった意見すら見られます。

しかし、一九九四年から「量的・質的金融緩和」が開始される前の年の二〇一二年までの期間に、米国のGDPデフレーターは年率平均二％で上昇したため四二％上昇しましたが、日本は年率〇％～マイナス二・四％のデフレが続いたため、一八％低下しました。その結果、いま述べた一八年間で、日本の物価は米国の五八％に相当する水準まで下がりました。この日米の物価水準格差の拡大は、円高・ドル安要因です。購買力平価説から見ると、二〇一二年の一ドル＝八二円は、仮に、日本のインフレ率も米国と同じ年率二％であった場合に比べて、六〇％

程度もの円高・ドル安だったことになります。

このように、他国が二%程度のインフレ率を維持しているときに、日本だけが、平均すればマイナス一%未満のデフレにすぎないといっても、長期的に続くと大きな影響が出てくるのです。いま述べたような円高傾向が続いたからこそ、日本の製造業の生産拠点が海外に移り、国内空洞化が起き、多くの雇用が奪われ、地方が疲弊する原因の一つになったのです。

小さなデフレでも、長い間放置し続けると、生産や雇用や税収に大きな負の影響を与え、多くの失業者と正規社員の賃金の六六%程度しかない非正規社員を生み出します。経済は長期的に停滞し、税収が増えないため財政は悪化し続け、格差は拡大します。したがって、小さなデフレだといって放置することは許されません。

「アベノミクスは失敗した」などと批判している人たちは、アベノミクスで劇的に雇用が改善したことや、大企業だけでなく、中小企業の利益率もバブル期以上であることに言及することは全くありません。しかし、こうしたアベノミクスの成果という現実があるからこそ、「一%程度のデフレなら、日本は見事に物価が安定した社会だ」などと、のんきなことをいっていられるのです。

以上から、安倍政権には是非ともデフレ完全脱却に成功してもらいたいと、強く期待します。

最後になりましたが、データ収集・図表作成・校正などで、大変お世話になった柿埜真吾氏（学習院大学経済学研究科博士課程）と本書を企画され、短時間で編集・出版を可能にしてくださった、ＰＨＰ新書編集部の白地利成氏に、厚く感謝の意を表したいと思います。

二〇一九年四月二十三日

岩田規久男

引用文献一覧

第一章

岩田規久男・宮川努共編［二〇〇三］『失われた10年の真因は何か』東洋経済新報社

原田泰［一九九九］『日本の失われた十年：失敗の本質・復活への戦略』日本経済新聞社

片岡剛士［二〇一〇］『日本の「失われた20年」：デフレを超える経済政策に向けて』藤原書店

Ahearne, A., J. Gagnon, J. Haltmaier and S. Kamin et al. (2002), "Preventing Deflation: Lessons from Japan's Experience in the 1990s," International Finance Discussion Papers, No. 729, June, 2002.

嶋中雄二［一九九〇］「来年度は一転、厳しい不況か カギ握る金融引き締め」『日経ビジネス』一九九〇年十月八日号

嶋中雄二［一九九一］「マネーサプライ急減速で〝通貨不況〟の危機」『週刊エコノミスト』一九九一年五月十四日号

岩田規久男［一九九二］「『日銀理論』を放棄せよ」『週刊東洋経済』一九九二年九月十二日号

新保生二［一九九二］「マネーはいち早く景気後退を示唆していた」『金融財政事情』一九九二年九月二十八日号

成田淳司［一九九二］「供給量の低下は日銀の失敗」『エコノミスト』一九九二年十一月二十四日号

原田泰・白石賢［一九九三］「岩田教授の金融理論はやはり正しい」『週刊東洋経済』一九九三年一月十

六日号
原田泰・牧寛文［一九九三］「マネーサプライ、高まるＧＤＰとの相関度」『日本経済新聞』「経済教室」、一九九三年三月十一日
岩田規久男［一九九五］『日本型平等社会は滅ぶのか 円・土地・デフレの経済学』東洋経済新報社

第二章

Peter Temin [1989] Lessons from the Great Depression, MIT Press.（邦訳：ピーター・テミン［一九九四］『大恐慌の教訓』猪木武徳、山本貴之、鴋澤歩訳、東洋経済新報社）
竹森俊平［二〇〇二］『経済論戦は甦る』東洋経済新報社
Caballero, R. J., and M. L. Hammour [1996] "On the Timing and Efficiency of Creative Destruction," Quarterly Journal of Economics, 111. 3.
Caballero, R. J., and M. L. Hammour [1999] The Cost of Recessions Revisited: A Reverse-Liquidationist View, NBER Working Paper No. 7355.
安達誠司［二〇〇四］「昭和恐慌期における不良債権問題と金融システムの転換」岩田規久男編著『昭和恐慌の研究』東洋経済新報社

第三章

鈴木淑夫・黒田晃生・白川浩道［一九八八］「日本の金融市場調節方式について」『金融研究』第七巻第四号
岩淵純一［一九九〇］「金融変数が実体変数に与える影響について―Structural VARモデルによる再検証」『金融研究』第九巻第三号

三井清［二〇〇一］「公共投資の地域間配分とその経済効果」「「地方経済の自立と公共投資に関する研究会」報告書」財務省財務総合政策研究所
三井清［二〇〇三］「社会資本の地方への重点的整備の評価―効率性の観点から―」岩田規久男・宮川努編『失われた10年の真因は何か』東洋経済新報社
岩田規久男［二〇一三］「「量的・質的金融緩和」の目的とその達成のメカニズム」日本銀行、二〇一三年十月十八日
岩田規久男［二〇一八］『日銀日記 五年間のデフレとの闘い』筑摩書房
日本銀行［二〇一八］「経済・物価情勢の展望（二〇一八年七月）―賃金・物価に関する分析資料―」日本銀行、二〇一三年八月一日

第四章

Dudley, W. C. [2013] "Lessons at the Zero Bound: The Japanese and U.S. Experience," Speech 105, Federal Reserve Bank of New York.
白川方明［二〇〇二］「「量的緩和」採用後一年間の経験」小宮隆太郎、日本経済研究センター編『金融政策論議の争点 日銀批判とその反論』日本経済新聞社
島本禮一［一九九二］「縮小の原因は『借り控え』と『資産デフレ』」『エコノミスト』一九九二年十一月二十四日号
福井俊彦［二〇〇三］「日本経済の将来の発展に向けて」二〇〇三年七月二十三日・きさらぎ会における福井総裁講演要旨、日本銀行、二〇〇三年七月二十三日
Bernanke, B. S. [2013] Chairman Bernanke's Press Conference, Federal Reserve Board, June 19, 2013.

Bernanke, B. S. [2016] "The Latest from the Bank of Japan," Brookings blog, September 21, 2016.

Bernanke, B. S. [2017] The Courage to Act: A Memoir of a Crisis and Its Aftermath, W. W. Norton & Company（邦訳：ベン・バーナンキ［二〇一五］『危機と決断 前ＦＲＢ議長ベン・バーナンキ回顧録』小此木潔［他］訳、上・下、ＫＡＤＯＫＡＷＡ）

Krugman, P.R. [1998] "It's Baaack! Japan's Slump and the Return of the Liquidity Trap," Brookings Papers on Economic Activity, 2.

Keynes, J. M. [1930] A Treatise on Money, Vol. 2, London: Macmillan.（邦訳：Ｊ・Ｍ・ケインズ［一九八三］『貨幣論Ⅱ 貨幣の応用理論』長澤惟恭訳、東洋経済新報社）

Keynes, J. M. [1930] The General Theory of Employment Interest and Money, London: Macmillan.（邦訳：Ｊ・Ｍ・ケインズ［一九八三］『雇用・利子および貨幣の一般理論』塩野谷祐一訳、東洋経済新報社）

白川方明［二〇一二］「人口動態の変化とマクロ経済パフォーマンス―日本の経験から―」日本銀行、二〇一二年五月三十日

片岡剛士［二〇一九］「わが国の経済・物価情勢と金融政策 香川県金融経済懇談会における挨拶要旨」日本銀行、二〇一九年二月二十七日

吉松崇［二〇一七］「中央銀行の出口の危険とは何か」原田泰・片岡剛士・吉松崇編著『アベノミクスは進化する 金融岩石理論を問う』中央経済社

岩田一政・左三川郁子・日本経済研究センター編［二〇一八］『金融正常化へのジレンマ』日本経済新聞出版社

岩田一政・左三川郁子・日本経済研究センター編［二〇一六］『マイナス金利政策―3次元金融緩和の効果と限界』日本経済新聞出版社
岩田一政・日本経済研究センター編［二〇一四］『量的・質的金融緩和』日本経済新聞出版社
翁邦雄［二〇一三］「日銀新総裁の課題」「経済教室」『日本経済新聞』二〇一三年三月二十六日
植田和男［二〇〇三］「自己資本と中央銀行」日本銀行、二〇〇三年十月二十八日
Stella, P. [1997] "Do Central Banks Need Capital?" IMF Working Paper, No.97/83.
Stella, P. [2002] "Central Bank Financial Strength, Transparency, and Policy Credibility," IMF Working Paper, No. 02/137.
Stella, P. [2008] "Central Bank Financial Strength, Policy Constraints and Inflation," IMF Working Paper 08/49.
Meltzer A. H. [1999] "Response: What More Can the Bank of Japan Do? " IMES Discussion Paper Series, No. 99-E-28（邦訳：メルツァー、アラン［一九九九］、「返答：日本銀行にはさらに何が出来るか?」『金融研究』第一八巻第五号）
オルファニデス、アタナシオス［二〇一八］「中央銀行独立性の境界：非伝統的な時局からの教訓」『金融研究』第三七巻第四号（二〇一八年十月発行）

第五章

金子智樹・逢坂巌［二〇一八］「安倍支持の中心は若年男性層」WebRonzza, 二〇一八年十二月二十一日
Posen, A. S. [1998] Restoring Japan's Economic Growth, Washington, D.C. : Institute For International Economics.

Bernanke, B. S. ［1999］ "Japanese Monetary Policy: A Case of Self-Induced Paralysis?" Princeton University, December.

Bernanke, B. S. ［2000］ "Japanese Monetary Policy: A Case of Self-Induced Paralysis?" in R. Mikitani and A. S. Posen, eds., Japan's Financial Crisis and Its Parallels to U.S. Experience, Washington: Institute for International Economics.（邦訳：ベン・S・バーナンキ［二〇〇一］「自ら機能麻痺に陥った日本の金融政策」三木谷良一・アダム・S・ポーゼン編『日本の金融危機』清水啓典［監訳］、東洋経済新報社）

Sims, C. A. ［2016］ "Fiscal Policy, Monetary Policy and Central Bank Independence," Jackson Hole Economic Policy Symposium, Federal Reserve Bank of Kansas City, August 25-27.

浜田宏一［二〇一七］「『アベノミクス』私は考え直した」『文藝春秋』二〇一七年一月号

Kaihatsu, S., K. Kamada, and M. Katagiri ［2016］ "Theoretical Foundations for Quantitative Easing," IMES Discussion Paper Series, No. 2016-E-4.

岩田規久男・飯田泰之［二〇〇六］『ゼミナール　経済政策入門』日本経済新聞社

第六章

岩田規久男［一九九九］「土地市場のインフラ整備」『エコノミックス』一九九九年秋号

岩田規久男・宮川努編［二〇〇三］『失われた10年の真因は何か』東洋経済新報社

岩田規久男、八田達夫［二〇〇三］『日本再生に「痛み」はいらない』東洋経済新報社

林文夫［二〇〇三］「構造改革なくして成長なし」岩田規久男・宮川努編『失われた10年の真因は何か』東洋経済新報社

Hayashi, F. and E. C. Prescott [2002], "The 1990s in Japan: A Lost Decade", Review of Economic Dynamics, 5.
Solow, R. M. [1957] "Technical Change and the Aggregate Production Function," The Review of Economics and Statistics, 39.3.
川本卓司［二〇〇四］「日本経済の技術進歩率計測の試み：「修正ソロー残差」は失われた10年について何を語るか？」『金融研究』二〇〇四年十二月号、日本銀行金融研究所
川本卓司［二〇一七］「景気循環と生産性」『経済セミナー』二〇一七年八・九月号（通巻六九七号）
乾友彦・権赫旭（二〇〇五）「展望　日本のTFP上昇率は1990年代においてどれだけ低下したか」内閣府経済社会総合研究所『経済分析』一七六号
宮川努［二〇〇三］「「失われた10年」と産業構造の転換―なぜ新しい成長産業が生まれないのか」岩田規久男・宮川努編『失われた10年の真因は何か』東洋経済新報社
宮川努［二〇〇六］「生産性の経済学―われわれの理解はどこまで進んだか―」、日本銀行ワーキングペーパーシリーズ、No. 06-J-06、2006年3月
内閣府（二〇〇二）『経済財政白書―改革なくして成長なしⅡ―』
吉川洋・松本和幸（二〇〇一）、「Ⅲ　日米経済―1980年代と1990年代」『フィナンシャル・レビュー』第六〇号
深尾京司・宮川努、河井啓希、乾友彦ほか［二〇〇三］「産業別生産性と経済成長：1970―98年」『経済分析』第一七〇号
深尾京司・宮川努、河井啓希、乾友彦ほか［二〇〇六］「日本産業生産性データベース2006年版

（Japan Industrial Productivity Database 2006)」、経済産業研究所ホームページ
Jorgenson, D. W. and K. Motohashi [2005] "Information Technology and the Japanese Economy," Journal of the Japanese and International Economies, 19.
Hayashi, F. and K. Nomura [2005] "Can IT be Japan's Savior?," Journal of the Japanese and International Economies,19.
Hatta, T. and S Ouchi(eds) [2018] Severance Payment and Labor Mobility A Comparative Study of Taiwan and Japan, Springer
Caballero, R. J., T Hoshi and A. K. Kashyap [2006]. Zombie Lending and Depressed Restructuring in Japan. NBER Working Paper No.12129.
中村純一・福田慎一［二〇〇八］「いわゆる『ゾンビ企業』はいかにして健全化したのか？」『経済経営研究』Vol.28. No.1. 日本政策投資銀行設備投資研究所
行政改革委員会［一九九七］「行政改革委員会 最終意見（平成九年十二月十二日）」行政改革委員会
八田達夫［二〇一七］「「加計学園の優遇はなかった」内部から見た獣医学部新設の一部始終」Diamond Online, 二〇一七年七月十一日
八代尚宏［二〇一三］『規制改革で何が変わるか』筑摩書房、ちくま新書

著者が「社会保障改革に関して推奨する文献」

八代尚宏（二〇一三）『社会保障を立て直す 借金依存からの脱却』日経プレミアシリーズ、日本経済新聞出版社

八代尚宏（二〇一六）『シルバー民主主義 高齢者優遇をどう克服するか』中公新書、中央公論新社
鈴木亘（二〇一四）『社会保障亡国論』講談社現代新書、講談社

PHP新書
PHP INTERFACE
https://www.php.co.jp/

岩田規久男［いわた・きくお］

1942年生まれ。東京大学経済学部卒業、同大学院単位取得満期退学。学習院大学経済学部教授などを経て、2013年4月から5年間、日銀副総裁を務める。学習院大学名誉教授。専門は、金融論・都市経済学。著書に『デフレの経済学』（東洋経済新報社）、『まずデフレをとめよ』（日本経済新聞出版社）、『日本銀行は信用できるか』（講談社現代新書）、『日銀日記』（筑摩書房）など多数。

PHP新書 1187

なぜデフレを放置してはいけないか
人手不足経済で甦るアベノミクス

二〇一九年五月二十九日　第一版第一刷

著者――岩田規久男
発行者――後藤淳一
発行所――株式会社PHP研究所
東京本部――〒135-8137 江東区豊洲5-6-52
第一制作部PHP新書課 ☎03-3520-9615（編集）
普及部 ☎03-3520-9630（販売）
京都本部――〒601-8411 京都市南区西九条北ノ内町11
組版――有限会社メディアネット
装幀者――芦澤泰偉＋児崎雅淑
印刷所
製本所――図書印刷株式会社

ISBN978-4-569-84309-4

ＰＨＰ新書刊行にあたって

「繁栄を通じて平和と幸福を」（PEACE and HAPPINESS through PROSPERITY）の願いのもと、ＰＨＰ研究所が創設されて今年で五十周年を迎えます。その歩みは、日本人が先の戦争を乗り越え、並々ならぬ努力を続けて、今日の繁栄を築き上げてきた軌跡に重なります。

しかし、平和で豊かな生活を手にした現在、多くの日本人は、自分が何のために生きているのか、どのように生きていきたいのかを、見失いつつあるように思われます。そして、その間にも、日本国内や世界のみならず地球規模での大きな変化が日々生起し、解決すべき問題となって私たちのもとに押し寄せてきます。

このような時代に人生の確かな価値を見出し、生きる喜びに満ちあふれた社会を実現するために、いま何が求められているのでしょうか。それは、先達が培ってきた知恵を紡ぎ直すこと、その上で自分たち一人一人がおかれた現実と進むべき未来について丹念に考えていくこと以外にはありません。

その営みは、単なる知識に終わらない深い思索へ、そしてよく生きるための哲学への旅でもあります。弊所が創設五十周年を迎えましたのを機に、ＰＨＰ新書を創刊し、この新たな旅を読者と共に歩んでいきたいと思っています。多くの読者の共感と支援を心よりお願いいたします。

一九九六年十月

ＰＨＰ研究所